"十二五"国家重点出版物出版规划项目

中国城乡一体化之路

——生产三要素市场统一构建与城乡经济社会一体化战略实施

朱善利 等著

北京大学出版社
PEKING UNIVERSITY PRESS

图书在版编目(CIP)数据

中国城乡一体化之路:生产三要素市场统一构建与城乡经济社会一体化战略实施/朱善利等著. —北京:北京大学出版社,2013.11

ISBN 978-7-301-23358-0

Ⅰ. ①中… Ⅱ. ①朱… Ⅲ. ①城乡一体化-研究-中国 Ⅳ. ①F299.2

中国版本图书馆 CIP 数据核字(2013)第 248293 号

书　　　名:中国城乡一体化之路:生产三要素市场统一构建与城乡经济社会一体化战略实施

著作责任者:朱善利　等著

责 任 编 辑:宋　霜

标 准 书 号:ISBN 978-7-301-23358-0/F·3777

出 版 发 行:北京大学出版社

地　　　址:北京市海淀区成府路 205 号　100871

网　　　址:http://www.pup.cn

电 子 信 箱:em@pup.cn　　　QQ:552063295

新 浪 微 博:@北京大学出版社经管图书

电　　　话:邮购部 62752015　发行部 62750672　编辑部 62752926
出版部 62754962

印　刷　者:北京大学印刷厂

经　销　者:新华书店

730 毫米×1020 毫米　16 开本　16.75 印张　300 千字

2013 年 11 月第 1 版　2013 年 11 月第 1 次印刷

定　　　价:50.00 元

前　　言

本书是在国家社会科学基金重大项目《生产三要素市场统一构建与城乡经济社会一体化战略实施》（项目批准号 08&ZD026）最终研究成果的基础上完成的。该重大研究项目从 2009 年春季开始到 2012 年春季结束，前后共用了三年时间。

城乡一体化是我国未来一项重要的战略目标。城乡一体化涉及政治、经济、社会等多个方面。本书侧重从经济方面探讨城乡一体化战略目标的实施。从中华人民共和国成立至今六十多年的时间里，我国在发展过程中走了很长一段弯路。在前二十多年的时间里，中国违背经济发展规律，没有通过保护产权、促进分工与专业化、利用市场配置资源的方式发展经济，而是学习苏联模式，搞计划经济，以牺牲农业为代价发展工业，以剥夺农村为代价支撑城市发展，取消资本、劳动和土地等生产要素市场，结果造成社会普遍贫穷、工农业普遍落后、城乡差别凝固化。二十多年的计划经济给中国留下了久治不愈的创伤。

从 1978 年开始的三十多年的改革开放，中国一直在由旧的经济体制向新的经济体制转轨，但至今仍旧没有完成体制转轨。可以设想，如果当初不实行计划经济，中国面临的转型任务与我们的邻国日本、韩国最初的转型并无二致，即只需完成从落后的农业国向现代工业国转变的单一转型。实施二十多年计划经济后使我们不得不面临双重转型：一方面是从落后的农业国向现代工业国转型，另一方面是从计划经济体制向市场经济体制转型。相对于单一转型而言，双重转型更加困难。计划经济体制下遗留下来的垄断权在转轨过程中形成了可以产生巨大经济收益的租。租的存在削弱了市场竞争，阻碍了城乡之间生产要素的流动，拉大了城乡之间的差距。

要缩小城乡差距，首先是要打破由各种垄断权所形成的租，促进生产要素流动，形成城乡统一的资本市场、劳动力市场、土地市场，使得城乡劳动力同工同酬、城乡土地同地同权、农村资本市场有效发展。只有这样，才能够最终实现城乡经济社会一体化。本书正是从构建城乡统一劳动力市场、土地市场、资本市场，从而实现城乡一体化战略目标的角度来展开讨论的。

全书共九章和三个案例。第一章导论从总体上分析城乡统一的劳动力、资本、土地三要素市场与实施城乡一体化战略目标之间的关系。该章还分析了建立城乡统一社会保障制度对于保证生产三要素市场形成和实现城乡一体化战略目标的重要作用。该章还构造了一个指标体系以便对城乡一体化进行度量。第二章对国内外有关讨论城乡一体化的文献进行了梳理,并对国内城乡一体化的实践进行了概括讨论。鉴于人口流动对于构建城乡统一劳动力市场的重要作用,第三章讨论了人口流动问题,探讨了人口流动与经济增长、城镇化以及区域协调发展之间的关系。第四章分析经济结构调整和劳动力供求变动之间的关系。第五章讨论土地确权与土地流转问题。土地确权是土地市场建立的条件,没有明确界定所有权,就不可能形成真正的市场。因此,该章讨论了农村土地确权对于建立城乡统一土地市场的重要意义。该章还介绍了成都都江堰市柳街镇土地确权的成功经验。第六章在分析我国现行土地政策的基础上探讨构建城乡统一土地市场的措施与实施步骤。第七章讨论资本市场存在的问题以及构建城乡统一资本市场的理论与实践。第八章讨论与要素市场发展相关的财税问题,分别就劳动报酬所得税、资本利得税以及房地产税进行讨论。第九章讨论社会保障制度的完善。

三个案例分别选自经济发展水平不同的三个地区。案例一对转型中的重庆市郊区农户社会经济情况作了概括介绍与分析。重庆市属于西部地区,是四个直辖市中面积最大、人口最多的直辖市,但又是四个直辖市中经济发展水平相对较低的市。2007 年 6 月,国务院批准重庆与成都两市为统筹城乡综合配套改革试验区,重庆市是唯一省级试验区。成为国家级试验区后,重庆市在统筹城乡经济社会发展方面采取了许多措施。在我们重大社科项目获得批准后,国家社科规划办公室希望我们把重庆市作为重点进行研究。我们课题组成员多次赴重庆市进行调研,发放了 2 000 多份问卷,并培养了数十名调研员,分赴重庆市郊县农户家中调研,获得了宝贵的第一手资料。该案例分析报告就是在重庆市调研的基础上完成的。案例二是对中山市城乡一体化实践的总结。中山市地处东部沿海发达地区,从 1992 年开始,中山市就围绕“城乡规划建设、产业布局、公共服务、社会保障和服务管理”五个一体化的要求进行城乡一体化建设,取得了许多宝贵的经验。其城乡居民人均收入之比在 2008 年就降到了 1.8∶1,远低于全国 3.3∶1 的水平。其成功的经验值得国内其他地区借鉴。案例三介绍我国中部地区河南省周口市通过土地整治解决经济发展中土地供应问题的经验,并对河南省如何建立土地交易市场,协调城乡发展提出对策建议。鉴于农村土地问题对于城乡统筹发展具有极端重要性,我们把这个案例作为本书的一部分。

本书是国家社会科学基金重大项目《生产三要素市场统一构建与城乡经济社会一体化战略实施》课题组所有成员共同努力的结果。每一章都是经过课题组成员的认真讨论完成的。但是课题组成员仍旧对各章的写作有所分工。各章执笔人如下：

第一章	导言	朱善利
第二章	城乡一体化理论与实践	朱善利、黄云鹏
第三章	城镇化、人口流动、经济增长与要素配置	陆杰华、薛伟玲、胡雯
第四章	经济结构调整与劳动力供需变动分析	陆杰华、薛伟玲、胡雯
第五章	土地确权与土地流转	朱善利、冯晴、沈梁军
第六章	城乡统一土地市场的建立	朱善利、冯晴、沈梁军
第七章	我国城乡金融资本市场的统筹发展	杨德平
第八章	要素市场统一与要素所得税的合理安排	吕旺实
第九章	财政体制改革与社会保障制度完善	吕旺实
案例一	转型中的重庆市农户经济社会情况	朱善利、朱启兵、孙宁
案例二	中山市城乡经济社会发展一体化案例研究	朱善利、蒋承
案例三	周口市农村土地“三项整治”、土地占补平衡与土地流转	朱善利、冯晴、沈梁军

在重大社科项目研究和本书写作过程中，曾得到许多人的帮助和支持。蔡洪滨教授、龚六堂教授、周黎安教授、陈玉宇教授分别参加了课题讨论、问卷设计等工作，卢远瞩教授、王欢博士、高庆鹏博士参加了项目研究的讨论，贺伟博士、叶芹女士参加了项目的调研。重庆理工大学李缨老师为项目组成员在重庆的调研做了大量的组织工作，中共重庆市北碚区委常委、区委办公室主任戴富金、原垫江县委副书记侯宗权等重庆地区部分县、区领导为重庆调研提供了大力支持与帮助。广东省委办公厅熊国平博士、中山市常务副市长谢中凡为课题组在中山市的调研提供了大力支持与帮助。周口市原国土资源局局长张楸昇、办公室主任张红卫为课题组在周口的调研提供了大力支持与帮助。没有他们的支持与帮助，社科重大项目研究进展就不会这样顺利，本书也难以顺利完稿，本书作者对他们的热情支持与帮助表示由衷的感谢。

我还要特别感谢我的老师厉以宁教授，他在城乡一体化研究中的许多重要观点给我很多启发。我也参加了他所率领的全国政协经济委员会关于城乡统筹、中小城镇建设等调研活动，并赴四川、山东、内蒙古、重庆等多个省、市、自治区进行了实地调研，这些为我们完成本书创造和提供了良好的素材。我们还要特别感谢国家社会科学基金的慷慨资助，使得城乡一体化研究课题能够顺利进行，也使得本书得以及时付梓。城乡一体化涉及问题广泛，我们仅从经济角度进行讨论，难免会有偏颇，不足之处敬请读者批评指正。

朱善利

2013 年夏于北京

目 录

目　录

目　录

目　录

案例分析

第一章 导 言*

改革开放以来，我国经济以年均9%以上的速度快速增长，同时也呈现出增长不平衡的特征。增长不平衡表现在农村居民在收入以及享受的公共教育、公共卫生、养老和医疗保障等公共产品方面都和城镇居民存在很大的差距。以人均收入为例，我们列举了1978年以来有代表性的几个年份以及近几年城乡居民人均收入的变动情况，如表1-1所示。由表1-1中的数据我们看到，城镇居民人均可支配收入与农村居民人均纯收入之比已经由改革之初的2.56倍扩大到2010年的3.23倍。城乡收入差距扩大的原因是什么？主要原因在于体制方面和政策方面。

根据发展经济学家刘易斯的二元经济结构理论，一个落后的农业国在向工业国转变过程中并存着传统农业部门与现代工业部门。传统部门存在大量过剩的剩余劳动力。在现代工业部门吸收完传统部门剩余劳动力之前，传统农业部门的劳动者边际产量都很低甚至为零。因此传统农业部门的劳动者报酬很低。按照刘易斯的二元经济理论，传统农业部门劳动者报酬提高的前提条件是二元经济结构的消除和农业部门劳动者边际生产量的提高。提高农业部门的劳动者边际生产量有两条途径：其一是在土地和资本投入不变的情况下减员增效；其二是在无法减员增效的情况下增加土地和资本投入。毋庸讳言，中国改革开放三十多年来，通过农村剩余劳动力向非农产业转移和农业中资本投入的增加，农业劳动者的绝对收入增加了。但是，二元经济结构并没有消除。由于中国经济转型并没有完成，二元经济结构由于体

* 本章由朱善利执笔，黄云鹏博士为其中有关城乡一体化指标体系的设计部分做了大量工作。黄云鹏博士在北京大学读博士后期间不幸病故。黄博士参与了课题前期的文献收集和调研工作。本章部分内容有他的一份贡献。

制性障碍无法消除，传统部门与现代部门的差距反而在扩大。

表 1-1　城乡居民人均收入对比

	1978 年	1985 年	1989 年	1997 年	2005 年	2006 年	2007 年	2008 年	2009 年	2010 年
城镇居民人均可支配收入（元）	343	739	1 374	5 160	10 493	11 759	13 786	15 781	17 175	19 109
农村居民人均纯收入（元）	134	398	603	2 090	3 255	3 587	4 140	4 761	5 153	5 919
城市/农村	2.56	1.86	2.28	2.47	3.22	3.28	3.33	3.31	3.33	3.23

资料来源：根据历年《国家统计年鉴》公布的统计数据整理而得。

刘易斯二元经济结构理论建立在市场经济基础之上，包括劳动者在内的生产要素在传统部门和现代部门间的转移不存在体制性的障碍。中国的情况与此完全不同。中国生产要素的流动存在体制性障碍，经济转型过程中遗留着许多计划经济的产物。阻碍要素流动的体制性障碍有城乡分治的户籍制度、土地制度、社会保障制度、社会与经济管理体制等。这些制度限制了资本、劳动、土地等生产要素在城乡之间的流动，阻碍了生产要素的优化配置，造成了城乡差距的扩大。要缩小城乡之间的差距，必须消除体制性障碍，改变城乡分治的局面，实现城乡经济社会一体化。

一、城乡一体化的界定

总结国内外有关城乡一体化问题的研究，我们对城乡一体化界定如下：城乡一体化是在现代文明社会中城乡居民拥有公平的政治、经济、社会等各项法定权利；居民的城乡物质文化差别消除，居民在城乡间流动的障碍消除，城乡居民能够公平地获得个人发展的机会，能够公平地享受政府提供的公共产品。

城乡统筹是消除城乡异化的途径，是政府在规划城乡发展中对城乡的政治、经济、社会文化生活进行统筹设计、公平对待。

总的来说，城乡一体化既是一个动态的发展过程，也是城乡关系演变的最终目标，其内涵应当包括以下几层含义：

一是城乡一体化以发展为第一要务。城乡一体化是建立在城乡经济社会整体发展基础上的一体化，体现了城市化、工业化、市场化和现代化已经达到较高水平下的城乡关系特征。因此，评价城乡一体化，不能仅仅局限于衡量城乡差异，也要综合考虑城乡经济社会发展总体水平。“共同贫穷”式的城乡差别消除并不是我们力求实现的城乡一体化目标。

二是城乡一体化不等于城乡同一化。“君子和而不同”。城市和乡村是两种不同的社会经济活动空间组织形式，其生产和生活方式都存在着一定的差别。城乡一体化不可能也不应该追求城乡完全无差异化,而应当强调城乡布局统筹规划、功能有机协调、要素自由流动和公共资源的均衡配置,实现城乡经济社会发展融合、良性互动。

三是城乡一体化是全方位的一体化。城乡一体化不仅体现在经济发展方面,还体现在政治、社会、文化及生态环境等方面,其核心是解决城乡居民的不同国民待遇问题,实现全社会成员在生产、交换、分配、消费等各个环节上的权益与机会平等,让城乡居民共享物质文明、精神文明和生态文明。

四是城乡一体化的关键是打破城乡二元结构。城乡经济社会一体化是一项长期的历史任务,既要立足现实,又要着眼长远。最关键的是改革城乡分治的制度,使城乡的劳动力、技术、资金、资源等生产要素合理流动,促进社会生产力在城乡全域范围内优化配置,形成城乡平等对待、城乡统筹指导、城乡协调发展的制度环境。

我们将按照这里界定的城乡一体化概念展开各章讨论。

二、劳动供给、劳动需求与城乡统一劳动市场的建立

作为世界第一人口大国,中国拥有丰富的劳动力资源。资源配置的体制不同,资源配置的效率就不同。在过去计划经济体制下,中国众多的人口并没有形成劳动力资源优势。相反,人口成为中国经济与社会发展的负担。1978 年中国实施经济体制改革和对外开放政策后,中国逐步由计划经济体制向市场经济转型,并参与到国际分工体系之中。尽管经济转型并没有完成,但是市场在资源配置中所起的作用越来越大,劳动力资源优势逐步得到发挥。可以说,我国三十多年的经济高速增长得益于劳动力红利。中国在改革开放后放松了对劳动力流动的限制,使得劳动力从边际生产力低的产业和地区流向边际生产力高的产业和地区,带动了经济的高速增长。未来我们还能够在多长的时间里、多大的程度上依靠劳动力资源维持经济的高速增长?答案是我们依旧要看总体劳动力供给量和劳动力流动的障碍是否能够完全消除。

我们从人口、年龄结构分布变化来看未来中国劳动力供给的潜力。2008 年联合国公布了实际和预测的 1950 年到 2050 年 100 年间中国人口、年龄结构的演变情况。[①] 结果显示,2030 年左右中国人口达到峰值 14.6 亿(2011 年修正的结果为 14 亿)。人口结构如下:0—14 岁人口的数量在 20 世纪 70 年代中期达到约 3.5 亿人的峰值,占总人口比例达到三分之一以上。此后,不仅所占比例

① *World Population Prospects: The 2008 Revision*, United Nations Publications, 2008.

下降很快，绝对数也在波动中逐步下降，到2010年只有约2.5亿人。65岁以上人口不仅绝对数逐年上升，所占总人口比例在近年也逐步上升。15—64岁的人口绝对数预计在2015年之后达到峰值，此后将逐年下降。[①] 这样的人口结构表明，2025年之前中国劳动供给的潜力依旧很大。但是即将到来的人口老龄化表明，中国依靠人口红利支持经济增长的局面将要结束。

从劳动力需求来看，我国经济高速增长带动了劳动力需求的增长。尤其是我国第二产业和第三产业的快速发展、经济全球化背景下劳动密集型产业向我国转移，不仅为城镇劳动人口，也为许多农村的过剩劳动力创造了就业机会。但是劳动供求既存在总量上的失衡，也存在结构上的失衡。总量上看，劳动力供给大于需求的状况仍旧存在，农村剩余劳动力转移的任务仍旧很重。我国农村保留1亿劳动力足以满足农业发展的要求，但是我国仍有约3亿多劳动力从事农业生产。劳动力供求结构的失衡主要表现为三次产业的产出比例与就业比例差异较大。表1-2是近年来我国三次产业产出比例与就业比例情况。

表1-2　三次产业的就业人数比例与国内生产总值构成比例[②]　（单位：%）

产业 年份	第一产业		第二产业		第三产业	
	占就业人数比例	占GDP比例	占就业人数比例	占GDP比例	占就业人数比例	占GDP比例
2001	50.0	14.1	22.3	45.2	27.7	40.7
2002	50.0	13.5	21.4	44.8	28.6	41.7
2003	49.1	12.6	21.6	46.0	29.3	41.4
2004	46.9	13.1	22.5	46.2	30.6	40.7
2005	44.8	12.6	23.8	47.5	31.4	39.9
2006	42.6	11.8	25.2	48.7	32.2	39.5
2007	40.8	11.7	26.8	49.2	32.4	39.1
2008	39.6	10.7	27.2	47.5	33.2	41.8
2009	38.1	10.6	27.8	46.8	34.1	42.6
2010	36.7	10.1	28.7	46.8	34.6	43.1

注：GDP按当年价格计算。

表1-2数据显示，从2001年到2010年的10年间，伴随着第一产业产值比例的下降，尽管第一产业的就业人口比例也在下降，而且下降的速度比产值比例下降的速度还要快，但是其就业人口仍旧占三次产业就业人口38%的比例，

① 中国第六次人口普查数据印证了联合国关于中国人口结构的数据。根据第六次全国人口普查数据，0—14岁人口占总人口比例为16.60%，比2010年第五次全国人口普查数据下降6.29个百分点。65岁以上人口占总人口比例为8.87%，比2010年上升1.91个百分点。

② 本表数据根据历年《中国统计年鉴》公布的统计数据整理。

而产值比例只占到三次产业产值比例的10%。

不同部门的产值占总产值的份额与其就业占总就业的份额之比被发展经济学家称为部门比较劳动生产率。由此看来,和第二、第三产业相比,我国第一产业的比较劳动生产率还很低。农业部门比较劳动生产率低的情况在其他国家发展历史中也存在过。库兹涅茨和钱纳里认为,这种情况到工业化后期将发生逆转。随着工业化的发展,劳动力从农业部门向工业部门转移,会导致农业部门劳动生产率提高,工业部门劳动生产率下降,最终实现部门间劳动生产率的均等化。但是由于我国还没有完成从计划经济向市场经济的转型,部门间劳动生率差距的缩小会需要更长的时间。第一产业向第二、第三产业转移劳动力的任务非常艰巨。

中国劳动力转移的艰巨性不仅存在于产业间,也存在于区域间和城乡间。客观地讲,改革开放三十多年来我国区域间和城乡间劳动力转移已经取得了令人瞩目的成就。从我国流动人口规模的迅速发展可以间接反映这一成就。我国流动人口1982年为657万人,1990年为2 135万人,1995年为7 073万人,2000为1.0229亿人,2005年为1.4735亿人,到2010年已经达到2亿多人。流动人口中绝大多数都是为了劳动而流动的,仅有很少一部分人是不参与实际劳动的①。在流动人口中,15—64岁年龄组劳动力人口所占总人口的比重在1990年、2000年、2005年分别为80.42%、82.88%、84.03%。从流向看,中国流动人口大部分是由农村流向城镇,由内地流向沿海,由落后地区流向发达地区。从省际之间的人口流动看,上海、北京、广东、浙江、天津、福建等省市是流入人口最多的地区。珠三角和长三角一带的一些县市外来人口的数量已经超过本地户籍人口。例如,广东省中山市2009年本地户籍人口是145万人,流动人口约150万人。

正是源源不断的外来劳动力补充了珠三角、长三角、北京、上海等沿海、发达地区劳动力的不足,支撑了沿海、发达地区经济的快速发展。正是大量廉价的农村剩余劳动力源源不断流入城镇,才支撑了城镇的繁荣。当然,流入沿海地区的内地劳动力、流入城镇的农村劳动力也获得了高于他们流出地的收入。

但是,受到落后的户籍制度、土地制度、社会保障制度等的束缚,中国人口与劳动力的流动存在许多问题,主要是与流入地本地户籍人口相比,大量的流动人口受到歧视性对待。尤其是从农村流入城市的劳动者,不仅从事的工作层次低、工作报酬低、职业稳定性低,也缺乏保障。我们在重庆的社会调查结果显示,企业主为进城务工的农村劳动者支付"五险一金"的比例很低。在我们发放

① 国家统计局人口和就业统计司,《2005年全国1%人口抽样调查课题论文集》,中国统计出版社,2008年,第43—44页。

的2 000余份问卷中,只有503人是雇佣企业为其缴纳了养老、医疗或失业保险的,其中,雇佣企业为其缴纳了养老保险的有48名,占比9.5%;雇用企业为其缴纳了医疗保险的有89名,占比17.69%;雇佣企业为其缴纳失业保险的有30名,占比5.96%。生育保险和住房公积金缴纳比例更低,分别只占503份问卷的3.98%和5.57%。只有工伤保险缴纳比例略高,但也只有22.62%。没有取得流入地户籍的流动人口也不享受当地户籍人口享有的养老、医疗等社会保障,在廉租房、子女入学等方面也受到歧视性待遇。正因为如此,绝大多数流动人口很难在流入地立住脚,他们大多是年富力强时外出打工挣钱,年老体弱时回到户籍所在地生活定居。

正是因为存在人口与劳动力流动的体制性障碍,使得中国城乡之间、地区之间的差距不仅没有随经济高速增长而缩小,反而在逐步扩大。我们的研究结果表明,人口流动性、城镇化和经济发展水平三者之间存在高度的相关性。[①] 我们按照人口流动、经济发展水平进行聚类分析,把中国现有行政区域分为三个类别[②]:第一类地区经济发展水平高,人口流动性高,城镇化水平高;第三类地区经济发展水平低,人口流动性低,城镇化水平低;第二类地区经济发展水平、人口流动性和城镇化水平介于第一类和第三类地区之间。三类地区之间经济发展水平的差距在扩大。如果从人口流入地和流出地来看,人口流入比例高的地区经济发展水平高,人口流出比例高的地区经济发展水平比较低。第一类地区人口流入比例大大高于第二类地区,第二类地区高于第三类地区。如果城镇和农村比,城镇人口流入的比例高,农村人口流出的比例高。城镇经济发展水平远远高于农村,而且二者的差距不断扩大。

不断扩大的地区差距与城乡差距不仅损害社会公平,也损害经济效率。经济学理论和实践都证明,要素的自由流动会提高要素配置的效率,促进经济增长。因此,需要消除落后的户籍制度、土地制度、社会保障制度等阻碍劳动力流动的制度性障碍,建立城乡统一的劳动力市场。应该逐步消除流入城镇的农村劳动者的歧视性政策,强制性规定用工单位做到对城乡劳动者同工同酬,同等的劳动保障权利和同等的福利待遇。取消户籍限制,强制规定地方政府做到对于流入城镇的人口实行与本地人口相同的政策,享受相同的社会福利,包括养

① 人口流动性指标用区域流动人口占区域总人口比例、区域省际流入人口占区域总人口比例、省际流入人口占区域总人口比例衡量;经济发展指标用人均地区生产总值、人均固定资产投资衡量。详见第三章。

② 第一类地区只有北京、上海两个直辖市;第二类地区包括浙江、福建、广东、天津、河北、山西、辽宁、黑龙江、江苏、山东、河南、内蒙古十二个省、市、自治区;第三类地区包括青海、江西、海南、西藏、吉林、云南、甘肃、宁夏、新疆、安徽、湖北、湖南、广西、重庆、四川、贵州、陕西十七个省、市、自治区。分类办法见第三章。

老、医疗、收入等保障,以及保障房、受教育等权利。为此,需要中央政府采取全国统一的社会保障政策,不要让农民再把土地作为他们的保障。这将有助于实现劳动、土地等要素的优化配置,维持经济长期、稳定增长。

三、土地制度改革与土地流转

我国土地制度和整个经济体制一样是一个二元的制度结构。土地所有权分国有和集体所有两种形式。农村集体土地分耕地与建设用地。为了保证粮食安全,中央政府确定了全国18亿亩耕地的红线,各级国土资源部门通过单一的行政性手段管理土地。如果因建设需要而占用了耕地,就需要采取措施予以补充,称之为占补平衡。补充的方式有通过新开垦荒地、平整废旧村庄、平整农村废旧厂房等土地整治方式,将其复垦、变为耕地,等等。国土资源部允许省内占补平衡,禁止跨省之间的占补平衡。由于不存在土地交易的市场,省内跨地市甚至跨县之间的占补平衡都很难操作,实际上大多在县内或者地市内实现占补平衡。

占补平衡大多是在国家和集体两个不同的所有权主体之间进行。城镇国有建设用地增加,农村集体通过减少建设用地或者土地整治补充耕地。政府从农民手中低价获得土地,再以高价拍卖给开发商,但农民从中获得的补偿很低。

有两个因素促使地方政府有强烈的动机改变土地的用途和性质,将耕地变为建设用地,将集体土地变为国有土地。一是上级政府把地区总产值作为考核下级政府的重要业绩指标,使各级政府有很大的积极性将农业用地变为工商业用地。因为工商业创造的产值大大高于农业产值,所以,各级政府到处圈地,大搞开发区就不足为奇了。二是拍卖土地的收入是地方政府重要的收入来源。在地方政府财源紧张的情况下,把农村集体土地变为国有土地进行拍卖可以获得可观的财政收入。因此地方政府有强烈的动机变集体土地为国有土地,将耕地变为建设用地,进行土地开发。

经济高速增长、城镇化的快速推进形成对于土地的巨大需求,推动地价飞速上涨。然而集体土地的模糊产权以及农民的弱势地位使得集体土地变成国有土地开发后的巨大收益大多被开发商和政府拿走,农民从卖地收入中的所得微乎其微。这是经济高速发展中城乡差距扩大的重要原因之一。

按照现行土地制度,不仅农村集体土地被严格禁止买卖,集体土地流转也很困难。尽管各级政府鼓励农村土地流转,但是,实际操作过程中面临种种问题。主要问题是集体土地的模糊产权使得参与流转的经济主体权益难以得到保障。集体土地将所有权与承包权割裂开,集体拥有所有权,承包者拥有承包权。而且集体所有权界定往往也不明确,是村集体所有还是组集体所有是不明确的。全国多数农村土地没有真正确权。在所有权不明确的情况下，规范的土地流转很难进行，受让双方权益无法保障。从土地流转的让方看，谁有权将土地流转给受方？流转的收益归谁所有？现行的做法是承包者获得土地流转中让方的收益。但这只是在收益不高的情况下的习惯做法。一旦让出土地的收益很高，集体中的其他成员提出分享土地流转收益的要求如何满足？从土地流转的受方来看，受方获得土地后经营的收益如何保障？受让双方是根据当时的土地经营成本与收益达成合约的，一旦外部条件发生变化，经营土地的收益有很高增长，怎样保证受方增长的利益不被剥夺？尽管受让双方有土地流转合约，但是合约的致命缺陷是让方所有者不明确，一旦让方毁约，找不到真正的权利主体来承担毁约所造成的损失，包括财产损失。

正因为存在残缺的农村集体土地所有权，导致农村土地流转乱象横生。有的土地流转根本没有合约，只是在亲朋好友之间的口头约定；有的虽然有合约，但是合约很不规范；有的虽然有规范的合约，但是由于流转的标的物产权模糊，一旦发生违约行为将很难保护定约双方的利益。农村土地利用非常没有效率。村集体的干部可以随意处置集体土地，土地闲置、土地抛荒的比例很高。从我们在重庆的调研情况看，土地抛荒的农户占我们回收的有效样本调查总数的12.57%。

为了有效保护和合理使用土地，需要进行土地制度改革。首先是改变土地城乡分治的局面，实行城乡统一的土地制度。对土地实行用途管制，而不是产权管制。政府的职能是做好土地规划，明确划分耕地和非耕地。实行严格的耕地保护政策。对于非耕地的开发，城市和农村具有相同开发权，拥有相同的进入市场交易的权利。废止现行的只有将土地变为国有才能买卖的规定。不管所有权主体是谁，一律同地同权。

其次是土地确权，确权到农户。不管是农村农用土地的流转，还是城市建设用地的拍卖，规范的土地交易以明确的产权界定为前提。土地确权的重点是农村集体土地。2011年11月10日国土资源部等四部门下发了《关于农村集体土地确权登记发证的若干意见》（简称《意见》），这是明智之举。但是《意见》中关于确权的具体办法却不够完善。确权后的农村集体土地仍旧产权模糊，与之前农村土地政策法规所不同的是《意见》中规定为所有权主体颁发所有权证。之所以说确权后的农村集体土地产权模糊，是因为产权主体可能并不是一个独立的法人。按照《意见》第四条，“把农村集体土地所有权确认到每个具有所有权的农民集体”。农村集体分为三级，由低到高分别为组（原生产队），村（原生产大队），乡（镇）（原人民公社），基本上是从计划经济体制下三级所有、以队为基础的模式演变而来的。由于传统体制下以队为基础，因此，确权基本上是将农村集体土地所有权确认到组。但是组并不是一个独立的法人。一个不是独立法人的组织如何行使法定财产权？如何承担法律责任？如果由村民小组共同拥有所有权，那么组内哪些成员拥有所有权？这些成员的子女是否拥有继承权？原组内成员迁移到外地、户籍变更后是否还和原来的其他成员共同拥有所有权？他们的子女是否还拥有继承权？一旦涉及土地流转、交易等行为，由谁行使决策权？也许考虑到村民小组不是独立法人的事实，《意见》规定“属于村民小组集体所有的土地应当由其集体经济组织或村民小组依法申请登记并持有土地权利证书”。但是，这种规定使得所有权更加模糊。村集体经济组织也许是独立的法人，但是其财产权不能和村民共同拥有的集体土地所有权混同，除非集体土地权属确认到村民个人名下，村民个人再以土地入股到村集体经济组织。《意见》中有关村级和乡（镇）级集体土地所有权行使存在同样的问题。《意见》规定：“属于村农民集体所有的，分别由村集体经济组织或者村民委员会受本村农民集体成员的委托行使所有权”；“属于乡镇农民集体所有的，由乡镇集体经济组织代表集体行使所有权；没有乡（镇）农民集体经济组织的，乡（镇）集体土地所有权由乡（镇）政府代管。”问题在于，无论是村、乡（镇）集体经济组织，还是村民委员会、乡（镇）政府，其财产都不能和村、乡集体土地相混淆。因为同一个村或同一个乡（镇）可能不仅有一个经济组织，把集体土地所有权交给哪个经济组织行使？即使一个村或者一个乡（镇）只有一个集体经济组织，这个经济组织产权也不能和集体土地产权相混同，除非这个经济组织的唯一财产就是集体土地，而且每个村民，不管大人还是小孩，都是这个集体经济组织的成员。如果是这样，这样的组织就不单单是经济组织，也是社会组织。这样的组织和过去人民公社体制下政社合一的组织有什么区别？因此，农村土地确权要做到产权明晰，应该确权到村民个人，至少要给农民永久性的土地使用权与交易权，这样农民便从无产变为有产。对于宅基地以及住房而言，农民不仅可以使用，也可以租赁、抵押或有偿转让；对于耕地而言，农民可以自己耕种，也可以租赁或者流转给他人耕种。这样既可以盘活土地资源，又可以使农民有可能获得财产性收入，有助于缩小农民和城市居民的收入差距。

最后是城乡统一的土地市场的建立。农村土地确权到村民后，城乡统一土地市场的建立就有了良好的基础。在产权界定模糊的情况下，不是交易难以进行，就是交易成本很高。在产权为多人共有的情况下，既难以明确每个成员的财产份额，也不能确定谁有财产的处置权。一旦出现交易的机会，交易也很难形成。即使可以认定成员的产权份额并给予每个成员同样的决策权力，由于每个成员对于财产的评价不同，对于财产交易的条件要求也会不同，要达成一致的交易条件，交易成本也会相当高。而所有权可以自由交易，并且降低交易成本是提高所有权使用效率的最佳途径。因为通过自由交易，财产可以从无效使用者手中转入有效使用者手中。对耕地流转而言,通过土地自由流转,使耕地从不能经营者的手中流入能经营者手中,提高耕地的使用效率。农村土地确权后,在户籍制度取消、社会保障制度健全的基础上逐步消除城乡土地流转和土地交易的界限。城镇居民可以到乡村承包租赁土地经营农业,农村居民可以进城买房置业经营工商业或者打工。城乡统一的土地市场最终会逐步形成。

城乡统一的土地市场的建立需要户籍制度、社会保障制度等体制改革的配合。在现行城乡分治的户籍制度和不完善的社会保障制度下,不可能建立完善的、城乡统一的土地市场。作为过渡性措施,我们设计了统一城乡土地市场的改革方案。该方案的基本框架如下。

为了保护耕地,国家实行占补平衡的土地使用政策,即因建设需要而占用了的耕地,必须通过土地整治的方式予以补足。一般是通过开垦荒地、平整废旧村庄、平整农村废旧厂房等办法复垦一些建设用地,用以补充占用的耕地。通常情况是城镇发展占用耕地由农村补,而且占补平衡政策大多在县市的范围内实施,即占用的耕地和补充的耕地只在一个县内或一个市内实现,在一个省内实施的情况都很少见,跨省间占补平衡更是被禁止。这种制度安排阻碍了土地资源的有效配置。有些地区工商业发展迅速,城镇化步伐快,占用的耕地较多,但是可以通过土地整治而补充耕地的潜力很小,无法在本地区实现占补平衡。有些地区工商业发展缓慢,城镇化水平很低,但是通过土地整治获得新增耕地的潜力很大。通过建立土地占补平衡交易市场可以使两个城镇化发展水平不同的地区相得益彰。我们在河南省城镇化和经济发展水平不同发展地区调研的结果说明,设计一个不同地区土地占补平衡指标交易的方案,建立不同地区占补平衡指标交易的市场既可以解决城镇化对于土地需求扩大的问题,又可以解决农村经济发展和粮食安全问题,即城镇化水平高的地区占用耕地后,由土地整治潜力大的农村地区补足耕地,但是占用耕地方必须给土地补充方以足够的补偿。为此,需要建立占补平衡交易市场。该市可以先在地(市)内实施,然后在省内实施,最后在全国实施。即先建立地(市)内占补平衡指标交易市场,在此基础上建立省内占补平衡指标交易市场,最后建立全国占补平衡交易市场。

作为占补平衡指标的供给方要有可用于整治的土地,经核实取得占补平衡指标;作为占补平衡指标的需求方(通常是城市的开发商),需要通过市场交易获得占补平衡指标才能获得土地开发的权利。供求双方通过议价完成占补平衡指标交易。供给方出售占补平衡指标获得的收益用于土地整治、村居建设、村民福利等开支;需求方获得指标后根据城市规划进行土地开发。这种做法会使农村居民分享因工业化和城镇化而使土地增值的收益。本书第六章详细探讨了土地占补平衡指标市场的建立问题。

四、资本供给、资本需求与城乡统一资本市场的建立

资本市场通常是指期限在一年以上的各种资金借贷和证券交易场所。由于我国证券交易市场不发达，因此资金借贷是资本市场的主体，其中主要是通过商业银行借贷。我国证券市场规模如下：2010 年，我国债券约 20.4 万亿元；2010 年年底，沪深股市总市值是 26.54 万亿元。债券与股票市场之和远低于银行存款。2010 年年底我国本外币存款余额 73.3 万亿元。这说明我国资本市场很不发达。发达的资本市场应该是股市和债市市值远远超过银行存款余额。

巨额的银行存款表明我国并不缺乏资本供给。2010 年年末广义货币供应量（M2）是 72.6 万亿元，2010 年我国的国内生产总值（GDP）是 40.15 万亿元，年末广义货币供应量是该年 GDP 的 1.81 倍。照理说社会不应该出现资金短缺情况，但是我国社会普遍缺乏资金：股市不振，债券市场除了国债外，企业债不仅量小，也一直不景气，股市、债市都需要资金支撑；中小企业更需要资金支持。但是，资金被锁在银行。近几年，央行一直以高存款准备金率将大量资金冻结在银行里，最高时，大型金融机构存款准备金率达到 21.5%。

我国居民的高储蓄率为资本供给提供了保障。从国内总产值的构成看，我国的国内总消费占 GDP 的比例很低，而且一直呈现下降趋势。表 1-3 显示了 2001—2009 年投资、消费和净出口三项支出占 GDP 的比例。近几年，消费占 GDP 的比例已经降到 50% 以下，一般市场经济国家这一比例通常在 70% 以上。消费率太低说明储蓄率太高，而且是过高。这说明我国的资本供给已经是非常充足。

表 1-3　GDP 以及按照支出法计算的 GDP 构成

GDP 构成 / 年份	生产总值（亿元）	最终消费支出（亿元）	资本形成总额（亿元）	货物和服务净出口（亿元）	（消费率）（%）	（投资率）（%）	净出口比率（%）
2001	109 028.0	66 933.9	39 769.4	2 324.7	61.4	36.5	2.1
2002	120 475.6	71 816.5	45 565.0	3 094.1	59.6	37.8	2.6
2003	136 634.8	77 685.5	55 963.0	2 986.3	56.9	40.9	2.2
2004	160 800.1	87 552.6	69 168.4	4 079.1	54.4	43.0	2.6
2005	187 131.2	99 051.3	77 856.8	10 223.1	52.9	41.6	5.5
2006	222 240.0	112 631.9	92 954.1	16 654.0	50.7	41.8	7.5
2007	265 833.9	131 510.1	110 943.2	23 380.6	49.5	41.7	8.8
2008	314 901.3	152 346.6	138 325.3	24 229.4	48.4	43.9	7.7
2009	345 023.6	165 526.8	164 463.5	15 033.3	48.0	47.7	4.3
2010	401 512.8	186 905.3	191 690.8	15 711.5	47.4	48.6	4.0

注：资本形成率指资本形成总额占按照支出法计算的 GDP 的比重；最终消费率指最终消费支出占按照支出法计算的 GDP 的比重。

资料来源：数据根据历年《中国统计年鉴》公布的统计数据整理。

从资本与投资需求看，行业、地区间分布不平衡。在房地产业、回报较高的新兴高科技产业资本与投资需求高；在传统产业，例如传统农业产业、衰落的工商产业资本与投资需求低。从地区看，经济发达的地区对资本与投资的需求高，经济落后的地区对资本与投资的需求低。

我们在重庆调研的结果表明，落后地区对于资本与投资的需求很低。这反映在农户对借贷行为问卷的反馈中。我们分别在问卷中设计了关于农户向正规金融机构与非正规金融机构借款的问题①。在问及过去是否有向正规金融机构申请过贷款的问题时，共有1 299名农户做了回答，其中有过向正规金机构申请贷款的有208户，占比16.01%；没有申请过贷款的有1 091户，占比83.99%，占了绝大部分，农户对从正规金融机构的借款需求也不高。许多人甚至不知道本地非金融机构情况。在我们的调研中，共有1 372名农户回答了问卷中关于本地区非正规金融机构情况的问题，其中121名农户知道本地有除银行、信用社之外的非正规金融借贷活动，占比8.82%；343名农户不知道或认为本地没有非正规金融借贷情况，占比25%；其余908名农户不清楚本地非正规金融借贷情况，占比66.18%。农户之间的借贷行为大多是在亲朋邻里之间进行的。样本中，2009年年底有负债的家庭共计229户，平均负债余额22 726元。其中对亲朋好友负债的共有190户，占比达到83%；仅有17%的农户对正规与非正规金融机构负债，分别为70户与27户。

农户向亲朋好友的私人借款并不是不付利息，而且其所付利息并不低：样本中共有204名农户对私人借款支付年利率情况做了回答，平均利率水平为8.2%。在非正规金融机构借贷利率情况如下：样本中有99名农户对当地民间借贷的最高年利率情况做了回答，平均最高利率水平为14.6%；有93名农户对当地民间借贷的最低年利率情况做了回答，平均最低年利率水平为5.12%。将最高平均年利率与最低平均年利率再做简单的算术平均值，是9.86%，略高于私人间的借贷利率。

为什么那些有贷款需求的农户到正规金融机构借款的比例如此之低？正规金融机构贷款利率受政府政策限制，似乎应低于民间借贷利率。事实并非如此。在重庆的调查问卷中，我们分别设计了农户从商业银行和农村信用社这类正规金融机构借款面临的主要问题。收回的问卷表明，从商业银行、农村信用社这类正规金融机构借款面临的主要问题是利率太高、借款太难、手续太复杂，90%以上的问卷反映这两类正规金融机构存在上述三个问题。其中在商业银行贷款利率高排在这三个问题之首。向正规金融机构借款利率高不只是农户

① 正规金融机构是指各商业银行、农村信用社和邮政储蓄等经政府批准所设正规机构；非正规金融机构指互济会、民间金融机构，包括地下钱庄、典当铺和私人放款等非正规贷款方式。

面临的问题，我国绝大多数民营企业也面临同样的问题[①]。

经济落后地区资本有效供给与有效需求都不足。所谓有效供给是指供给方在以市场需求为导向的情况下，满足市场不同群体和个体需要的能力，是资源优化配置的一种供给形式。所谓有效需求，是指需求方有支付能力的需求。我们看到，经济落后地区的储蓄率很高，但是并没有形成本地有效的资本供给，而是大量的资金流入外地。由于本地经济落后，投资回报不足以支付借款的成本，不能形成对资本的有效需求。这种情况发展下去形成恶性循环，金融越落后，经济就越落后，因为经济需要金融支持；反过来，经济越落后，金融也会越落后，因为落后的经济不能形成有效的资本供给与需求。结果是落后地区和发达地区的差距越拉越大，城乡的差距越拉越大。

怎样解决资本市场存在的问题？显然需要进行区域协调与城乡统筹。中国区域之间、城乡之间经济发展差距大，对于金融需求的层次差别很大，需要多元化的金融组织满足多层次的需要。鉴于商业银行业在我国金融行业的支配地位，也鉴于债券、股票等证券市场适合经济发达的地区和城镇，因此，广大农村仍旧需要通过银行业的发展来解决资本供求和经济发展的问题。我们在这里重点讨论商业银行业在农村的培育与发展。

我国现有的商业银行数量远不能满足农村发展对于融资的需求。我们在重庆的调查发现，农村商业银行网点少，许多农户甚至不能确切知道自己住所附近是否有商业银行。在我们的调查问卷中，我们设计了五公里范围内是否有商业银行以及农户户主是否知道商业银行有针对家庭贷款服务的问题。明确知道住家五公里范围内有商业银行的农户户主比例只有36.56%，知道银行有开展针对家庭贷款服务的户主比例只有20.71%。

除了商业银行外，农村信用社也是合法正规的金融组织。但是农民加入农村信用社的比例并不高。我们在重庆的1419个有效调查样本中，359个农户家庭是农村信用社会员，仅占有效样本的25.3%。

由于非正规金融机构被认定为非法金融组织，因此非金融机构数量不多。我们在重庆的调查问卷中设计了如下问题："就你所知，本地除银行、信用社外还有其他民间借贷活动吗？"在回收的有效样本中，知道本地有除银行、信用社之外的民间借贷活动的农户户主比例很低，只占8.82%；25%的户主不知道或认为本地没有非正规金融借贷情况；66.18%的户主不清楚本地非正规金融借

---

① 媒体大量报道民间集资的违法行为。《第一财经日报》2012年1月18日以"安阳20年民间乱象大清理"为题，报道了安阳民间集资产生的问题。民营企业从银行贷款必须走许多"灰色渠道"，经过多次送礼与回扣后，最终拿到的银行贷款合月息达到三分，基本上和民间融资差不多。而且银行贷款程序更烦琐、手续更麻烦。

贷情况。

在正规金融机构和非正规金融机构都很少的情况下,资金需求只能通过亲朋好友之间的私人借贷解决。因此,我们上文所提到的重庆地区私人间借贷占农户借贷行为的比例很高就不足为奇了。

鉴于上述分析,我们认为,依靠现有大的商业银行在农村增加网点显然是不现实的。四大商业银行(中国工商银行、中国农业银行、中国银行、中国建设银行)从农村地区撤销大量网点的事实说明,大银行不可能在农村、尤其是落后的农村建大量网点。改制成为农村商业银行的原农村信用社在发展壮大后有不少也不愿在农村建大量的网点。我们看到,许多农村商业银行将网点建设的重点放到了城镇。商业银行的这种行为是无可厚非的。只要是商业银行,无论是国有控股的商业银行,还是其他性质的商业银行,其目标都是为了盈利,哪里盈利前景好,商业银行就会把网点设在哪里。而且即使是从落后地区起家的银行,等其规模做大了,也会将业务从落后的地方向发达的地方转移,会从小客户转向大客户。我们不能指望商业银行把其业务当作慈善事业做,正确的做法是放开银行业竞争,实行公平的市场准入。政府不仅不应该限制私人银行、小银行的设立,而且应该支持、培育私人银行、小银行的设立。

经济学研究证明,小银行在满足小客户方面具有天然的优势。让大银行为小客户提供贷款不仅成本高(因为大银行的人工成本和非人工成本都比小银行高),而且容易产生道德风险。所谓道德风险是合约签订者在合约签订后采取故意行动而使合约的另一方发生财产损失的概率增加。极端的情况是人寿险的受益人将当事人杀害而向保险公司索赔。对于小额借款者而言,他从大银行获得小额贷款比从小银行获得同样贷款的违约概率要高,因为他如果借款不还,大银行催款的成本高,而小银行催款的成本低。可以设想,如果一家跨国性的大银行贷款数千元给一个小农户,小农户可能故意不还款,因为大银行不会为区区几千元钱而反复向农户催款,因为其催款的代价(交通成本、人工成本等)可能比贷款的本利都要高。如果是本地的小银行,其催款的代价显然要低于大银行。加之本地小银行比大银行掌握更多的借款人信用等方面的信息,有助于降低放贷后的风险。

诚然,本地小银行做大了也可能转向城镇,转向大客户。但是只要放开市场准入,就会不断有小银行产生。就像餐饮服务行业,五星级饭店服务对象是有钱人,街头小餐馆、甚至小摊贩服务对象是穷人,虽然一些小餐馆、小摊贩也许有一天会办成五星级饭店而调整其服务对象,但是,只要放开市场准入,就不断会有服务于穷人的小餐馆、小摊贩产生。如果只让开设星级饭店、旅馆,穷人外出不就只能挨饿受冻了吗?当然,开办银行业并不像开办餐饮服务业那样简单,但是只要按照巴塞尔协定要求满足资本充足率、不良资产比例等要求,在经济落后地区甚至在经济发达地区,小银行照样可以比大银行有竞争力。

目前政府虽然允许在一些地区设立村镇银行,但是设立门槛仍旧很高。政府不仅应该降低门槛,还应该给予税收、人员培训、业务指导等方面的政策支持。对于一些地区出现的非正规金融机构,政府不应围剿打压,而应该给予引导,在其规范化经营后给予法律保护。一些地区的小额贷款公司、农村资金互助合作组织等机构对于满足农民资金需求起到了一定作用。由于这类金融组织的封闭性,其发展受到诸多限制,它可能成为农村资本市场的补充,但是不可能成为农村资本市场的主力。未来农村资本市场主力只能是具有存款与贷款能力或者具有持续融资与投资能力的中小金融机构。

毫无疑问,农村的发展,尤其是落后地区农村的发展不能仅仅依靠市场,政府对于农村的支持是不可缺少的。不要说中国的市场很不健全,即使将来市场健全了,政府对于农村和农业的支持也是不可缺少的。现阶段以及今后相当长一段时期内,政府都要对农村给予金融、财政以及其他方面的支持。但要使农业、农村自身具有可持续发展的能力,农村资本市场的培育是至关重要的。城乡差别的缩小有赖于城乡统一资本市场的建立。

五、城乡统一的社会保障制度建立与完善

全国统一的生产三要素市场建立的前提条件是建立城乡统一的社会保障制度。如果没有城乡统一的社会保障制度,劳动力流动难以实现、土地流转无法推进、资本市场也难以健全。

客观地讲,近年来我国在社会保障制度建立健全方面作出了不懈的努力。农村养老保险制度的建立、新型农村合作医疗保险的实施、城镇居民养老保险、医疗保险等社会保障事业快速推进。但是由于社会保障事业起步晚、欠账多,尽管政府、社会、居民个人作出了不懈努力,依然存在众多问题。如果这些问题不解决,城乡统一的劳动力市场、土地市场和资本市场就不可能真正建立,城乡差距就不可能真正缩小。下文我们将重点讨论社会养老保障和医疗保障的现状和需要解决的问题。

在养老保障方面,我国不仅在城乡之间政策有别,在部门之间也不同。在政府部门就职的公务员,其退休后的生活费用由财政负担;那些在尚未实施企业化管理的事业单位就职的人员,其退休后的生活费用也由财政负担;那些在已经实施企业化管理的事业单位就职人员的养老保险问题按照政府颁布的职工养老办法实施;大多数没有在政府部门、企事业单位工作的居民,其养老保险

问题按照政府颁布的城市居民或农民养老保险办法实施。

那些由政府财政支持养老费用的公务员、事业单位的职员所享受的退休金待遇也不同。总体上而言,公务员的退休金远远高于事业单位退休人员的退休金。国家曾经试图从2008年开始在广东、上海、浙江、山西、重庆五省市进行事业单位养老保险制度改革试点,以便和企业职工养老保险制度接轨。但是改革试点进展缓慢,也可以说改革无法向前推进,主要问题是事业单位的职员退休后待遇远远高于企业职工养老待遇。广东的一些事业单位在改革方案征求意见时就出现了提前退休潮,使得这项改革举步维艰。

关于企业职工养老保险制度,国务院曾先后发布过两份纲领性文件,一份是《国务院关于建立统一的企业职工基本养老保险制度的决定》(国发[1997]26号),另一份是《国务院关于完善企业职工基本养老保险制度的决定》(2005年12月3日)。城镇职工养老保险筹资方式是用人单位和职工个人共同缴纳。职工以上一年度月平均工资作为缴纳基数,按照8%的比例缴纳基本养老费;单位缴纳部分是以单位全部职工缴费工资基数之和作为单位缴纳工资基数,一般不超过企业工资总额的20%,缴纳比例确实需要超过20%的地区需要报劳动部(现为人力资源与社会保障部)与财政部批准。在实施过程中,各地单位缴纳部分差别很大,缴纳比例大多在12%—20%之间。例如,北京缴纳比例是20%。有些省内不同地区缴纳比例也不同,例如,广东省2009年前不同地区单位缴纳比例差别比较大,从低于12%到20%不等,后来不同地区间缴纳比例的差距逐步缩小,2011年7月1日后,省内不同地区单位缴纳的比例大约在13%—15%之间。缴费年限满15年的职工退休后按月领取基本养老金,许多人领取养老金不到在职时工资的50%,远远低于事业单位的退休金,和公务员的退休金待遇差别更大。

我国从2009年开始先后在农村和城镇建立农村居民和城镇居民社会养老保险制度。2009年9月1日,国务院颁发《国务院关于开展新农保试点的指导意见》。年满16周岁(不含在校学生)、未参加城镇职工基本养老保险的农村居民在户籍所在地自愿参加新农保。新农保基金由个人缴纳、集体补助、政府补贴构成,改变了过去农民养老靠家庭保险的做法,由个人(家庭)、集体、政府合理分担责任。该项制度试点当年,中央确定的基础养老金标准为每人每年55元,地方政府可以根据实际情况提高基础养老金标准。中央财政对中西部地区按照中央确定的基础养老金标准给予全额补贴,对东部地区给予50%的补贴。地方政府对参保人缴费予以补贴,补贴标准不低于每人每年30元。个人缴费标准为100元、200元、400元、500元4个档次,地方可以根据实际情况增设缴费档次,参保人自主选择档次缴费,多缴多得。有条件的村集体对于缴费给予补助,其他经济或社会公益组织或个人可以为参保者提供资助。建立个人账户,将除中央政府补助的基础养老金以外的其他个人、组织为个人缴纳的费用、补贴全部记入个人账户。个人账户养老金的月计发标准为个人账户全部储存额除以139(与现行城镇职工基本养老保险个人账户养老金计发系数相同)。年满60岁可以按月领取养老金。国家根据经济发展和物价变动等情况适时调整基础养老金最低标准。2009年试点覆盖面为全国10%的县(市、区、旗),现逐步扩大,计划到2020之前基本实现农村适龄居民全覆盖。

在新农保试点不到两年后,2011年6月1日国务院常务会议决定从2011年7月1日起启动城镇居民社会养老保险试点。随后下发了《国务院关于开展城镇居民社会养老保险试点的意见》(国发[2001]18号,以下简称18号文件)。18号文件明确表示,2011年试点当年覆盖全国60%的地区,2012年基本实现全覆盖。凡是年满16周岁(不含在校学生)、不符合职工基本养老保险参保条件的城镇非从业居民,均可以在户籍所在地自愿参加城镇居民养老保险。参保居民按规定缴纳养老保险费,政府对参保居民给予每人每年不低于30元的补贴。目前个人每年缴费标准从100元—1 000元共计10个档次,各档次级差为100元,各地根据实际情况可以增设档次,参保人自愿选择档次,多缴多得。基础养老金由政府支付,每人每月不低于55元,这一标准与新农保相同。国家根据经济发展和物价变动等情况实施调整。中央对于中西部地区按照中央确定的基础养老金标准给予全额补贴,对东部地区给予50%的补贴。地方政府应该对参保人员缴费给予补贴,补贴标准不低于每人每年30元。参保居民年满60岁按月领取包括基础养老金和个人账户养老金在内的养老金。个人账户养老金月计发标准为个人账户储存额除以139(与现行城镇职工基本养老保险及新农保个人账户养老金计发系数相同)。

城镇职工养老保险、农村居民养老保险、城镇居民养老保险这三项保险的先后实施标志着我国已经将社会养老保险覆盖到社会所有群体。但是,认真审视我国正在实施的各项社会养老保障措施,我们可以看到存在的问题仍然很多。

其一,种类太多。公务员、事业单位、企业、农村、城镇居民等各类养老保险差别大。姑且不谈由政府财政支付退休金的公务员以及部分事业单位职员与企业和职工共同支付费用的企业职工之间养老待遇之间的差别,企业职工养老保险和城镇居民养老保险待遇之间的差别,仅城镇居民和农村居民养老保险之间就存在着重大差别。城镇居民领取的养老金远远高于农村居民。而且城乡居民个人选择的交费档次不同,新农保设立5档,城镇养老保险设立10档;城乡社会养老保险体制改革推进的速度不同,农村推进的速度慢,城镇推进的速度快。农村从2009年开始试点,试点当年仅覆盖全国10%的县(市、区、旗),计划到2020年之前完成,前后需要12年时间;城镇从2011年试点,试点当年覆盖全国60%的地区,到2012年结束,前后不用2年的时间。

其二,统筹层次低。各类养老保险统筹的层次大多是在县级,少部分在地市级。由于各地经济发展水平差别大,其居民养老费用的负担和退休后享受的待遇差别也就很大。在一些经济发达的地区,各级地方政府可以给当地户籍的居民更多的养老保险补助,使得其属地居民支付养老费用的负担较轻,而在退休后领取的养老金额也大大高于经济发展水平落后的地区。甚至在同一个乡镇内由于各个村经济发展水平不同,不同的村、甚至不同组的居民其享受的养老待遇也差别很大。我们在中山试点调查时发现,一些集体物业收入以及其他经济收入高的村或组,其居民的养老待遇远远高于那些集体经济收入低的村或组。

其三,保险水平仍旧很低。除了少数富裕的地区外,我国大多数地区居民的养老保险水平都很低。如果参保人自己不选择比较高的缴费档次缴纳养老保险费,而仅仅依靠政府支付的基础养老金,即使满足政府规定的15年缴费年限,到60岁以后所领取的养老金仍旧不能维持基本的生活。这样的养老保险水平还不足以使居民摆脱家庭养老保险的负担,还不足以使农民完全摆脱对于土地的依赖。不仅参加城乡居民养老保险的人老年后难以依靠养老金维持基本生活,甚至那些参加城镇职工养老保险的城镇职工退休后领取的养老金也难以使自己过上体面的生活,因为职工养老保险的替代率低于50%。加上中国经济转型过程中物价不断上涨,退休人员的生活水平逐步下降。

如何解决现行养老保障制度存在的问题?首先要提高统筹层次。利用1—2年时间完成地(市)级养城乡居民养老保险统筹;利用3—5年时间完成省级统筹;利用5—8年时间完成全国统筹。力争在2020年以前实现城乡居民养老保险的全国统筹。在提高城乡居民养老保险统筹层次的同时,也提高城镇职工养老保险统筹的层次。

其次要统一缴费标准。在实现养老保险地(市)级市内统筹时,统一地(市)内城乡居民养老保险的缴费标准、缴费档次以及基本养老金的领取标准;国家和省级以及地(市)级财政增加对经济发展水平落后县、区、旗的支持力度。在实现养老保险省级统筹时,统一全省范围内城乡居民养老保险缴费标准、交费档次以及基本养老金领取标准;中央财政和省级财政增加对于经济发展水平落后地(市)的支持。在实现养老保险全国统筹时,统一全国城乡居民的缴费标准、交费档次以及基本养老金领取标准;中央财政增加对于落后省份的支持。

在统一城乡居民养老保险标准的同时,也同时统一企事业单位职工和公务员养老保险标准。根据先易后难的原则，先统一企业与事业单位的养老保险缴费与领取标准，采取的措施只能是逐步提高企业退休人员的养老金，而不能降低事业单位人员的养老金。在企业与事业单位的退休人员缴费与基本养老金领取标准统一后，再实现和公务员养老标准的统一。采取的措施也是逐步提高企事业单位退休人员基本养老金，而不是降低公务员的基本养老金。鉴于企业、事业、政府机构工作人员的养老待遇差别很大，而且由于享受低水平养老保险的企业职工所占的比例大，要实现三者的统一既需要很长的时间，也需要很高的费用。采取现行的办法难以满足筹资的要求，需要改变筹资办法。可行的办法是开征包括养老和医疗保障在内的社会保障税。用人单位和受雇佣人员都要依法纳税。鉴于企业和职工现在纳税负担已经很重，可以降低企业增值税和所得税率，并降低个人所得税率，开征社会保障税，使政府支付的基本养老金有稳定的资金支持。

最后要提高养老保险水平。目前的城乡居民社会养老保险大部分还是以个人缴费为主，政府补助为辅。如果个人不缴费，进入老年后靠领取政府支付的基础养老金部分根本无法生存。职工养老金也是靠企业和职工个人的缴费支撑，而且退休后的替代率也很低，不足以依靠退休金维持体面的生活。开征社会保障税后，可以大大提高政府支付的基础养老金水平、提高到退休后完全靠政府的基础养老金就可以维持基本的生活。社会养老保险的目标模式是对于在业者，无论是公务员、事业单位职工，还是企业职工，缴纳的社会保障税标准相同，从政府获得的基础养老费用也都相同；对于无业者，无论是城镇居民还是农村居民，从政府获得的基础养老金也都相同。政府给予基础养老金，再辅之以个人交费、企业年金、商业保险等，使得多数人老年后可以维持体面的生活。

医疗保障改革的步伐比养老保障要快。在城镇，公务员和事业单位的职工享受的公费医疗逐步和企业职工医疗保险并轨。截至目前，全国 31 个省市区中已经有 24 个取消公费医疗，全部参加医疗保险。还有山东、广东、江西、江苏、湖北、贵州、陕西 7 个省份的公务员尚未全部取消公费医疗。有些省大部分地区也实施了医疗保险制度改革。例如，山东省除了济南、烟台尚未完全取消公费医疗外，其他 15 个地市都已经实现了全员参保。

企业职工医疗保险采取社会统筹与个人账户相结合的办法。个人缴纳部分，按职工上年月平均工资比例缴纳。若职工个人上年月平均工资介于本市上年在职职工月平均工资 60%—300% 之间的，按照上年月平均工资的 2% 缴纳，超过 300% 的不缴纳，低于 60% 的按照 60% 缴纳。用人单位缴纳基数为本单位职工缴纳基数之和，按职工缴纳基数的 10% 缴纳基本医疗保险费，并按照职工缴纳基数的2%缴纳地方附加医疗保险费。

在农村地区,我国建起了新型农村合作医疗制度。2002年中央决定建立新型农村合作医疗制度,中共中央、国务院下发了《关于进一步加强农村卫生工作的决定》,其中提出要建立以大病统筹为主的新型农村合作医疗制度,以解决农村存在的比较严峻的因病致贫和因病返贫问题。该制度从2003年起在全国部分县(市)试点,到2010年基本实现覆盖全国农村居民。从2003年起,中央财政对中西部地区除市区以外的参加新型农村合作医疗的农民按人均每年10元安排合作医疗补助资金,地方财政对参加新型农村合作医疗的农民人均补助每年不低于10元。从2003年开始,本着多方筹资、农民自愿参加的原则,新农合试点地区不断增加。2011年政府对新农合和城市居民医保补助标准由上年每人每年120元提高到200元。2011年6月10日卫生部召开的新闻发布会上介绍了我国的新农合制度已经覆盖了我国全部农村地区,参合农民8亿多,参合率为96%,剩余没参合的4%农民中有些在城市务工,并参加了城镇职工医疗保险或城镇居民医疗保险,但尚有一部分没有参加基本医疗保险。

同城镇居民养老保险改革一样,城镇居民医疗保险制度改革晚于农村居民医疗保险制度改革。在新农合试点4年后,2007年7月,国务院下发了《关于开展城镇居民基本医疗保险试点的指导意见》的文件,提出从2007年10月1日起,开展城镇居民基本医疗保险试点,到2010年在全国全面建立城镇居民基本医疗保险制度。城镇居民基本医疗保险以家庭缴费为主,政府给予适当补助,重点用于解决大病医疗费用。对试点城市的参保居民,政府每年按不低于人均40元的标准给予补助,其中,中央财政对中西部地区按照人均20元给予补助。在此基础上,中央和地方财政再对低保对象、重度残疾等特殊群体安排补助,帮助他们缴费参保。

近两年,政府对新农合和城镇居民医保补贴标准增幅较大,已经从2009年的每人80元提高到2011年的200元;政策范围内住院费报销比例由原来的50%提高到60%以上。企业职工医保、城镇居民医保、新农合三项基本医疗保障制度参保人数2011年增加到12.8亿人,覆盖了90%以上的城乡居民①。

虽然我国在岗职工、离退休人员以及无业的城镇居民绝大部分都享有一份医疗保险,但是总体上讲,我国的社会医疗保险还存在许多问题。主要问题和社会养老保险制度一样,是统筹层次低、标准不统一、保险水平低。大多数地方是在县市级统筹,而且大多是按照城镇职工医疗保险、城镇居民医疗保险、农民新农村合作医疗保险三种类型分别统筹。只有很少的城市实现地市级的基本

① “国务院医改办公布权威数据:我国医保参保人数达12.8亿”,人民网,2011年10月13日。

医疗制度的城乡居民统筹,一个省内或者一个市内不同地区同一类医疗保险待遇也不同。以北京为例,北京各个区县报销比例不同。例如,同样的癌症患者,顺义区病人报销比例能达到55%,延庆、怀柔区的比例更高,而门头沟区只能报销40%。新农合医疗以大病统筹为主,小病仍旧是由农民个人医疗账户来支出。在统筹部分,大病只能报销一部分,低收入者仍然出不起剩余部分的费用,而且新农合的就诊患者自费后拿医院开具的发票去辖区政府机关申请报销时手续烦琐。有些偏远地区农民要到政府相关机构报销所花费的路费比获得的报销款还高。综上一些原因,许多农民参保的积极性不高。因此需要像养老保险一样提高医疗保险的统筹层次、统一标准、提高保险水平。

除了需要完善城乡养老、医疗等重要社会保障措施外,其他保障例如失业保险、住房保障、儿童与青少年教育等方面也需要完善,做到城乡统筹。在失业保险方面,根据人力资源与社会保障部提供的数据,2010 年全国参加失业保险的人数是13376 万人,其中农民工人数为1990 万人,只占到14.9%。我国目前城镇住房保障主要是对本地城镇户籍人士,而没有将没有本地户籍绝大多数是农民工的外地人纳入保障范围。小学和初中等义务教育也存在户籍歧视。没有当地户籍的儿童、少年入学受到歧视性对待。高中教育和高等教育同样存在户籍歧视。例如,高考至今还没有改革,需要考生回到户籍所在地报名高考。如果这些社会保障问题不解决,生产要素的流动就会受到限制,城乡差距就不会真正缩小。

六、城乡一体化综合评价指标体系研究

(一) 城乡一体化综合评价指标体系设计

通过对国内外有关城乡一体化理论进行讨论比较,以及对国内沿海与内陆地区城乡一体化实践经验的总结,我们在本章进行城乡一体化综合评价指标体系设计。

1. 城乡一体化的主要衡量维度

从第一章所界定的城乡一体化含义出发,城乡一体化可以具体分解为:城乡人口一体化、城乡空间布局和基础设施一体化、城乡经济发展一体化、城乡公共服务一体化和城乡生态环境一体化。

(1) 城乡人口一体化。统筹城乡人口协调发展是推进城乡一体化发展的重要依托。重点任务包括:积极推进农村人口城市化;着力改变农业资源禀赋与农业劳动力、农村人口失衡状况;全面提高城乡人口综合素质,维持低生育水平。

(2) 城乡空间布局和基础设施一体化。城乡空间布局和基础设施一体化

是城乡一体化的载体。重点任务包括:制定统一的城乡发展规划,合理安排城镇建设;积极推进城乡基础设施建设,加强城市与农村设施连接,加大农村基础设施投入力度,特别要增加对农村饮水、电力、道路、通信、垃圾处理设施等方面的建设投入,实现统筹规划、合理布局、缩小差距、联网共享、城乡一体。

(3) 城乡经济发展一体化。城乡经济发展一体化是城乡一体化的基础。重点任务包括:打破城乡经济循环的壁垒,充分发挥市场配置资源的基础性作用,使资源、资金、技术、劳动力在城乡地域空间上、在不同产业间有序流动和优化组合;按照一、二、三产业互动、城乡经济相融的原则,促进各产业在城乡科学布局、合理分工、优势互补、联动发展;缩小城乡居民收入差距。

(4) 城乡公共服务一体化。城乡公共服务一体化是城乡一体化可持续发展的条件,体现了"以人为本"的科学发展内含。重点任务包括:将经济增长与城乡社会全面进步有机结合起来,优化城乡社会事业资源配置,建设覆盖城乡居民的社会公共服务体系,以解决和满足最大多数群众的基本公共服务需求为核心,探索建立城乡社会公共服务一体化的体制和机制,坚持政府主导与发挥市场机制作用相结合、加大投入与深化改革相结合,重点加大农村社会事业财政投入和政策支持力度,分阶段有重点地实现城乡基本公共服务均等化。

(5) 城乡生态环境一体化。城乡生态环境一体化是城乡一体化的高级形态,是生态文明在城乡关系上的体现。重点任务包括:强化城乡生态功能,以保全生态系统为重心,统一规划、统一标准、统一对环境保护的实现机制,健全城市、乡镇、农村生态环境协调体系,加速推进城乡有机融合的生态系统建设。

2. 指标选择的基本原则

(1) 导向性。指标应当与促进城乡一体化的目标激励相容,能够充分反映城乡关系发展的内涵与规律性特征,有效激励与约束被评价者向着城乡一体化方向努力。

(2) 全面性。城乡一体化是一个以人为主体、以自然环境为依托、以经济活动为基础,社会联系极为密切的有机整体,应全方位、多角度地选择反映城乡一体化的指标,尤其要避免过于强调经济发展的衡量指标,"只见物、不见人"。

(3) 层次性。指标体系应当既有系统性,又有层次性,具有清晰的结构和维度。指标应当具有代表性,避免相同或含义相近变量的重复出现,各要素既相互连续、又相互独立,构成一个有机的整体。

(4) 可比性。指标选择应当考虑时间、地点和适用范围的可比性,能够满足横向与纵向对比的需要。

(5) 操作性。指标应当含义明确、易于应用,具有可靠的数据来源。一般来说,确定的指标应能在现有统计资料中查到或者通过有关数据计算而得。

3．城乡一体化综合评价指标体系

从城乡一体化的理论内含与特征出发，结合现有的有关研究成果，我们构造的城乡一体化综合指标体系如下：

（1）目标层：城乡一体化综合评价指数。

（2）准则层：由五个系统组成。具体是：城乡人口一体化、城乡空间布局和基础设施一体化、城乡经济发展一体化、城乡公共服务一体化和城乡生态环境一体化。

（3）指标层：由下面这些指标构成，具体如表 1-4 所示。

表 1-4　城乡一体化评价指标体系

系统		指标	指标导向
城乡人口一体化	人口结构	城市化率	推进城市化
		居住在城镇的人口占总人口的比重	鼓励人口向城市聚集
		非农就业人口占就业总人口的比重	促进农村劳动力转移
		外来常住人口占总人口的比重	促进劳动力流动
		城乡人口出生率之比	降低农村生育水平
	人口素质	城乡人口平均预期寿命比	缩小城乡人口健康差距
		城乡人口平均受教育年限比	缩小城乡人口受教育水平差距
		城乡劳动力平均受教育年限比	促进城乡劳动力教育机会均等化
		城乡儿童身高比（6 周岁）	促进城乡儿童营养水平均等化
		城乡第一孩次出生性别比	消除城乡生育观念差异
		城乡出生婴儿体重比	反映城乡营养水平差距
		城乡妇女识字率比	提高农村妇女受教育水平
城乡空间布局和基础设施一体化	空间布局	城乡建设规划一体化程度	推动城乡建设统一规划
		城乡建设用地价格比	缩小城乡土地利用效率差距
	基础设施	公路网密度（km/km^2）	加强城乡交通联系
		农村村庄路面硬化率	改善农村交通
		自然村公共交通通达率	推动城乡公交一体化
		农村自来水普及率	推动农村集中供水
		农村安全饮用水覆盖率	提高农村人口饮水质量
		城乡用管道天然气、液化气普及率比	改善农村供气设施
		城乡电视普及率之比	提高农村综合信息化水平
		城乡电话普及率之比	
		城乡计算机普及率之比	
城乡经济发展一体化		城乡人均可支配（纯）收入比	缩小城乡收入差距
		农业增加值与农业人口之比	
		城乡人均社会消费品零售额比	缩小城乡生活水平差距
		城乡恩格尔系数比	
		工农业劳动生产率比	提高农业现代化
		城乡银行贷款余额比	缩小城乡金融市场差异
		城乡银行贷款存贷比之比	
		城乡股票市场融资额之比	

（续表）

系统		指标	指标导向
		城乡人均住房面积比	改善城乡居民居住条件
		城乡生活幸福感指数差异①	缩小城乡社会福利差距
城乡公共服务一体化	教育	城乡生均预算内教育事业费比	基础教育投入均等化
		城乡普通小学师生比率之比	
		城乡普通初中师生比率之比	
		城乡小学生均教学仪器设备值	
		城乡中学生均教学仪器设备值	
		城乡义务教育教师平均工资比	
		城乡高中入学率比	教育质量均等化
	公共卫生与基本医疗	城乡人均卫生经费支出比	基础医疗均等化
		城乡人均医疗保健支出比	
		城乡每千人拥有医生数比	
		农村儿童疫苗接种普及率	提高农村公共卫生
		城乡5岁以下儿童死亡率比	基础医疗均等化
		城乡孕产妇死亡率比	
		城乡妇女病年检查率比	
	社会保障	城乡最低生活保障线比	社会保障均等化
		新型农村合作医疗参合率	提高农村医疗保障水平
		农村社会养老保险覆盖率	提高农村养老保障水平
		农民工医疗保险覆盖率	提高农民工医疗保障水平
		农民工养老保险覆盖率	提高农民工养老保障水平
		农民工工伤保险覆盖率	提高农民工工伤保险水平
		城乡社会保障制度统一程度	建立统一的社会保障制度
	公共文化与体育	城乡每万人拥有文化体育设施面积比	缩小城乡公共文化体育设施差距
		城乡居民文化娱乐消费支出比	城乡生活方式
	社会管理	农村人口转入城市户籍的难易程度	打破城乡二元分割
		城市人口转入农村户籍的难易程度	
		外来人口加入本地户籍的难易程度	促进劳动力流动
		城乡居民社会治安满意率之比	改善社会环境
城乡生态环境一体化		城乡生活污水处理率之比	改善环境
		城乡生活垃圾集中处理率之比	
		农村卫生厕所普及率	提高农村环境卫生水平

4. 城乡一体化综合评价指标体系的政策含义

城乡一体化既是一个复杂的系统工程，也是一项长期的任务。构建城乡一体化综合评价指标体系的目的就是为了通过指标衡量明确优势、寻找不足，从

① “幸福感指数”最早是由20世纪70年代不丹国王提出并付诸实践，是衡量人们对生活满意程度的主观指标。

而有针对性地采取政策措施持续性地改进有关指标，更好地推动城乡一体化发展。从实践角度看，有必要按照指标受短期或长期政策措施影响的敏感性予以分类，以便于统筹规划、分阶段、分步骤地推进城乡一体化工作。

（1）中短期政策措施能够显著影响的指标。具体是：城乡建设规划一体化程度、公路网密度（km/km^2）、农村村庄路面硬化率、自然村公共交通通达率、农村自来水普及率、农村安全饮用水覆盖率、城乡用管道天然气和液化气普及率比、城乡电视普及率之比、城乡电话普及率之比、城乡计算机普及率之比、城乡人均住房面积比、城乡生均预算内教育事业费比、城乡普通小学师生比率之比、城乡普通初中师生比率之比、城乡小学生均教学仪器设备值、城乡中学生均教学仪器设备值、城乡人均卫生经费支出比、城乡人均医疗保健支出比、城乡每千人拥有医生数比、城乡每千人卫生医疗病床数比、乡卫生院建设投资标准、农村儿童疫苗接种普及率、城乡5岁以下儿童死亡率比、城乡孕产妇死亡率比、城乡妇女病年检查率比、城乡最低生活保障线比、新型农村合作医疗参合率、农村社会养老保险覆盖率、农民工医疗保险覆盖率、农民工养老保险覆盖率、农民工工伤保险覆盖率、城乡社会保障制度统一程度、城乡每万人拥有文化体育设施面积比、农村人口转入城市户籍的难易程度、城市人口转入农村户籍的难易程度、外来人口加入本地户籍的难易程度、城乡居民社会治安满意率之比、城乡生活污水处理率之比、城乡生活垃圾集中处理率之比、农村卫生厕所普及率。

（2）长期政策措施能够影响的指标。具体是：城市化率、居住在城镇的人口占总人口比重、非农就业人口占就业总人口的比重、外来人口占总人口的比重、城乡人口出生率之比、城乡人口平均预期寿命比、城乡人口平均受教育年限比、城乡劳动力平均受教育年限比、城乡儿童身高比（6周岁）、城乡妇女识字率比、城乡建设规划一体化程度、城乡建设用地价格比、城乡人均可支配（纯）收入比、城乡人均社会消费品零售额比、城乡恩格尔系数比、工农业劳动生产率比、农业增加值与农业人口之比、城乡生活幸福感指数差异、城乡高中入学率比、城乡大学入学率比、城乡居民文化娱乐消费支出比。

5. 城乡一体化综合评价指标体系的适用性

城乡一体化涉及的内容较多，每一项内容可以有多个指标反映。从这个意义上讲，任何评价指标体系在衡量维度和指标选择方面都带有一定的主观性和片面性。本指标体系在应用时应当注意以下几个方面的问题：

一是指标存在相关性。从已选择的指标看，很多指标具有较强的相关性，各指标之间不完全独立，这使得综合评价时指标的权重确定存在着技术复杂性。

二是定性指标的主观判断。城乡建设规划一体化程度、城乡社会保障制度统一程度、农村人口转入城市户籍的难易程度、城市人口转入农村户籍的难易程度、外来人口加入本地户籍的难易程度、城乡居民社会治安满意率以及城乡生活幸福感指数等指标,缺乏统一的计量标准,存在着一定的主观判断,可能会对指标的客观性和可比性造成一定影响。尤其是,城乡生活幸福感指数是衡量城乡综合生活状况的重要指标,但目前国内外还没有统一公认的指标计算方法,多数是各个国家或地区基于各自理解并通过问卷调查而得出,主观性较强。

三是指标体系的适用范围。由于各个指标的量纲不同,综合评价时需要进行无量纲化处理。因此,城乡一体化综合评价指数是一个相对指标,依赖于所选择的数据样本,不具有绝对数意义。

(二) 城乡一体化综合评价指标评价方法

1. 评价指标数据的无量纲化处理

(1) 正指标的无量纲化

$$r_j = \begin{cases} 1, x_j > x_j^{\max} \\ \dfrac{x_j - x_j^{\min}}{x_j^{\max} - x_j^{\min}}, x_j^{\max} > x_j > x_j^{\min} \\ 0, x_j < x_j^{\min} \end{cases}$$

(2) 逆指标的无量纲化

$$r_j = \begin{cases} 0, x_j > x_j^{\max} \\ \dfrac{x_j^{\max} - x_j}{x_j^{\max} - x_j^{\min}}, x_j^{\max} > x_j > x_j^{\min} \\ 1, x_j < x_j^{\min} \end{cases}$$

2. 评价指标权重的确定

目前国内外提出的综合评价方法总体上可归为两大类:即主观赋权评价法和客观赋权评价法。前者多是采取定性的方法,由专家根据经验进行主观判断而得到权数,如层次分析法、德尔菲法、专家调查法、模糊综合评判法等;后者根据指标之间的相关关系或各项指标的变异系数来确定权数,如灰色关联度法、TOPSIS 评价法、主成分分析法等。

考虑到城乡一体化指标存在着一定的相关性、指标值差异的显著性及指标聚合模型的选择,比较适合采取网络层次分析法(ANP 法)和主成分分析法。主成分分析法具有降维的功能,可以将原来的指标体系简化为几个没有确切意义的主因子。尽管主成分分析法从根本上解决了指标间的信息重叠问题,且各综合因子的权重确定较为客观,但主因子缺乏指标的直观性。因此,我们拟采用网络层次分析法，对城乡一体化综合评价各指标及准则层进行赋权。具体步骤是：

（1）构造 ANP 结构模型。控制层只有一个总目标即城乡一体化综合评价。网络层有 5 个元素集，分别是人口一体化、空间布局和基础设施一体化、经济发展一体化、公共服务一体化和生态环境一体化。每个元素集中分别有不同的元素个数，即 52 个评价指标。

（2）分析元素层中所有元素间的相互关系。

（3）输入 ANP 软件计算指标权重。将已确定的城乡一体化综合评价指标网络体系按照软件规定的程序分别以群和节点的方式将指标体系各层次及各层次内的元素输入。在不同准则下对有相互影响的层次和元素之间的重要程度进行判断并将判断结果输入到软件中的群判断矩阵和节点判断矩阵中。输入上述群判断矩阵和节点判断矩阵后，在软件中进行一致性检验，检验合格后进行计算，得到超矩阵 W、加权超矩阵 $\overline{W}$ 和极限超矩阵 W^{∞}，从而得到充分考虑城乡一体化综合评价指标体系中层次之间和层次内部元素相互影响后的指标体系权重。

3. 城乡一体化综合评价值计算

常用的指标聚合方法（或模型）有：加权几何平均（WGA）法（乘法模型）、加权线性平均（AWA）法（加法模型）、TOPSIS 法、有序加权平均（OWA）法等。考虑到城乡一体化评价系统各指标间具有一定的相关性，拟选用加法模型对城乡一体化评价系统的指标进行聚合，计算综合评价指数。

$$Z = \sum_{i=1}^{n} W_i U_i$$

U_i 是第 i 个评价指标的数值，W_i 是第 i 个评价指标的权重。

第二章 城乡一体化理论与实践*

2008年,党的十七届三中全会提出"坚定不移加快形成城乡经济社会发展一体化新格局"的目标,标志着城乡一体化成为未来经济和社会发展的重大国家战略。目前,在长江三角洲、京津唐、珠江三角洲和重庆、成都、长株潭等改革试验区,城乡经济社会一体化发展的探索已经全面展开,具体举措和实施步骤各有特点,有的已经取得初步的成绩。但从全国来看,城乡一体化目标的实现还有很长的路要走。理论界关于城乡统筹的理论探索也在不断深入。本章即是要在全面回顾、总结国内外已有的理论与研究结论的基础上,借用经济学分析的基本方法,从目前中国沿海与内陆地区城乡统筹发展的具体实践经验中升华、提炼出有益的结论,为本书其他章的研究奠定基础。本章分为四个大问题。一是国内外理论的回顾总结。二是以内陆地区试点重庆、成都的城乡统筹发展经验为例,描述介绍内地"从上至下"的城乡统筹实践。三是对沿海地区先行一步的佛山与宁波城乡统筹发展经验进行类似的介绍说明。四是各地重要举措的提炼、分析与简评,"他山之石、可以攻玉"。

一、城乡一体化发展的理论源流

(一)国外理论研究现状

国外文献一般较少直接研究城乡一体化问题,主要

* 本章是在黄云鹏为社科重大研究项目《生产三要素市场统一构建与城乡一体化战略实施》中期报告提供的文稿的基础上,由朱善利修改、整理完成。

是马克思主义经典作家和发展经济学家较早开始重视研究城乡二元结构。马克思(1867)从历史唯物主义角度揭示了城市和农村关系,认为从城乡合一到城乡分离再到城乡差别消失,这一对立统一运动是社会生产力和生产关系发展的客观规律。马克思在《资本论》中指出:“一切发达的、以商品交换为媒介的分工的基础,都是城乡的分离。可以说,社会的全部经济史,都概括为这种对立的运动。”恩格斯(1847)在《共产主义原理》中提出“城乡融合”的概念,指出消除工农差别和城乡差别的主要途径是消除旧的分工体系。张培刚(1945)在哈佛大学的博士论文《农业与工业化》中,系统地探讨了农业国工业化问题。刘易斯(1954)最早提出并分析了发展中国家的二元结构问题。尽管刘易斯的二元结构针对的是传统生产部门和现代生产部门,并不严格对应于农村和城市,但后来其二元结构被我国学者广泛应用于城乡关系的研究中。

从第二次世界大战结束至20世纪60年代末,西方传统发展经济学家主要主张工业化理论,认为取得工业化起飞所需要的资本,可以采取从农村、农业中榨取经济剩余以投入城市工业部门的方式。这种观点对包括中国在内的绝大多数发展中国家工业化实践产生了深远的影响,直接造成了这些国家城乡差距不断拉大的现实。20世纪60年代后,西方发展经济学家针对传统工业化造成的农村衰落及城市工业化停滞的情况,开始重视城乡协调发展。缪尔达尔(1957)提出了“地理上的二元结构”理论,利用“扩散效应”、“回流效应”等概念解释了一国经济发展中地理二元结构形成的原因和作用机制。他认为经济发展所带来的商品、资本、人员、技术等要素的自由流动会使先进的地区更先进、落后的地区更落后,促进城乡协调需要政府的政策支持。哈里斯-托达罗(1970)为了解释普遍存在于很多欠发达国家中,在大量城市失业的情况下人口由乡村向城市转移的持久性现象,而首先提出了一个具有启发意义的哈里斯-托达罗假说,即在被分割的、但是同质的劳动市场上用预期工资的均等取代工资的均等。他同时指出,发展农村经济,提高农民收入是解决城市失业、“城市病”及“农村病”的根本途径。他认为,一个农业劳动者是否迁入城市,不仅取决于城乡实际收入差距,还取决于城市的失业状况,其政策含义主要包括依靠工业扩张不可能解决发展中国家的失业问题,一切人为地扩大城乡实际收入差异的措施必须消除,大力发展农村经济是解决城市失业的根本出路。总的来说,西方传统发展经济学家均认为自由市场机制并不能自动解决城乡二元结构问题,政府的“扶持之手”对推动城乡一体化是十分重要的。但是,杨小凯和赖斯(1994)则依据专业化分工和交易成本理论,建立了新兴古典城市化模型,认为城乡差别是从自给自足演进到完全分工过程中必然会出现的一种状态。新兴古典城市化理论认为只要允许城乡自由迁居,自由择业等,城乡之间的真实收入就会均等化。也就是说,随着分工的深化,市场本身可以消除城乡差别。

发达国家经过乡村孕育城市、城乡分离、城乡对立、城市辐射乡村、城市反哺乡村及城市互助融合等阶段的演进,城乡关系基本协调,因此,近期的国外经济学家基本以发展中国家为研究对象,探讨农业现代化、农村城市化以及城乡一体化问题。麦基(1989)对亚洲一些国家进行长期研究后提出了 Desakota 概念,即建立在区域综合发展基础上的城市化,其实质是城乡之间的统筹协调和一体化发展。麦克·道格拉斯(1998、1999)通过对印度尼西亚、泰国东北部的研究提出采取城乡一体化的方式,建立城乡联系的区域网络系统可以促进区域城乡经济共同增长。巴拉查亚(1995)提出通过发展小城镇,加强小城镇与乡村的联系来促进城乡融合。

(二)国内理论进展与主要论点总结

由于我国城乡二元结构存在着长期性、制度化的特点,因此,我国学者一直十分关注研究城乡关系及城乡差距问题。从 20 世纪 80 年代开始,在刘易斯二元结构理论的基础上,结合我国的具体国情,我国学者提出了我国的城乡关系理论,较有影响的观点包括:城乡二元社会结构论(农业部政策研究中心农村工业化、城市化课题组,1988;厉以宁,2008)、城乡双重二元结构论(陈婴婴和沈崇麟,1995;李东山,1995)以及城乡三元结构论(李克强,1991;陈吉元和胡必亮,1994;张朝尊和曹新,1995;孙自铎,1995;赵勇,1996)。由此,一些学者也认为我国城乡一体化不可能由二元结构直接向一元结构转换,其路径应该是从二元结构—三元结构—一元结构(曹新,1999;王勋铭,2002;郭勇,2004)。从理论和实践看,我国城乡一体化道路究竟是以发展乡镇企业为主的城镇化,还是以大中城市为主的城市化,始终存在着较大争议和曲折。2002 年党的十六大提出将统筹城乡发展作为科学发展观的重要内容,有关统筹城乡以及城乡一体化的研究文献大量出现。目前,国内学者关于这一问题的研究可以归纳为以下四个方面。

1. 关于城乡一体化的内涵

关于城乡一体化的概念,学术界的认识尚不统一,在概念使用上常常与城乡联系、城乡融合、城乡协调及城乡统筹等提法混用。对城乡一体化究竟是目标还是手段、是过程还是结果、是思想方法还是规划手段还有不同的意见(宝山城乡一体化研究课题组,1992;费孝通,1993;中国科学院国情研究小组,1994;杨荣南,1997;冯雷,1999)。一些学者反对在我国现阶段提倡城乡一体化,认为这是超越我国现阶段实际的乌托邦,也不具有可操作性(王圣学,1996;王振亮,2000;周加来,2001)。

从现有的研究看，多数学者均认为城乡一体化包含了经济、政治、文化和社会各个方面。石忆邵等(1997)提出城乡一体化的标志是网络型地域经济系统的生成，核心是市场一体化。吴楚材(1997)、邹军(1997)、甄峰(1998)等人认为城乡协调包括城乡政治协调、经济协调、生态环境协调、人口协调、文化协调、空间协调等各个方面，观念上城乡差别消除，发展模式上在城市发展的同时实现农村现代化，功能上强调城乡的一体化职能，空间和景观生态上城乡紧密联系、相互依存。吴伟年(2002)提出城乡职能分工的合理化、经济发展和市场配置的一体化、区域性基础设施的一体化、城乡经济、资源与环境的可持续发展等既是实现城乡一体化的必备条件，又是城乡关系是否处于协调发展状态的一种标志。陈雯(2003)认为城乡一体化的具体内涵包括：体制的一体、经济的链接、社会的趋同、空间的融合，并提出城乡在功能、行业、收入、景观诸方面的差异必然存在。姜作培(2004)提出了城乡一体化包括空间一体化、人口一体化、经济一体化、市场一体化、生态一体化、社会一体化、制度一体化等内含。朱善利(2006)则从现代化、工业化的角度阐述了城乡一体化的背景及含义。

类似地，学者们也从经济、政治、文化和社会等多个层面来理解城乡统筹的含义。鞠正江(2003)认为统筹城乡发展的基本内涵包括：统筹经济资源，实现城乡经济均衡增长和良性互动；统筹政治资源，实现城乡政治文明共同发展；统筹社会资源，实现城乡精神文明的共同繁荣。焦伟侠和陈俚君(2004)将统筹城乡发展概括为三层含义：① 消除城乡分割的体制障碍，使城乡之间人口、产品资金、技术、信息有效流动；② 把城乡作为一个整体设计筹划国民收入分配格局和重大经济社会政策，实现城乡共同繁荣和发展；③ 解决经济二元结构和高级化问题。

2. 关于城乡统筹的必要性和紧迫性

近年来，学者们从不同角度论证了加快推进城乡统筹的重要意义，基本的论证逻辑是从我国长期以来城乡二元结构导致的严峻形势和突出矛盾入手，分析其必要性和紧迫性，主要包括：① 我国农村人口占较大比重和人多地少的基本国情决定了统筹城乡发展是全面建设小康社会的必然选择(韩俊，2003；刘奇和王飞，2003；石忆邵，2004)；② 统筹城乡发展是实现国民经济良性循环的必然要求(韩俊，2003；焦伟侠和陈俚君，2004)；③ 统筹城乡发展为从根本上解决“三农”问题指明了方向，而不能就农业论农业、就农村论农村(韩俊，2003；贾大明，2003；秦庆武，2003)。

3. 关于我国城乡分割的原因分析

马晓河(2004)将我国城乡发展的不协调归结为“五大失衡”，即城乡公共品供给失衡、城乡居民投资失衡、资源要素流动和农村劳动力转移失衡、城乡居民收入增长失衡、城乡经济体制改革失衡。大量的文献实证研究了我国城乡差距情况,包括城乡居民收入差距、城乡居民消费差距、城乡教育发展差距、城乡卫生发展差距、城乡社会保障差距及城乡产业结构差距。李岳云等(2004)从四个层面和劳动、资本、商品、管理四种要素的角度,构建了城乡统筹的评价指标体系,用以测度城乡协调发展的水平。

学者们普遍认为城乡差距的原因,有城乡产业特性的自然因素,但最重要的仍然是城乡非均衡发展战略和二元体制制度障碍(章国荣和盛来运,2003;郭玮,2003)。很多学者将城乡一体化研究范围扩展到户籍管理、住房、食品供给、财税、就业、教育、医疗、保险等制度领域,指出应当通过调整和改革传统的城乡分割体制,来达到消灭城乡差别,实现城乡融合发展的过程。

4. 关于消除城乡对立的对策措施

国内学者对如何消除我国城乡对立提出了一系列主张,并随着实践进程而不断丰富发展,大体上可以概括为两大思路:一种是主张城乡协调发展。持该主张的学者基本上不提倡“城乡一体化”的提法(吴敬琏和周小川,1988;丁加新,1990;吴敬琏和刘吉瑞,1991;陈吉元和韩俊,1996;周叔莲和郭克莎,1996;温铁军,2000;韩俊,2002年;胡鞍钢,2002;刘国光,2003)。吴敬琏和周小川在1988年提出,把城乡协调配套改革作为经济体制中期改革的一个重要指导思想。另一种是主张城乡统筹、良性互动发展。该主张认为应当不要就农村说农村,就城市说城市,而要从城乡各自的小循环、小系统走向城乡统一的大循环、大系统,树立城乡一盘棋的总体思想,发挥城市辐射带动优势和城乡之间关联优势,实现城乡良性互动、资源共享、双赢共荣(章玉钧和郭正模,1999;蔡昉等,2001;刘树成等,2002;赵勇,2003、2004;顾益康和邵峰,2003)。

结合本研究的内容,这里重点总结有关推进城乡一体化中政策建议的研究结果。

第一,消除劳动力市场的城乡分割。学者们普遍认为,农村剩余劳动力转移是二元结构向一元结构转移的关键。1988年沈金虎指出,我国劳动力市场还不存在,这不仅表现在城市内部的就业,更重要地表现在城乡之间的就业。他认为劳动力城乡之间的自由转移,关系到社会主义社会就业机会均等的问题。袁志刚(1998)较早地研究了我国农村中存在的大量“隐性失业”问题,他认为,农村隐性失业主要是由传统农业生产技术下土地资源相对于农业劳动力的稀缺造成的,要解决农村中大量存在的隐性失业问题,就要把农村中的剩余劳动力转移到非农产业中去。樊纲(2000)认为,那种想在与农业有关的范围内解决问题的想法是没有出路的,他认为中国农业问题以及农村问题的根本出路在于工业化,即农村人口就业的非农产业化,或称“农民的非农产业化”,也就是多数以至绝大多数农民(80% 以上)最终都能在非农产业中获得稳定的就业。吴敬琏(2002)也认为,在我国每个农村居民只占有 1 亩多耕地的条件下,即使不顾客观经济规律而把农产品收购价格提高一倍甚至几倍,农民的收入水平也难有大的提高,他们的生产和生活设施也难有大的改善。景天魁等(2003)以浙江省义乌市为个案专门研究了城乡统筹就业问题,认为城乡统筹就业是打破二元社会结构的突破口。朱善利(2008)以湖南攸县外出务工模式为案例分析了劳动力转移对经济发展的影响。张丽宾(2008)总结了我国城乡统筹就业试点的基本情况,认为城乡统筹就业的方向是形成城乡一体化的劳动力市场;城乡统筹就业的目标是统一管理城乡就业的体制、统一城乡就业的服务体系、统一城乡就业的劳动力市场政策体系和加大对农村和农民的就业投入。城乡统筹就业最终要消除城镇居民、农民、农民工、失地农民等的身份特征,实现仅以职业为特征的劳动力区分,建立公平、公正、统一、和谐的劳动力市场。一些学者强调了发展中小企业对吸纳农村剩余劳动力的作用。林毅夫(2003)提出,要解决农民收入问题,首先要将农村剩余劳动力转移出来;而要转移剩余劳动力,就要按照比较优势的原则,发展以中小企业为主的劳动密集型产业。

第二,农村土地制度改革。农村土地制度改革是我国推进城乡一体化建设的关键问题,也是较为敏感的问题。从现有的研究文献看,在我国现行法律制度框架内,农村土地制度改革研究主要集中于农村集体土地流转问题。谢书成(1996)总结了土地流转的 7 种模式:先征后让、作价入股、"四荒"租赁、耕地在本集体农民间转让用途不变、土地出租、联合建房、公开买卖土地等。黄云鹏等(2004)分析了我国农户承包的使用权流转的约束条件,主要包括:土地的特殊性质、农村土地的集体所有产权性质、法律制度约束、金融制度约束、社会保障制度约束等。

近年来,随着城市化进程加快,学者们的研究逐渐转为城乡一体化高效合理的土地流转模式的探讨与创新,其基本观点可以归纳为以下几个方面:一是土地流转模式是多样化的(楚天骄,2002;吕萍,2003);二是农村集体土地流转应与国有土地流转统一(刘小玲,2005;王建龙,2005);三是创新土地流转模式,如建立土地投资信托基金、构建土地信托运作模式(邬晓波等,2004),农村宅基地自由流转(贺东山,2007),集体土地流转分区管理(倪颂文,2007);四是改革现行土地流转制度,确立城乡规划的权威性,引导房地产开发企业全面参与小城镇建设(林毅夫,2006)。

尽管已有研究从不同角度指出了传统土地流转模式的问题,阐述了对我国城乡土地市场构建中的土地流转模式的意见,但是仍然需要对农村集体土地流转的法律基础、土地流转的制约因素及条件、农村土地制度改革的深远影响等问题进行深入研究。

第三,促进农村金融发展。城乡金融二元结构是造成我国城乡差距的重要原因,很多研究也将改革我国农村金融体制和促进农村金融发展作为推进城乡一体化的重要措施。我国的学者普遍认为我国农村金融存在着金融抑制(林毅夫和李永军,2001,2004;韩俊,2003,2007;冯兴元,2004),主要表现为:一是农村多样化的金融需求与单一的金融供给矛盾;二是国有商业银行大量退出县域经济领域,县域金融萎缩明显;三是县域资金大量外流。

在促进地方金融支持的政策建议方面,学者们提出的核心措施存在两类观点:第一类观点主张放松监管,引入多元化主体,营造竞争环境(中国社会科学院农村发展研究所课题组,2000;何梦笔等,2004;韩俊等,2007);而另一类观点则更强调合作而不是竞争,认为在经济欠发达地区应该"强化合作、弱化竞争",通过改造现存的县域金融机构来完善县域金融制度安排(曾康霖等,2003)。

从已有的研究成果看,完全的金融自由化具有较为严格的适用条件,并不适合发展中国家的农村金融市场,政府干预农村金融制度安排具有合理性。但是,我国地方金融的发展究竟是帕特里克(1966)所说的"需求跟随型"还是"供给导向型",或者不同地区采用了不同的发展模式、不同模式的绩效如何,还缺乏系统的研究。

第四,财政体制改革与城市反哺农村。学者们均将财政作为促进城乡协调发展的重要政策手段,强调财政资源向农村倾斜。李佐军(1999)指出,在缩小城乡差距或统筹城乡发展上,财政可以通过对农民和农村"多予少取"来发挥重要作用。"多予"是确立城乡公平的财政支出结构,通过财政转移支付对农民的历史贡献进行适当的补偿;"少取"是确立城乡公平的税赋标准,减少农民的各种非税负担,降低农民直接供养的"吃财政饭"人员的比重,对农民制定一些税收减免政策。韩俊(2003)认为要调整国民收入分配结构和财政支出结构,加大对农业的支持和保护力度,主要加大对农业基本建设的投资力度;增加农业科研和推广、农民培训等方面的投入;建立对农民收入的直接补贴制度;整合财政支农投入,完善政府财政支农资金管理体制。国研网宏观经济研究室(2005)指出城乡差距的源头就是投入差距。要统筹城乡协调发展,必须加强国家对农村和农业的财政支持,提高财政资金用于农业支出的比重,重点是加大对农业基本建设、农村公共设施建设、农村社会化服务体系建设、农村社会事业发展的投入力度。贾会棉等(2006)研究了统筹城乡发展中的财政体制改革,指出我国现行的财政政策在很大程度上制约着城乡统筹的协调发展,提出要加大转移支付、实现城乡公共用品供应一体化等建议。

一些学者主张建立城乡统一的财税体制。王朝才和傅志华(2004)就主张统一税制、取消农业两税。李剑阁和韩俊(2004)也提出,取消对农民单独征收的税种后,把农民的税收负担纳入相应的税收系统。他们认为,可对农民征收所得税。由于个人所得税设置了免征额,可以将绝大多数农民排除在征税范围之外,只有规模化经营的、有收入所得的农业生产者才承担税负。取消农业税后,还可以把农产品纳入增值税体系。郭金洲(2008)认为我国存在着城乡二元财政结构,具体包括:倾斜性的农村财政收入分配格局、倾斜性的城乡财政资源配置和城乡税费体制的二元结构,主要的政策建议是加大农村公共服务供给,不断推进城乡公共服务供给的均等化;积极推进税制改革,统一城乡税制;完善财政转移支付制度;规范农村财政资金使用与管理。

第五,推进城乡社会保障统筹,给予农民国民待遇。我国社会保障制度城乡分割主要表现为农村社会保障体系不全、标准过低、覆盖面偏窄,公共财政在社会保障方面重城市轻农村、对农村社会保障投入偏低,农村社会保障管理服务体系不全、管理能力偏弱等。王国军在2000年就提出了城乡社会保障制度的衔接问题。尽管各方对城乡社会保障制度分割的现实及弊端认识基本一致,但对我国农村社会保障体系建设的目标模式及路径还存在着较大的争议。

关于农民工的社会保障。郑功成(2002)提出应该分类分层保障农民工的权益,并提出了相应的保障顺序,即优先考虑农民工的工伤保障、特困援助等,养老保险则在其后且应分类。该观点对随后的农民工社会保障实践具有较大的影响。张启春(2003)则认为,农民工社会保障目前可供选择的有两条途径:一是通过户籍改革将其变成城镇居民,进而纳入城镇社会保障体系;二是通过城镇社会保障制度的扩大覆盖面将农民工直接纳入。劳动和社会保障部(现为人力资源与社会保障部)城镇职工社会保障课题组(2005)基本主张建立适合农民工特点、不同于城市与农村的农民工养老、医疗等社会保障制度。但是,有些学者则认为农民工应该归入农村社会保障制度内,建立新的农民工社会保障体系,会形成与城镇职工社会保障体系、农村社会保障体系并存的三元格局,会进一步加剧我国社会保障制度的碎片化(杨立雄,2004)。

关于农村社会保障。李迎生(2001)设计了“有差别的统一”的城乡整合模式:首先,将进城的农民和乡镇企业职工逐步纳入城市社会保障体系;其次,实现城乡居民的最低生活保障制度与医疗保险的大病统筹的统一;最后,通过改变传统的农业支撑工业发展的战略,实现工业反哺农业,在农民经济实力增强的情况下,建立全国统一的社会保障个人账户,推动城乡社会保障的最终整合。樊小钢(2004)认为农村社会保障制度设计,必须考虑现阶段农村人口中不同人群对社会保障的不同需求,对一部分事实上已经非农化了的人口应该设计进入城镇社会保障体系的制度通道,对一部分仍然从事传统农业生产的人口应该进一步提高其保障水平，对一部分最为贫困的农村人口应该充分发挥社会保障制度的“兜底”功能。华迎放和孙莹（2005）则认为，在近期内完全抛弃家庭保障并不现实，必须建立以基本社会保障为主体，乡村集体保障和家庭保障等形式并存的多层次、低水平、广覆盖、共同负担、统分结合、社会化管理的社会保障体系，并根据不同的经济发展水平依次推进。周海春、孙长学和黄云鹏（2008）则主张城乡社会保障制度统筹发展的基本思路是：逐步建立农村社会保障的基本体系，将农民工、失地农民逐步纳入城市社会保障体系，建立城乡社会保障制度有效衔接的机制，并统筹考虑城乡社会保障标准。随着经济发展水平的不断提高，工业化和城镇化的不断推进，积极创造条件实现城乡社会保障制度的逐步融合。近期统筹城乡社会保障制度的重点任务是农村最低生活保障、农村基本医疗保障、农村基本养老保障、农民工的社会保障和失地农民的社会保障。

第六，推进农村基础设施建设，逐步实现城乡基础设施一体化。林毅夫（2002）指出，农村基础设施不足是限制广大农村地区居民实现其消费意愿的主要原因，主张以积极的财政政策来加快农村基础设施建设，这是实现农村劳动力就业和农村产业结构调整、增加农民收入、解决“三农”问题的首要政策。徐祥临（2002）强调，解决“三农”问题，功夫还是要下在“三农”内。他认为，传统发展商品性农业、兴办乡镇企业和进城务工的农民增收渠道中的供求关系都发生了不利于农民的变化，应当开辟农民增收的第四条渠道，即政府应大规模向农村基础设施建设领域投资，增加农民收入进而提高农村的购买力，产生农民增收的乘数效应。

（三）我国城乡二元结构的制度约束

长期以来，城乡制度的具体差异可概括为 14 个方面：户籍制度、粮食供给制度、副食品供给制度、燃料供给制度、教育制度，就业制度、医疗制度、养老保险制度、劳动保护制度、人才制度、兵役制度、婚姻制度、生育制度、选举制度等。这些制度以户籍制度为核心，通过以偏向城市利益为主的倾斜政策，使农民处于不利的市场和政策环境下。20 世纪 80 年代以来，户籍制度虽有所松动，但由于新的城市户籍制度户口迁转手续繁杂、要求严格以及过高的城市增容费、城市维护建设费等昂贵费用的征收，农民进城办企业和落户事实上还是相当困难。加之农村土地制度配套改革没有及时跟进，农民进城有名无实，农民工依然是“背井不离乡”①。

可以说，二元户籍制度是我国城乡二元结构形成并固化的重要制度原因。

① 杨民正，“县（市）域城乡一体化的障碍——兰溪市城乡一体化的难题剖析”，http://lib.zjdx.gov.cn/zdnews/view.asp? id=230。

1958年1月,《中华人民共和国户口登记条例》颁布。该《条例》以法律形式规范了全国的户口登记制度,这是新中国城乡统一户籍制度正式成立的标志。《条例》明确规定了迁移审批制度和凭证落户制度,对户口迁移作了约束性制定。原则上,农民向城市、小城市向大城市的人口迁移都受到严格限制。由此,新中国的户籍制度最终引入了严格限制农村人口向城市流动的功能,形成了城市和农村的二元户籍管理方式。

制度基础一定有其经济的解释。工农、城乡有别的二元结构政策,通过牺牲农业和农村为代价,换得了工业和城市的发展,计划经济体制是城乡二元结构形成并固化的直接原因。林毅夫在《中国的奇迹:发展战略与经济改革》一书中指出,新中国成立后我国推行的优先发展重工业的赶超型发展战略与高度集中的计划经济体制有着十分密切的内生性关系。在新中国成立初期,资本奇缺和劳动力丰富的资源禀赋决定了我国不可能利用市场机制配置资源去实现资本密集的重工业的优先发展,这就需要依靠一种新的制度安排即政府运用行政手段来调配资源,从而保证这一发展战略的顺利实施。事实已经说明了重工业优先发展的赶超型战略与中国城乡二元结构形成之间的内在关联,今天我们依然可以看到,中国城乡二元结构的强烈反差与新中国成立初期形成并运行二十多年至今仍发生深刻影响的计划经济体制之间的紧密联系。国家为了保证重工业优先发展战略的实施,仿效"苏联模式",实行了高度集中、高度集权的计划经济体制,这种体制凭借中央政府强大的集权力量,用计划而不是用市场调配资源,将农业剩余转化为重工业扩张所需的资本积累。

总之,当代户籍制度不仅是计划经济体制下短缺经济的产物,还是把生产和消费对立起来的片面工业化思维的产物。反映在国家发展战略上,则是应对巨大人口压力而资源匮乏,地域经济极大不平衡国情的一种制度选择。所产生的负面制度效应是,客观上割裂了城市化与工业化过程,使中国的城镇化一直滞后于工业化。全国约80%的人口分散在广大农村,成为排斥在工业化进程之外的相对贫穷人口。由于国家在政策上习惯性地向农村、向土地转移人口压力,使本来就人地关系紧张的农村更感窘迫。占全国人口绝大多数的农村人口停留在半自给自足的状态下生存生活,不能自由形成要素市场,成为中国现代化长期的隐痛①。

二、内陆地区城乡一体化发展经验

由于我国各地经济社会发展水平不一致,城乡一体化的探索在我国各地并

① 马军显,《城乡关系:从二元分割到一体化发展》,中共中央党校博士论文,2008年。

不是同时进行的，各地的措施与政策都有其“地方特色”。综合各地的探索经验来看，内地城乡统筹多为政府推进型，加大农村财政投入，加强城乡统筹发展和区域发展的规划与落实；而沿海发达地区的城乡统筹工作多为在当地民营或集体经济发展之后，顺应经济社会发展的趋势而启动，比如在20世纪80年代就开始的农村土地流转集中经营，或自发的厘清集体经济产权。内地“由上至下”和沿海“由下至上”这两种的不同思路有各自发展道路上的“路径依赖”背景，也获得了不同的经验与教训。

改革开放以来，我国经济社会的快速发展，取得了令世人瞩目的成绩。但同时，由于历史等原因所造成的城乡二元结构性矛盾也日益突出，农村与城市的差距却并没有缩小，相反有愈发扩大的趋势，在偏远的西部地区尤为明显。面对这样的情况，中央政府始终给予高度的重视，特别是在国家提出构建和谐社会的战略方针之后，如何破解城乡二元结构难题，推动城乡和谐发展更加成为国家制定政策的关注焦点之一。

为此，国家提出了建立统筹城乡综合配套改革试验区。2007年6月，国家发展和改革委员会下发《国家发展改革委关于批准重庆市和成都市设立全国统筹城乡综合配套改革试验区的通知》（发改经体[2007]1248号），明确国务院同意批准重庆市和成都市为全国统筹城乡综合配套改革试验区。自此，统筹城乡发展由理论构想、政策设计转向操作试验。从某种意义上说，通过改革实践，重庆和成都应该成为中国城乡和谐发展的样本。

（一）重庆：“一圈两翼”与“三级模式”①

重庆市按照国家对试验区提出的“全面改革、重点突破、形成机制、促进发展、试点示范”20字方针，围绕统筹城乡的重点难点问题，在没有现成的经验可以借鉴的情况下，以“摸着石头过河”的精神大胆探索、实践，取得了初步成效。其中改革亮点有“一圈两翼”、“三级模式”与地票等。

1. “一圈两翼”减缓收入差距

“一圈”指重庆主城涉及23个区县的“1小时经济圈”，“两翼”指渝东南、渝东北地区。而“一圈两翼”发展战略的核心就在“一圈”和“两翼”之间建立一对一或多对一的结对帮扶关系，通过产业联动提供尽可能多的就业岗位实现“两翼”人口向“一圈”转移。同时，“一圈”的区县每年为“两翼”结对区县的财政支

① 本节的内容来源于课题组对重庆的研究成果以及以下相关内容：张琴，“打造城乡和谐发展的‘西部样本’”，《中国经济导报》，2009年7月6日；宋超，“重庆城乡统筹‘三级模式’浮出水面”，《21世纪经济报道》，2008年1月15日；新华社，“重庆成都改革报告：统筹城乡差别破解民生难题”，2009年5月12日。

持资金或实物量折算不能低于本区县本级财政收入的1%，这已经成为考核的量化指标之一。“一圈两翼”帮扶机制的建立，减缓了“圈”、“翼”差距多年来逐渐增大的趋势，区域发展协调性有所增强。如果将“圈”内的人均GDP设为100的话，那么，在2006年，渝东北就是40.8，渝东南为39.6；到2007年，在同样的条件下比较，渝东北上升到41.9，渝东南上升到39.7；到2008年，渝东北则达到43.6，渝东南则达到43.1。

目前重庆市城镇化率超过50%，高于全国平均水平。而在统筹城乡建设实践中，重点是城乡并重，难点是农村。重庆城乡建委仅在2008年就安排了城建资金两亿元，整合专项资金7.75亿元，为31个远郊区县城安排了2 500万元的市政设施和社会事业项目建设，带动项目建设共计63个，总投资46.3亿元。特别值得一提的是，在改善农村人居环境方面，重庆市牵头农村康居工程，以农房建设为重点，先后4次组织编制农村住宅通用图集，推出120余套农房图集免费发放到乡村，专人指导农民建房，提高了农房建设质量；直接投入和整合资金4.8亿元，修建农村人行步道12 520公里，村级公共服务设施近6 960个，4%的村庄设置垃圾处理设施，让城乡公共服务一体化有了捷径。此外，重庆市还逐步完善了区县、乡镇、村三级规划体系，实行招投标方式配置扶农资源的新机制，市级涉农部门成立市农委，使“三农”资金得到更好的统筹安排；特别是市级财政支出占重庆市财力的比重始终控制在25%以内，确保75%以上的财力用于区县和农村发展，这些都对促进“一圈两翼”、城市农村协调发展起了重要作用。

2. “三级模式”统筹城乡规划

在区域层面上，开展了成渝城镇群规划编制工作。规划内容包括战略定位和发展目标、区域综合交通设施建设、重点开发地区等方面。成渝城镇群范围包括重庆市的23个区县(即一小时经济圈)和四川14个地级市的85个县(市、区)，经济总量约占西部的25%和全国的5%，是西部城镇密度最高的地区，而且是少有的双核心城镇群。成渝城镇群规划编制工作领导小组由建设部部长汪光焘任组长，重庆市市长王鸿举、四川省省长蒋巨峰和建设部副部长仇保兴任副组长。目前，编制初步完成，交通枢纽城市的地位和作用、人口有序转移、资源和生态环境的保护等问题也得到明晰。

在市域层面上，开展“一小时经济圈”、渝东北和渝东南城乡总体规划编制。都市区完成主城东部、西部和北部片区规划，完成“四山地区”管制规划。重庆还启动了九龙坡、大渡口、北碚分区规划，启动了永川、璧山、合川、垫江、梁平等5个区县城乡总体规划的编制试点，并形成了初步成果；相继完成万州、开县、石柱、奉节、云阳、巫山、巫溪、长寿、南川9个区县城市总体规划审查报批工作。

在镇域层面上，重庆分别选择了试点区县一两个乡镇试点编制乡镇总体规划。已启动石柱黄水、垫江澄溪、梁平云龙、璧山大路等镇总体规划编制试点[①]。到2020年，重庆将完成495个左右小镇的镇域层面的规划。各区县的城乡总体规划分都市区和远郊区县两部分。都市区作为整体，先进行分区规划；远郊区县为另一种发展单元，包括中心城镇和广大农村。

在都市区里，九龙坡和大渡口的分区规划已启动，其他区将陆续开展；远郊区县里，由于城乡总体规划确实不同于原来的城市总体规划，国内尚没有先例可循和可供借鉴的技术方法和规范，重庆市政府先选择在永川、合川、璧山、垫江、梁平5个区县开展先期试点工作[②]，通过不同发展特点区域、不同规划编制单位的工作积累经验后推广。这在全国属于一项创新性工作。

3. “地票”撬动城乡资本互动

城乡统筹发展探索中，无论是农民进城，还是鼓励城市资本下乡，最大的难点、重点就是要如何保障各方的利益。对此，重庆市通过土地“地票”交易进行了大胆的实践。

所谓地票，是指将闲置的农村宅基地及其附属设施用地、乡镇企业用地、农村公共设施和农村公益事业用地等农村集体建设用地进行复垦，变成符合栽种农作物要求的耕地，经由土地管理部门严格验收后腾出建设用地指标，由市国土房管部门发给等量面积建设用地指标凭证。这个凭证就称为“地票”。“地票”有利于耕地保护；有利于城市反哺农村；有利于建立城乡统一的土地市场；有利于增加农民收入，提高其进入城镇后的生活保障水平和发展能力。举例说，重庆40个区县每年申请的建设用地超过250平方公里，但批准新增建设用地仅100平方公里。而通过“地票”，开展城乡建设用地增减挂钩，整合农村闲置建设用地，成为重庆解决城市用地难题的重要选择之一。目前重庆市已经开展了3次、11宗地票交易，成交面积3 500亩，成交金额2.84亿元。今后主城区经营性用地不再下达用地指标，都用“地票”方式予以解决。

“地票”让城市工业用地和农业现代化建设有了保证。而在此背景下，重庆市于2007年年底正式提出鼓励和促进资本、技术、劳动力等资源要素在城乡间自由流动的思路。2008年，重庆市确定了首批10个城市资本下乡示范项目并纳入了重庆市重点建设计划。到目前为止，这些城市资本下乡示范项目大多取得了较好的成绩。

---

① 重庆市人民政府网，http://www.cq.gov.cn/zwgk/zfxx/91264.htm。

② 同上。

(二) 成都:"三个集中"与"还权赋能"[①]

成都在城乡统筹发展方面的探索主要包括:① 大力实施以"三个集中"为核心的城乡一体化发展战略;② 推进以规范化服务型政府建设为重点的各项改革,努力构建适应科学发展的体制机制。其中比较具有创新意义的亮点有"三个集中"和"还权赋能"。

1. "三个集中"联动推进"三化"

成都从实际出发,遵循科学发展的轨迹,抓住工业化、城市化快速发展的历史机遇,统筹推进工业向园区集中、农民向城镇集中、土地向规模经营集中,联动推进新型工业化、新型城镇化和农业现代化,所谓的"三个集中"推进"三化"。

2003 年,发轫于成都市双流县的"三个集中",在实践中为成都探索出了通过集中集约发展的新型工业化和城镇化来转移富余农民,通过农用地规模经营来发展现代农业的新路。几年来,成都统筹推进"三个集中",联动推进新型工业化、新型城镇化、现代农业化这"三化",城乡发展步入了科学的轨道。

工业向发展园区集中,产业实现了集中集约发展。试点之初,成都即明确提出"工业向园区集中"。2003 年 11 月,成都市政府常务会通过《成都市工业发展布局规划纲要(2003—2020 年)》,不到一年时间,成都市 116 个各类工业园区被调整归并为 21 个工业集中发展区。从 2007 年开始,成都按照"一区一主业"的原则,全域统筹,重新确定成都市 21 个工业园区的产业定位。工业集中集约集群发展,一个各具特色、优势互补、错位竞争的工业发展新格局正在形成。

农民向城镇集中,生产生活方式的转变从田间地头开始。推进"三个集中"一年后,地处远郊的新津县转移农民上万人,大邑县解决近 8 000 失地农民的就业问题。就业方式的转变,带给农民居住方式的重新思考。新型的城镇化进程中,成都破解了束缚农民迁移的"户籍"难题,梯度推进农民向城镇集中,分层次引导农民向城镇和二、三产业转移、向市民转变。至 2006 年年底,成都已有近 27 万农民住进了城镇和农村新型社区。规划的 558 个农村新型社区、167 个农民新居工程、若干中心村聚居点,引导农民居住向城镇、中心村和聚居点集中。

稳步推进土地向规模经营集中,实施农业产业化经营,推动传统农业向现

---

① 本节参考资料:吴红缨,"成都试点土地银行政策、促进土地规模经营",《21 世纪经济报道》,2009 年 7 月 8 日;陈伟,"三个集中、集聚成都科学发展新能量",《成都日报》,2008 年 11 月 11 日;北京大学国家发展研究院课题组,《还权赋能:奠定长期发展的可靠基础——成都城乡统筹综合改革经验的调查研究》,2009 年 6 月。

代农业转变。2004 年,远郊的蒲江县复兴乡,结合农业产业经营、农民集中居住、发展环境建设,在 5 个村实施土地整理,新增 3 332.3 亩耕地。从 2005 年开始,成都积极探索农用地股份合作模式,农民的生产发展链和生存发展链被纳入了统筹考虑。与“三个集中”配套,实施农业产业化经营、农村发展环境建设、农村扶贫开发“三大工程”,整体推进了广大农村的发展繁荣。到 2006 年年底,成都已实现土地规模经营 153.8 万亩,各类农业产业化经营主体联系带动农户 123.5 万户,占成都市农户总数的 59.2%。

2008 年,“三个集中”作为统筹城乡发展的方法和标准,在资源的大整合大重组中,取得了巨大的综合效益,初步形成适应城乡统筹、推进科学发展的体制机制。2007 年,成都开始以“全域成都”理念实施统筹城乡发展,通过“三个集中”这一基本方法,推动 12 390 平方公里的市域经济、政治、文化、社会建设“四位一体”发展,整体构建现代城市和现代农村和谐相融、历史文化与现代文明交相辉映的新型城乡形态。

在“全域成都”视野下,“三个集中”整合了不同区域间的发展资源,在成都全域范围内促进资源互补和产业合作。成都市武侯区,将生产基地外移至金堂县、崇州市;锦江区与金堂县合作对接,在腾出来的土地上,发展高端制造业和服务业。在市场之“手”的推动下出现的“工业飞地”、“农业飞地”等使资源的节约利用和城乡产业的升级调整有机结合起来。

深化统筹城乡发展的实践,为“三个集中”注入了新的发展内涵。“工业向园区集中”不仅仅是工业的集中集约集群发展,成都正顺应社会化大生产的一般规律,全面提升产业集约集群发展的水平,探索现代产业集约集群发展的发展新路。“农民向城镇集中”允许农民依法保留农村各类产权进城,创造条件,支持和引导大量富余人员向二、三产业转移,向城市、中心村以及聚居点等集中居住区转移。在充分尊重群众意愿的前提下,成都正逐步从根本上改变农民的生产生活条件和居住环境,探索城乡一体、统筹推进的新型城镇化之路。“土地向规模经营集中”通过积极构建各类农村市场经济主体,发展现代农业,繁荣农村经济,逐步在农村形成土地股份化、农业产业化、生产企业化、居住城镇化、收入多元化的新局面。

2. 还权赋能:城乡级差地租改革实验

成都经验不单是将财政性资源向农村和农民倾斜,而且启动了土地制度方面的改革,通过重新界定权利,使经济资源的积聚和集中所带来的土地级差收入在分配上更好地兼顾城乡人民的利益。

2009 年开始,成都继续在“土地银行”、“田间股份制”等领域率先进行探索。成都的用意是,以此“鼓励和支持土地适度规模经济”。根据成都的远景规划，到2020年，成都市将以现有660万亩耕地为基数，使耕地集中经营比例达到75%，这意味着今后每年平均新增流转耕地约50万亩。这些被释放的农地，将产生巨大的价值。而对于成都来说，天文数字的土地市值的取得的前提是，在成都展开大范围的国土整治(包括农地整治和村庄整治)。但推进农村国土整治所需要的庞大资本，不可能来自农村和农民的自我积累，而只能来自于城市化推高了的土地收益。

2009年5月7日，国务院批复的《成都市统筹城乡综合配套改革试验总体方案》中，提出创新耕地保护机制，规范土地承包经营权流转、逐步缩小征地范围、开展农村集体建设用地使用权流转试验等项目。成都市统筹城乡委员会专家组成员将此解读为，成都市目前已经获得了这样的先行先试权：对于具有突破性的改革试验将实行项目化管理，制订相应的专项改革方案。在涉及土地、金融等重要改革事项时将按国家规定程序先报批、后实施。

在土地银行这一构想和实践中，必须迈过的坎是“农地确权”。成都市委、市政府于2009年4月出台的《关于做好2009年农村工作意见》(以下称《意见》)中，将土地确权作为2009年工作重点。确权改革是2008年3月初启动的“攻克关键环节”改革，确权内容为明确农民及集体经济组织对承包地、宅基地、集体建设用地、农村房屋、林权等的物权关系。

经试点，成都已经摸索出一套切实可行的确权程序。其中最为人称道的，就是发明了“村庄评议会”(有的地方叫“村资产管理小组”)，该评议会把历史上担负过村庄公共管理责任的长者推举出来，根据他们对多年来没有可靠文本记录的土地、房产变动的回忆，对入户产权调查和实测结果进行评议，特别是对存有异议和纷争的疑难案例进行梳理，并把评议结果作为确权预案公示，直到相关利害的各方都接受，才向政府上报确权方案。由此，农村产改的确权，已从一个比较抽象的口号，发展为由动员、入户调查、实地测量、村庄评议与公示、法定公示，最后由县级人民政府颁证等环节组成的可操作程序。根据周其仁等人的研究表明，只有确权加流转，才能实现同地和同价；而且这个顺序不可颠倒，否则一哄而起的土地流转，有可能歪曲改革。成都的确权先行，消除了土地制度改革的系统性风险，为改革加上了一道保险阀。

成都的实践表明，充分利用级差土地收益规律，不但可以更合理地配置城乡空间资源，而且可以给城乡统筹提供坚实的资金基础和工作平台。这是在内陆地区地方政府普遍财政实力不足的情况下，进行城乡统筹发展的一条捷径。但是，我们也必须注意到，只有对于成都或重庆这样土地升值空间较大的都市，这条捷径才是可行的。否则，我们就需要更大的“土地置换”操作空间，才能实现较大的级差土地收益，而目前只能在省域范围内进行的置换具有太大的局限。

在成都已大范围展开的国土整治(包括农地整治和村庄整治)的经验中,可以看到对于经济欠发达地区,推进农村国土整治所需要的庞大资本,不可能来自财力不足的地方政府,也不可能来自农村和农民的自我积累,而只能来自于城市化推高了的土地收益;通过农村国土整治所增加的农地和农村建设用地指标,经由"占补平衡"和"增减挂钩",进一步推动土地资源的集约利用,从而释放出更多的级差土地收益。这说明,唯有城乡统筹才可能形成城市资本与农村闲散土地资源的良性互动,才能在城市化进程中更集约利用日益稀缺的土地资源,并为更公平地分配级差土地收益提供了经济基础。

总之,在周其仁等人的研究看来,扩大集体建设用地入市的范围和力度,其实就是缩小国家征地的范围,即在现有征地制度之外建立新的市场化的土地供给路径。在成都方面看来,这背后仍是一连串的由使用权衍生的"产权束"(诸如使用权的流转及带来的收益分配)的实现问题。

三、发达地区城乡一体化发展经验

由于中国地域辽阔,各地区的社会经济发展又极为不平衡,各地统筹城乡发展的具体实践也体现出了强烈的地域特征。沿海发达地区经改革开放较早,市场力量活跃,地方政府财力充足,这类地区推进城乡统筹发展的物质条件与制度条件往往较好。此外,市场经济观念的深入人心也为这些地区的城乡统筹实践工作的推进准备了良好的文化条件。同内陆地区相比,沿海发达地区的城乡统筹实践是一场"自下而上"的制度变迁,市场自发的力量在整个进程中发挥着主导作用。这里我们介绍广东省佛山市、浙江省宁波市的改革经验,以期有"管中窥豹"的作用。

(一)佛山:宅基地换房与农村股改

作为改革开放的先发地区,在城市经济飞速发展的同时,佛山农村也发生了翻天覆地的变化。其间,城乡二元体制的问题也不断显现,这促使佛山在城乡统筹发展、城乡一体化方面进行了不断的尝试,也积累了不少宝贵的经验。[①]

1. 农村宅基地换房试点

早在20世纪90年代中期,农村集体经济发展先行一步的佛山,已开始在集体土地承包经营基础上探索股权的流转,尤其在南海、顺德等地成效明显。

---

① 纪可,"佛山拟在八领域先行先试推进城乡统筹综合改革",《佛山日报》,2009年5月27日;佛山市发展和改革局,《完善农村土地管理制度佛山市统筹城乡发展情况的报告》,2008年5月18日。

针对实践中农村土地管理存在的问题，佛山市政府颁发了《佛山市深化征地制度改革的意见》和《佛山市试行农村集体建设用地流转实施办法》，加快佛山市土地制度改革。在农村土地管理制度改革方面先行先试正是《推进统筹城乡发展综合改革试点工作的指导意见》的重点①，农村宅基地换房、农村承包地换城镇社保的“两分两换”，则是其中重点内容。主要包括以下六方面内容：

（1）统一补偿标准。现行土地管理法规定征地补偿中的土地补偿费和安置补助费的计算与被征用土地前三年的平均年产值挂钩。佛山市提出“综合平均年产值”这个概念，即根据有关部门统计的某一区域范围内某一地类的前三年单位面积的年产值测定一个“综合平均年产值”，再将该“综合平均年产值”作为计算土地补偿费和安置补助费的基数。

（2）规范征地程序。结合省政府批准的征地制度改革方案，简化征地审批程序，可以由市审批的不再报省审批，可以由市国土资源局审查的事项不再报省政府审查。并结合《国土资源听证规定》，强化征地前和被征地农民协商的力度，保障被征地农民对征地的话语权与参与权。

（3）建立多种渠道安置被征地农民。一种是实行留用地办法。即按征地面积10%左右的比例给被征地的村集体划留建设用地，发展集体经济。另一种是以土地换社保。通过土地出让收入、地方税收留成和地方征地规费留成等部分筹措资金，为征地农民购买社会保险。

（4）界定征地范围，严禁滥用征地权。参照国土资源部制定的《划拨用地目录》区分公益性项目和经营性项目。列入该目录的认定为公益性项目，原则上只有公益性项目才能实行征地。经营性项目（房地产用地除外）原则上不实行征地。

（5）农村集体建设用地和国有建设用地“同权、同地、同价”。

（6）流转的集体建设用地必须符合四个条件，即符合经依法批准使用或取得的农村集体建设用地使用权；符合土地利用总体规划和城市、镇村建设规划；有土地权属证书；界址清楚，没有权属争议。

经过探索和完善，被国土资源部和国务院法制办列为农村集体土地管理制度改革试点的顺德区取得了一定的成效。国土资源部和国务院法制办在顺德区召开了农村集体土地管理制度改革顺德试点总结研讨会，有关领导和专家对顺德区试点工作给予了充分的肯定。

---

① 继出台《深化农村改革发展加快城乡一体化进程》等系列文件之后，佛山市委、市政府近日再次推出《推进统筹城乡发展综合改革试点工作的指导意见》，明确提出在城乡一体化规划、农村土地管理制度改革、农村管理体制改革、城乡一体化养老保险制度、失业登记和保障制度、农村社区建设、农村金融体系、农村基础设施建设等八大领域先行先试，深化农村改革发展。

未来,佛山市将通过政策引导,在农民自愿放弃农村宅基地的基础上,鼓励有条件的镇、村或多个村民小组通过宅基地置换联合建设农村新社区,大幅度减少村庄居住点,集约节约利用土地。在村庄规划相对合理、宅基地产权清晰的地方,允许农村居民以宅基地置换商品房、农民公寓房、物业或货币补偿。探索通过宅基地流转,依据有关程序将腾出旧宅基地转成建设用地发展二、三产业,或通过流转筹资建设农民公寓。

对于农村宅基地换房,佛山市制定相关实施办法,于2009年6月底前在各区选定一个村(居)试点,8月中旬举行奠基仪式。对于农村承包地换城镇社保,佛山市选择一些条件成熟的地方,探索农村居民加入大社保制度的试点工作,将被征地农民纳入城镇职工基本养老保险体系,逐步建立覆盖全体农村居民、城乡统筹的养老保险制度;有条件的地方探索推出城乡居民基本医疗补充保险、农村居民住房保险等险种。各项改革采取先试点、后推广的模式,每个区至少选择一个村居进行试点。根据“四定”(定项目、定点、定时间、定责任人)分工安排,除“两确权”①工作在2010年年底前完成外,其他各项管理体制改革都在2009年年底前完成试点工作。

为了加快推动农村集体建设用地使用权流转,佛山市南海区筹备建立农村集体土地和股权流转交易中心。在区级建立“政府主导、市场化运作”的农村集体土地和股权流转交易中心,既推动和规范农村产权流转,又培育农村资本市场。该中心将集政策宣传、法律指导、信息发布、资产评估、市场交易、项目投融资服务于一体,农用地、集体建设用地经营权或使用权的租赁、转让、抵押以及农村股权流转必须通过该中心进行流转。

2. 积极推进各种形式的农村股份合作制改革

从农村股份合作制改革的历程来看,佛山市农村股份合作制改革经历了1993年下半年的试点、1994年的大发展、1995—1997年的巩固、完善和1998年以来的提高四个阶段。据2003年年底的统计,中山市农村股份合作经济组织已发展到3077个,其中股份合作联社335个(有限责任公司190个),占佛山市经联社总数的47.5%;股份合作社2742个,占佛山市经济社总数的81.5%;设置股权750.14万份,其中土地股份数609.22万份,入股土地面积167.6万亩;资产股份数140.92万份,入股资产净值51.78亿元。佛山市推行农村股份合作制改革,形式上不搞一刀切,坚持因地制宜,尊重农民的选择。主要形式大概分为四种。

(1) 社区型土地股份合作制。这种形式是佛山市农村股份合作制的主要

① 佛山目前正在深化《农村集体经济管理体制的改革》,其中一个重要措施,就是“两确权”:一个是界定农村集体资产的产权,另一个是界定农村集体经济组织成员身份。

形式。其特点就是将原社区合作经济组织集体所有的、发包给农民的土地，入股组建新的股份合作组织，实行统一规划、经营和开发，以顺德、南海、三水为代表，共有股份合作组织 2 354 个，占佛山市股份合作经济组织的 76.5%；入股土地面积 146.5 万亩，占佛山市的 87.4%。

(2) 经营性资产股份合作制。这种形式的主要特点只是将原社区合作经济组织集体所有的经营性资产入股，股份量化到人，组建新的股份合作组织，以原石湾区为代表。共有股份合作组织 290 个，占佛山市股份合作经济组织的 9.4%；入股资产净值 26.96 亿元，占佛山市的 52%。

(3) 综合性资产股份合作制。这种形式的主要特点就是把原集体所有的存量资源性资产（即土地）和经营性资产全部价值量化到人，入股新组建的社区股份合作组织，实行股份合作经营的形式，主要出现在南海和原石湾区的部分地方。共组建综合性股份合作组织 433 个，占佛山的 14.1%；入股土地面积 21.1 万亩，占佛山市的 12.6%；入股资产净值 22.48 亿元，占佛山市的 43.4%。

(4) 单项土地股份合作制。这种形式的主要特点就是以农民承包土地入股，由外来客商经营，农民除得到股份分红外，还可以成为外商的农业工人，赚取劳务收入。这种形式较多出现在经济欠发达地方。如高明的杨梅镇先后引进香港、广州和禅城、南海、顺德等地 10 多位花卉客商，租赁农民承包的山旱地 5 000 多亩，发展了多个种植花卉、盆景和苗木的园艺场。农民把所承包的土地租出去后，一部分到这些农场、园艺场当农业工人，一部分到企业或外出打工，既得到稳定的土地租金收益，又获得多种途径的劳务收入。

下一步，佛山市城乡统筹发展工作将以"一个解决"、"两个转移"、"三个改造"为主要内容，全力抓好"三农"工作。"一个解决"，即解决民生问题，重点实施渔民住房解困、农村社会保障、农民增收三项工程。"两个转移"，即促进传统农业向现代精细农业转移、农村富余劳动力向二、三产业转移。"三个再造"，即农村管理体制再造、农村人居环境再造和城乡生态环境再造。

（二）宁波："三个要求"与"三个覆盖"①

作为沿海经济相对发达地区，宁波充分发挥地区优势，大胆探索实践，力争

① 宁波市统计信息网，《2006 年宁波市城乡统筹发展水平居浙江全省第一》，http://www.nbstats.gov.cn/read/read.aspx? id = 24367，2008 年 1 月 21 日访问；吴向鹏，"强化城乡统筹、推进科学发展——宁波推进城乡一体发展的实践"，《中国城市化》，2009 年 3 月 20 日；"宁波市统筹城乡发展的探索与实践"，http://njs.ndrc.gov.cn/xncjs/t20080806_229917.htm。

在城乡统筹发展方面走在前列①,其基本特点为目标内涵上的“三个要求”与实施细则上的“三个覆盖”。

1. 在目标内涵上,把握“三个要求”,即体制共融、资源共享、发展共赢

统筹城乡发展,就是要统筹兼顾城市与农村发展,在推动城市加快发展的同时,通过充分发挥政府的主导作用,建立城乡统一体制,健全以城带乡、以工促农机制,优化各种资源要素在城乡间的配置,带动农村社会全面进步。概括起来,就是城乡“体制共融、资源共享、发展共赢”。

“体制共融”是城乡统筹的核心内容和制度基础,就是要逐步破除城乡二元结构体制,消除城乡之间的体制性差距,构建城乡平等发展的一体化制度环境,在制度设计这个起点上,保障城乡之间资源要素自由流动,城乡居民公平参与市场竞争、同等享受公共服务。一是在深化城镇户籍制度改革的同时,以剥除依附在户口上的不同权利和利益为突破口,配套实施城乡统一的就业制度,城乡对接的社会保障、义务教育、计划生育等体制改革,有效解决农民进城就业限制、就学困难、落户无门、保障无份等问题。二是为加快推动农村人口向城镇转移,以切实保障农民在集体经济中的权益为出发点和立足点,市政府出台了农村集体经济社区股份合作制指导意见,以家庭人口和“农龄”长短为标准,将村集体经济组织的资产收益权量化到人,稳步推进村经济合作社的股份合作制改革。宁波市已有数百个村组建了股份经济合作社,其中江东和海曙两区的45个行政村已全部完成了股份合作制改革,宁波市有29万余名农村居民由村民成了名副其实的股东。有些年份,股东分红最高的可达到数万元。

“资源共享”是城乡统筹的实现路径,就是要打破城乡分割的资源配置格局,形成城乡一体、相互调配、分享使用的资源配置环境,使城市享有农村良好的自然资源,农村享有城市优质的社会资源,实现城乡优势互补、功能互动,城乡资源有效配置、最优利用。一是积极建立公共财政城乡全覆盖体制,明确由政府为主提供农村的公共产品和公共服务,逐步形成财政支农资金稳定增长机制,仅2005年以来,宁波市财政投入新农村建设资金达到100多亿元。二是着眼于农民共享集体土地性质和用途改变后的增值收益,实施和完善以综合区片价征地、集体留用地补偿为核心的土地征用补偿制度,以及农村土地出让收入市、县两级政府的所得部分或全额返还的制度。如宁波市政府为了支持山区移民致富,在城郊征用土地201.3亩建设两个移民新村,原山区移民退宅复耕,并允许在移民新村优惠享受购置住房。安置房价格按基本造价每平方米850元

① 根据浙江省发改委和统计局的《浙江省2006年城乡统筹发展水平综合评价报告》中的评价结果显示:宁波市2006年城乡统筹发展水平综合评价得分为76.25分,比全省平均水平高10.37分,在全省11个市中继续位居第一。

和1 300元销售，只有市场销售房价的1/3。移民户原住宅按市场评估价有偿收购拆除复垦，对宅基地复垦指标，市政府按每亩3.5万元统一收购。根据有关资料统计表明，移民户每户原宅基地平均在0.5亩左右，集中安置每户只占土地0.1亩，每户可节约土地0.4亩。① 整村搬迁移民安置，既集约节约利用土地，又盘活了存量土地，增加了村民和村级集体收益。

"发展共赢"是城乡统筹的价值指向，就是要改变农村发展滞后的状况，在城市发展的同时，加大以城带乡、以工哺农力度，加快农村发展步伐，实现城乡建设同步推进，城乡发展基本均衡，城乡文明成果共享，形成城乡共同繁荣、群众普遍受惠的局面。一是建立财政对农村教育、卫生、文化事业等专项转移支付制度和生态补偿机制，逐年增加对农村社会事业和生态建设的投入。二是运用经济杠杆，引导宁波市丰厚的社会资本参与农村的基础设施、公用事业、生态环境和旅游商贸等服务业的建设，努力营造政府、企业、农民"多赢"的格局。三是支持鼓励设立农业担保机构和建立农业及农民住房的政策性保险，以缓解农民及农村中小企业贷款难问题，降低农业自然风险及提高农民灾后重建家园的能力。

2007年，宁波市农民人均纯收入首次突破1万元，达到10 051元。从2003年到2008年连续5年，宁波农村居民年均纯收入保持两位数增长，超过城市居民可支配收入增幅，到2008年达到11 450元，在全国15个副省级城市中排名第一，城乡居民收入比缩小到2.210:1；农村全面小康实现程度达85.4%，高出浙江全省平均水平4.3个百分点，从事二、三产业的农民比例达80%以上。②

2. 在任务重点上，突出"三个覆盖"，即设施覆盖、服务覆盖、文明覆盖

城乡统筹是个系统工程。经过多年的实践，宁波将之细化为：基础设施向农村延伸、公共服务向农村扩展、财政收入向农村倾斜、社会保障向农村覆盖。宁波市、县两级每年从土地出让金纯收益中提取一定比例作为专项资金，重点加强农村道路、供电、供水、通信等基础设施建设。宁波市累计创建全面小康村269个，完成环境整治1 836个村，占宁波市行政村的70%；还建设了"户集、村收、镇运、县处理"的农村垃圾集中处理体系，初步实现了农村基础设施与城镇联网对接。

近年来宁波以"百村示范、千村整治"、"乡村康庄道路"、"千里清水河道"、"百万农民饮水"等工程为载体，农村交通、供电、通信、信息、垃圾处理等基础设施网络化建设取得显著进展；另外，通过加大城乡供水联网、农村污水治理、乡

---

① 童志龙等，"让农民从土地整理中得实惠——关于浙江省余姚市农村宅基地整理工作调查"，《国土资源通讯》，2007年第16期。

② "2008年宁波市国民经济和社会发展统计公报"，中国宁波网，2009年1月22日。

村网络公路建设的推进力度,逐步进行农村燃气供应、数字电视、网络宽带等延伸覆盖,扩大城乡基础设施联网种类,提高共享水平,增强经济社会发展的同城效应。加快城市公共服务向农村覆盖,就是发挥政府公共职能,扩大政府公共服务资源农村共享,提高农民的社会福利水平。近年来宁波在发展农村社会事业、扩大城市社会资源对农村的支持、加强农村居民社会保障和就业服务等方面做了不少工作,按照"种类齐全、覆盖全面、水平提高、制度接轨"的要求逐步推进城乡社会保障制度一体化建设,让城乡居民共享公共财政的阳光。

宁波市教育资源的配置不断优化,城乡教育布局渐趋合理,90%以上的乡镇建成了中心幼儿园、中心小学、中心初中和中心成校,基本普及15年教育,学前3年幼儿入园率达到100%,义务教育入学率和巩固率分别为100%和99%,初中升高中的比例达96%,高等教育毛入学率为44%。深入实施"百村示范,千村整治"工程,全面启动小康示范村建设和村庄整治工作。宁波市已建成小康示范村136个,完成整治村1 160个。自来水普及率已达90%以上,露天粪缸全部消除,农村生活垃圾基本实现了户集、村收、镇运、县处理。周巷、泗门两镇被评为全国环境优美乡镇。宁波市孕产妇保健率、住院分娩率和儿童保健覆盖率均达到99.5%。率先建立新型农村合作医疗制度,参保率达97%以上,人均筹资标准在全国处于领先水平。市财政与县(市、区)、镇(乡、街道)三级财政每年对参保人员的资助不断增长。推进被征地人员养老保障制度实施,实现了历史被征地人员"应保尽保",新增被征地人员"即征即保",宁波市众多被征地人员参加了城镇职工基本养老保险。巩固和完善农村低保制度,做到"应保尽保",月人均补贴超过全国城市每月人均补贴水平。农村"五保"集中集中供养率为96%以上。

促进城市现代文明向农村覆盖,就是发挥城市文明开放包容、得风气之先的优势,加快城市文明向农村传播,对农村文明注入现代元素,引导农民跟上时代步伐。以文明村镇创建为载体,以城乡文明共建为抓手,广泛开展现代文明养成教育,引导农民树立权利义务意识、民主法制意识,自觉维护权利、遵守规则、履行义务,养成现代文明生活习惯。市域内广播电视综合覆盖率达100%,90%以上行政村的宣传文化阵地达到了市三级以上标准,农民文艺节、农民读书节、全民健身等活动日趋活跃,宁波市所有县(市)区全部荣获全国体育强县(市)区称号。随着农村文化事业的不断发展,农村居民的生活方式、消费观念乃至价值观和人生观也在发生着潜移默化的变化,最后终将转化为农业农村现代化建设的重要动力之源。

四、各地统筹城乡发展的启示

从前面各地的实践中可以总结出，城乡一体化统筹发展不是要把农村建设为城市，也不是“消灭农村”，而是在各方面的体制和机制上进行改革，尽量缩小城乡差距，以创造城乡之间平等的机会和环境。所以，以下几个方面是值得强调的。

第一，根据城乡关系演变的阶段，我国目前正处在城乡关系由隔离走向融合的调整时期，城乡二元特征仍然十分突出。针对目前经济发展现状，城乡一体化的战略要点应当是：平等、协调和发展。

“平等”主要是指地位平等和机会平等。城乡二元结构导致城乡发展不同步，甚至导致地域、政策、福利、机遇等诸方面的城乡区隔，违背了社会应有的公平正义标准。现在要通过政策性、法治化调整使城乡获得平等的生存与发展权利，借此缩短传统城乡差距，建立城乡发展一体化。“协调”是指伴随着经济的一体化，城乡之间的联系逐渐扩展演化为更为复杂的社会联系，也使城乡成为一个高度关联的社会体。当这个区域内的各个城镇和城乡间真正形成了地域交叉和渗透、经济社会功能互补协同、经济社会一体、城乡互促、三次产业协调发展时，彼此间的良性互动成为区域经济社会发展的直接动因，当这种依存关系强大到一定程度时，城乡就成为一个在经济、社会、生活文化等各方面高度一体化的整体。“发展”是城乡一体化的核心和最终目标。城乡关系的演变历程实际上就是城市和乡村为了寻求自身发展而相互作用的曲折历程。城乡一体化的发展有利于打破城乡经济流通的各种障碍，实现各类经济要素在城乡范围内的合理流动，并以平等、高效的方式推动城乡经济的共同发展①。

第二，城乡统筹的主要手段就是要以市场为导向，充分发挥城乡发展政策的功能，引导城乡资源优化配置和生产要素合理流动，在保持城市与乡村各自特色和职能的同时，从经济、社会和空间等方面融合城乡发展。所谓市场导向，是指城乡相关资源通过市场加以配置，通过价格杠杆调整供求关系，实现资源的有效利用与资源利益的合理化分配。换言之，更加强调按照市场规律促进人口和生产要素向城镇加快集中；更加强调建立健全农业效益稳定提高、农村面貌持续改善、居民素质不断优化的长效机制；更加强调产业协调发展，形成合理的区域分工和产业互补效应。

第三，统筹城乡发展的主要任务就是要改变农村基础设施差、公共服务缺

① 李全胜，“城乡经济社会发展一体化战略研究”，《中共中央党校学报》，2007 年第 6 期。

乏、文化生活落后的状况。统筹城乡发展,必须统筹城乡基础设施建设和公共服务,推进城乡基本公共服务均等化,逐步建立城乡统一的公共服务制度。

统筹城乡基础设施建设和公共服务,就是要在城乡之间均衡配置公共资源,逐步改变城乡分治的状况,形成城乡统一的公共服务制度,为城乡居民提供均等化的基本公共服务。建立农村基础设施和公共服务投入保障机制,逐步形成财政资金稳定增长格局。要根据基础设施和公共服务的层次性和受益范围,明确各级政府的责任。另外,要优先搞好农民最迫切需要的农村基本公共服务。现阶段城乡基本公共服务均等化就是为城乡居民提供与公共财政职能和国家财力相适应的最基本的公共产品。要重点支持与农民生产和生活直接相关的、以农田水利为重点的农业基础设施、农村饮水、农村公路、农村能源、农村环境治理等基础设施。要完善相关政策,提高公共财政对农村义务教育的保障水平,让城市和农村、发达地区和落后地区的儿童都能获得大体均等的义务教育资源。切实加强农村公共卫生服务,提高农民医疗保障水平。完善农村最低生活保障制度、新型农村合作医疗制度,探索建立农村新型社会养老保险制度,解决好被征地农民和农民工社会保障问题,完善农村社会救助制度。

第三章 城镇化、人口流动、经济增长与要素配置*

自20世纪70年代末改革开放以来，随着户籍制度的逐步松动，粮油供给制度和城市住房制度改革工作也逐步展开，同时多种经济形态如雨后春笋般出现并不断发展壮大，产业结构呈现了不断调整和优化升级的势头。由于地区资源的禀赋差异和政策安排使区域间经济呈现非均衡发展，加之人口的惯性增长等一系列因素的共同作用，劳动力尤其是大量被有限的土地资源挤压出来的农村剩余劳动力，在挣脱了长期阻滞流动的各种制度束缚后如同脱缰的野马一般从农村大量涌入城市，从经济欠发达地区涌入经济相对发达地区，从最初的“离土不离乡”模式向新的“离土又离乡”模式转变。2000年第五次人口普查数据显示，全国流动人口过亿，特别值得关注的是，仅跨省流动就达到4 000多万人；而2005年1%抽样调查的数据显示，流动人口高达1.4735亿，其中跨省流动人口4 779万人①；2010年第六次人口普查数据显示，全国流动人口规模为2.61亿，比十年前第五次人口普查增加了83%，这表明，21世纪初前十年随着就业制度的松动，人口流动增加，尤其是劳动力流动的区域范围也在不断扩大。如此庞大的人口参与到流动大军中，势必对区域经济发展带来不容忽视的影响。因此，分析产业升级与劳动力转移的变化关系有助于进一步理解城乡就业制度变迁背景下劳动力流动的主

* 本章由陆杰华、薛伟玲、胡雯执笔。朱善利对本章结构作了调整。

① 资料来源：http://www.stats.gov.cn/tjsj/。（本文所用数据除特殊说明外，均出自此处）

要特征及规律性;同时,基于人口流动因素着重分析和探讨经济增长要素配置,区域经济均衡发展和协调发展,人口城镇化等问题便成为亟待厘清的重大现实问题,因为它们是事关区域经济良性运转的关键问题,是制定更加科学合理的人口流动公共政策,以促进区域经济长期、健康、稳定、可持续发展的重要前提条件。

一、人口流动与经济增长类型划分

(一)现代经济发展要素组合

1. 现代经济增长要素

理论上讲,每个经济体都有一定数量的劳动、一定程度的技术知识、一定数量的工厂和工具以及一定数量的土地和能源①。毋庸置疑,一方面,土地和能源对于现代经济发展仍然起着基础作用,但是另一方面,地球上土地和能源的供给很难在一定时期内发生大的变化。虽然可以通过技术来实现土地和能源的优化组合和科学供给,但是这已经不是土地和能源本身的作用了,而更多反映的是技术的作用,而技术归根结底还是劳动创造出来的,至于工厂和工具更是人类劳动的结果。就此而言,劳动才是现代经济发展中能够发挥主动作用、最具决定性作用的关键因素,于是人作为劳动的载体便在现代经济发展中具有举足轻重的作用。

2. 基于人口流动的劳动要素

在现代市场经济条件下,社会主要通过市场作用来达到各种经济资源的优化配置。一方面,自20世纪80年代以来发生在中华大地上浩浩荡荡的流动人口大军便深刻反映了市场在资源配置中的主导作用。在这场史无前例的人口大流动中,被有限土地挤压出来的农村剩余劳动力,出于理性经济人的考虑,来到城镇寻求劳动机会,在城市的经济发展中贡献着自己的体力、以技术为主的智力,这便正顺应了经济学内生增长理论所谓的人力资本投资的溢出效应,而且溢出效应主要表现为农村对于城市的外溢。另一方面,人口流动过程也主要表现在经济欠发达地区人口向经济较发达地区的流动。与农村向城市的人口流动所显现出来的人力溢出效应相类似,人口流动在从经济欠发达地区向经济较发达地区的流动过程,也是一种人力资本的外溢。根据卢卡斯的观点,人力资本的外溢效应可以解释为“一个拥有较高人力资本的人对他周围的人会产

① 〔美〕保罗・萨谬尔森、威廉・诺德豪斯著,《经济学》,萧琛译。华夏出版社,1999年。

生更多的有利影响”,从而提高全社会的生产率①。而当前人口流动的主流形态——从农村流向城市、从经济欠发达地区流向经济较发达地区的过程中,流出的人口相对于流出地人口整体素质而言,一般具有更高的人力资本价值,因为只有这样,他们才能在流入地有一席之地。而在这个过程中流动人口所带来的人力资本和其他人力资本一起,形成了对于其他经济要素的优化组合,从而对流入地的经济发展贡献着自己的体力和智力。

(二) 20 世纪 80 年代以来人口流动历史演变

正如前文所言,20 世纪 80 年代以来人口流动异常活跃。那么,到底我国人口流动经历了怎样的动态变化? 下面主要围绕与经济发展相关的流动人口指标,就这个问题展开讨论。

首先,就流动人口规模而言,流动人口从 1982 年的 657 万极速增长到 2005 年的 1.4735 亿人,这在人类迁徙史上是极为少见的,尤其值得关注的是在 1990 年以后更是呈现加速增长势头:1990 年流动人口为 2 135 万人;1995 年迅速攀升至 7 073 万人;到了 2000 年继续攀升,达到 1.0229 亿人;到 2005 年继续增长至 1.4735 亿人;2010 年已经攀升到 2 亿多。在短短不到 30 年中,不仅流动人口绝对数量持续升高,而且其在总人口中的比重也呈现出与此相吻合的变化趋势。如图 3-1 所示,1990 年以前流动人口在总人口中的比重呈现出逐步增长的趋势,经济发展中人的要素开始逐步活跃起来;到了 20 世纪 90 年代以后,流动人口在总人口中的比重呈现大幅攀升之势,人口流动异常活跃。

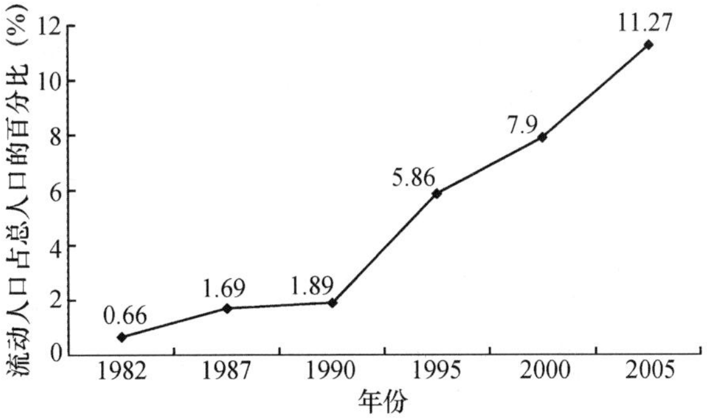

图 3-1　流动人口占总人口的比例变化

资料来源:张维庆,《改革开放与中国人口发展》,社会科学文献出版社,2009 年,第 232—233 页。

① 张波、周绍森,“中国人力资本外溢效应的实证分析”,《南昌航空工业学院学报》(社会科学版),2005 年第 1 期。

其次,就流动人口的年龄结构而言,流动人口中劳动力年龄人口所占的比重持续升高,这可以从表3-1中流动人口中15—64岁年龄组人口随年份的变动情况得知,而且除了1982年外,其他年份该指标值都远远高于全人口的该指标值。其中1990年、2000年、2005年全人口的该指标值分别为66.74%、70.15%、71.37%。另外,从表3-1还可以看到,流动人口的年龄中位数随着年份的增长呈现不同程度的增加,而1982年、1987年和1990年的平均年龄却没有表现出增长,相反却出现了轻微的下降;而1990年后平均年龄和年龄中位数一样都出现了随年份的增长趋势。尽管如此,我们仍然可以发现这两个指标相对于全人口水平而言呈现年轻化现象,在流动人口人群中年轻人尤其是青壮年劳动力占据了很大的比重。

表3-1　历年流动人口年龄结构变动表

年龄＼年份	1982	1987	1990	2000	2005
0—14	33.60%	21.60%	16.15%	13.78%	12.45%
15—64	57.91%	72.72%	80.42%	82.88%	84.03%
65 +	8.49%	5.68%	3.43%	3.34%	3.52%
合计	100%	100%	100%	100%	100%
平均年龄	28.22	28.17	27.17	29.01	30.36
年龄中位数	23	24	24	27	29

资料来源:张维庆,《改革开放与中国人口发展》,社会科学文献出版社,2009年,第240页。

再次,从图3-2中可知,无论是就流动人口而言,还是就全人口而言,平均受教育年限均呈现出随年份增长而不断增加的趋势,虽然这一指标有可能受流动人口年龄结构的影响,但是这从一个侧面反映了国家对教育的不断重视以及国

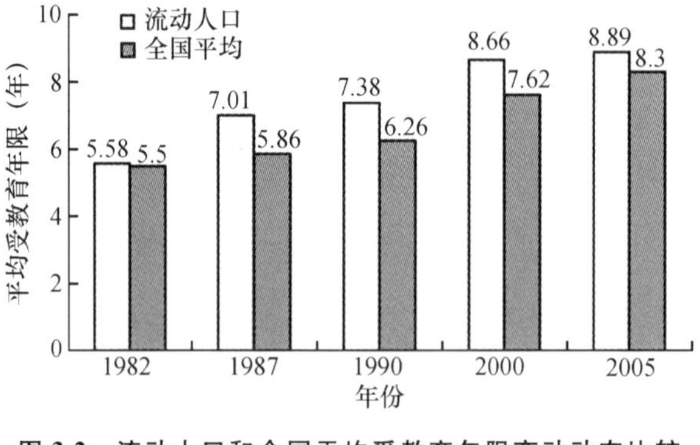

图3-2　流动人口和全国平均受教育年限变动动态比较

资料来源:张维庆,《改革开放与中国人口发展》,社会科学文献出版社,2009年,第244页。

民总体素质的逐步提高。另外,值得关注的是,在各个年份上流动人口的平均受教育年限都要高于全国平均水平。就一般意义而言,较高的劳动者素质无疑也是提高劳动生产率、提高劳动力要素投入—产出比的重要保障。

最后,流动人口到底能不能参与到经济发展中,为区域经济发展贡献力量,关键的一点还有其参与流动的原因到底是不是主要出于就业等一系列的经济目的。从图 3-3 中可知,历年来出于经济原因而参与流动的人口在流动人口中的比重都超过了一半。其中 1990 年以后基本上都保持在 70% 左右的水平。

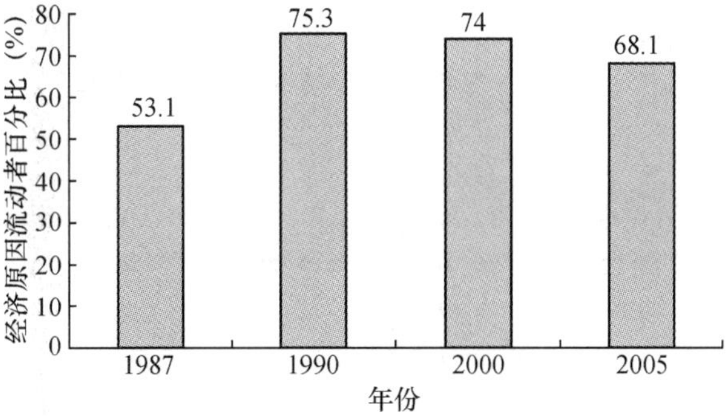

图 3-3 历年出于经济原因流动的流动人口百分比变化

资料来源:张维庆,《改革开放与中国人口发展》,社会科学文献出版社,2009 年,第 232—233 页。

总之,就流动人口历年的变动情况来看,无论从规模、年龄结构、受教育程度,还是从流动原因来看,改革开放为中国出现的这个特殊群体参与区域财富创造和经济发展提供了良好的基础。

(三)基于人口流动因素的区域经济增长类型

为了全面认识和分析人口流动对区域经济增长的影响,同时考虑到已有数据的特征及研究需要,本研究采用 2005 年全国 1% 人口抽样调查数据,主要涉及人口流动指标和区域经济发展相关指标,而且为了增加可比性,流动人口指标尽量采用相对数指标。本文建立的各类模型所用的 2005 年流动人口数据中所指的流动人口是指调查时点居住地在被调查小区,但是户口在本乡镇、街道以外的人口,同时排除户口在同一个城市市区范围内的人户分离人口。

1. 分省数据横向分析

如表 3-2 所示,在地区对流动人口的吸引度指标上,上海、广东、北京、浙江、福建远远领先于其他地区。而且就省际流入人口指标来看,上海、北京、广东、浙江、天津、福建要领先于其他地区。而就流动人口参与度而言,广东、新疆、上海、北京在该指标上的值要低于其他地区,说明这些地区的流出人口占当地常

表 3-2　2005 年流动人口分省数据表

地区	总人口（万人）	流动人口占总人口比重（%）	流入人口占总人口比重（%）	省内流入人口占总人口比重（%）	省际流入人口占总人口比重（%）	流动人口参与度	区位商 D
北京	1538	26.00	22.57	0.52	22.05	0.97	2.26
天津	1043	11.60	11.76	0.46	11.30	1.00	1.01
河北	6851	6.56	4.27	3.00	1.27	2.04	0.57
山西	3355	3.43	5.09	3.87	1.22	1.16	0.30
内蒙古	2386	6.12	10.69	7.75	2.94	2.79	0.53
辽宁	4221	14.21	10.79	8.17	2.62	1.16	1.24
吉林	2716	7.84	7.09	5.98	1.11	3.02	0.68
黑龙江	3820	3.25	7.02	5.99	1.03	4.14	0.28
上海	1778	31.68	34.32	8.27	26.05	0.79	2.76
江苏	7475	11.96	12.86	7.20	5.66	2.39	1.04
浙江	4898	24.62	20.01	7.37	12.64	2.51	2.14
安徽	6120	9.36	4.85	4.29	0.56	9.39	0.81
福建	3535	18.05	18.96	10.95	8.01	2.74	1.57
江西	4311	12.06	5.46	4.88	0.58	8.60	1.05
山东	9248	2.77	6.44	5.07	1.37	1.54	0.24
河南	9380	13.31	2.52	2.22	0.30	4.81	1.16
湖北	5710	7.05	5.68	4.89	0.79	6.22	0.61
湖南	6326	11.36	5.64	5.14	0.50	7.36	0.99
广东	9194	28.28	26.49	8.74	17.75	0.46	2.46
广西	4660	9.95	5.04	4.25	0.79	6.07	0.87
海南	828	13.29	9.82	6.29	3.53	2.02	1.16
重庆	2798	7.51	5.47	4.22	1.25	8.31	0.65
四川	8212	10.29	5.57	4.96	0.61	7.12	0.90
贵州	3730	6.41	5.43	4.41	1.02	6.20	0.56
云南	4450	1.96	6.57	4.76	1.81	1.46	0.17
西藏	277	5.05	3.22	1.69	1.53	14.16	0.44
陕西	3720	7.53	4.71	3.70	1.01	2.89	0.66
甘肃	2594	3.85	3.38	2.76	0.62	2.57	0.33
青海	543	3.87	8.32	6.05	2.27	2.28	0.34
宁夏	596	12.08	6.62	4.68	1.94	1.64	1.05
新疆	2010	11.69	10.36	5.25	5.11	0.77	1.02

注：(1) 流动人口参与度定义为：一个地区流出人口占当地常住总人口的比例；(2) 将一个地区流入人口在当地常住总人口中所占的比例定义为这个地区的流动人口吸引度；表中“流入人口占总人口比重”的有关数据反映了这一指标。

资料来源：国家统计局人口和就业统计司编，《2005 年全国 1% 人口抽样调查课题论文集》，中国统计出版社，2008 年，第 35—36，41 页；国家统计局网站，http://www.stats.gov.cn/tjsj/。

住总人口的比例要低于其他地区。这些指标都表明,上海、北京是人口流入聚集地,也是人口流出低发地,同时它们也占据区域经济发展水平的制高点。

同时,应用以上数据计算地区流动人口区位商 D,即区位商 $D = \frac{\text{地区流动人口占其总人口的比重}}{\text{全国流动人口占总人口的比重}}$。地区流动人口区位商可以从一个侧面反映出 2005 年中国各省、自治区、直辖市流动人口的空间态势和空间格局[①]。就总体而言,中国流动人口群体虽然数量非常可观,但是其流动却具有很强的区域倾向。区位商较大的地区依次为上海(2.76)、广东(2.46)、北京(2.26)、浙江(2.18)。而区位商较小的地区依次为西藏(0.44)、青海(0.34)、甘肃(0.33)、山西(0.30)、黑龙江(0.28)、山东(0.24)、云南(0.17)。

2. *各省流动人口——经济增长类型*

为了更深入探讨各个地区经济发展和人口流动之间的关系,我们基于上述两类指标对地区进行分类。为此我们建立聚类分析模型。

根据研究需要建立如下人口流动和区域经济发展指标体系,如表 3-3 所示。

表 3-3 聚类分析指标体系简介

人口流动指标	经济发展指标
流动人口参与度、流入人口占总人口的百分比、省际流入人口占总人口的百分比	人均地区生产总值、地区生产总值指数、第一产业比重、第三产业比重、全社会固定资产投资、消费水平、职工平均工资

首先,我们对以上变量进行相关分析,结果表明各个变量之间存在很强的相关性,鉴于这一结果违背了聚类分析的数据要求,为此,我们先对这些变量建立因子分析模型,以求得到彼此不相关的新变量用于聚类分析。在该分析中,最终得出两个相互之间不存在相关关系的变量。以这两个变量为基础建立聚类分析模型,最终的聚类结果如表 3-4 所示。

表 3-4 区域经济发展与人口流动的聚类分析结果

第一类地区	第二类地区	第三类地区
北京、上海	浙江、福建、广东、天津、河北、山西、辽宁、黑龙江、江苏、山东、河南、内蒙古	青海、江西、海南、西藏、吉林、云南、甘肃、宁夏、新疆、安徽、湖北、湖南、广西、重庆、四川、贵州、陕西

① 孙峰华、李世泰、杨爱荣、黄丽萍,"2005 年中国流动人口分布的空间格局及其对区域经济发展的影响",《经济地理》,2006 年第 6 期。

从表3-4和表3-5中不难看出，北京、上海成为第一类地区，它们不仅是人口流动、尤其人口流入的活跃地，而且也是区域经济的制高点。就经济指标来看，第一类地区无论在人均生产总值指标还是在人均固定资产投资额指标上都远远领先于第二类和第三类地区。就人口流动指标来看，流动人口明显活跃于第一类地区中，而且人口流入比重远远高于其他两类地区，省际人口流入比重也远远超过了其他两类地区。就总体而言，无论经济指标还是人口流动指标都呈现出第一类地区 > 第二类地区 > 第三类地区的总体态势。

表3-5　2005年三类地区人口流动和经济发展主要指标

	人均地区生产总值（元/人）	人均固定资产投资（元/人）	流动人口占区域总人口比重（%）	流入人口占区域总人口比重（%）	省际流入人口占区域总人口比重（%）
第一类地区	48 601	19 129.1	28.98	28.98	24.15
第二类地区	19 268	8 209.44	12.76	11.31	5.43
第三类地区	9 508	4 554.47	8.54	5.70	1.04

当然，以上聚类分析的结果是采用2005年的数据建立的模型，那么到底人口流动和经济发展指标随时间变化呈现何种态势？为了进行较为客观的纵向和横向比较，我们在建立流入人口占全国流动人口百分比表（表3-6（1））的同时，也建立了该指标的密度表（表3-6（2）），即用百分比除以地区面积所得到的指标。

表3-6（1）　三类地区历年流入人口占全国流动人口百分比表（%）

地区类型＼年份	1982	1987	1990	2000	2005
第一类地区	5.14	10.14	7.34	6.68	7.62
第二类地区	56.16	52.01	56.26	60.51	65.09
第三类地区	38.74	37.84	36.38	32.83	27.31
合计	100.04	99.99	99.98	100.02	100.02

表3-6（2）　三类地区历年流入人口占全国流动人口百分比密度表

地区类型＼年份	1982	1987	1990	2000	2005
第一类地区	2.215517	4.370690	3.163793	2.879310	3.284483
第二类地区	0.189237	0.175254	0.189574	0.203895	0.219328
第三类地区	0.058568	0.057208	0.055000	0.049633	0.041288

注：合计栏不等于100%的部分是由于计算时四舍五入造成的。

资料来源：张维庆，《改革开放与中国人口发展》，社会科学文献出版社，2009年，第237页。

从表 3-6(1)和表 3-6(2)中可看出,就各个年份而言,在考虑了密度值的基础上,各个年份都呈现出第一类地区 > 第二类地区 > 第三类地区的情况,无论在哪个年份上流动人口都显著活跃于第一类地区,其次是第二类地区,而第三类地区是流动人口最不活跃的地区。而且特别值得关注的是,第三类地区在流入人口占全国流动人口百分比密度指标上呈现出随年份逐年下降的趋势,就可比指标而言,流动人口流入第三类地区的比例显然在逐年递减。

同时,从图 3-4 中可知,进入 20 世纪 80 年代以来,人均国内生产总值呈现稳步增长之态势,尤其是到了 1990 年以后,呈现出加速增长的情况。而正如前文图 3-1 所显示的那样,人口流动的历史数据也呈现出非常相似的变动趋势。那么如此相似的变动趋势是巧合,还是必然? 下面将重点就这个问题对区域人口流动对经济增长的贡献进行实证分析。

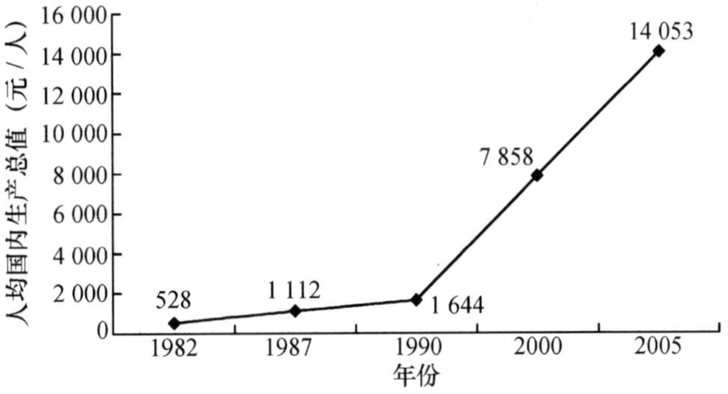

图 3-4　历年人均国内生产总值变动

二、人口流动对经济均衡增长的实证分析

(一) 区域经济均衡增长的必要性分析

由于地区资源禀赋差异、区位差异等多种原因,再加上改革开放以来为了经济的快速增长,我国因地制宜地实行了非均衡发展策略,尤其鼓励了东部地区的经济发展。但是,我们也必须看到,长期以来在非均衡发展思路下,高速经济增长的背后也隐藏着一系列弊端。随着社会主义市场经济体制的逐步确立和完善以及改革进入深水区,这些弊端正逐步显现在经济、社会的各个角落。

首先,就社会整体公平而言,非均衡发展的思路在给了一部分地区优惠政策的同时,往往伴随着对于这些地区投资、财政税收政策、贸易、人才等方面的倾斜扶持。很明显地,集中整个社会的力量来扶持少数地区的做法对于其他地区来说是极其不公平的,也在客观上造成了一些地区福利水平的比较劣势凸显,当地民众很难和其他地区民众一样公平地共享社会发展成果。而出于理性"经济人"的考虑,当地劳动力尤其是一些具有竞争优势的人才为了追求个人的公平待遇,势必弃之而动,转而流向经济发达地区,这对于经济欠发达地区的整体发展而言无疑是不公平的,造成由于人力资本流失及其一系列后续不良效应的叠加和累积而致使此类地区的经济发展持续低位徘徊,且与经济发展水平较高地区的差距持续扩大。这一点从表 3-2 中"流动人口参与度"指标便可窥见一斑,该指标值较大的省份恰恰也集中于经济发展水平较低的第三类地区;同时表中的"省际流入人口"指标值较高的省份也恰好是作为中国经济制高点的第一类地区和经济发展程度较高的第二类地区。

其次,就社会整体福利水平而言,非均衡发展保证了部分地区经济高速增长的同时,也保证了这些地区相对较高的福利水平,而经济欠发达地区却只能望尘莫及。这一点从三类地区居民消费水平(如图 3-5 所示)不难看出。图 3-5 中的数据表明,第一类地区居民消费水平是第二类地区的 2.67 倍,同时是第三类地区的 4.10 倍,第二类地区的消费水平是第三类地区的 1.54 倍,这在很大程度上说明社会整体福利分配不均。不容忽视的是,社会福利水平存在边际效益递减的规律,它是一个动态的均衡过程,在一定的社会整体福利标准下,帕累托最优均衡点就是其相对稳定均衡点,在这个点上社会整体福利水平最高,福利收益实现最大化。不过显而易见,我国当前的福利水平并没有达到这个均衡点,社会整体福利水平还相对较低,这显然是和地区间福利水平的明显差异分不开的。而这种结果一方面来源于区域经济的非均衡发展以及人口流动的非均衡态势;另一方面,其最大的消极影响又莫过于人口流动非均衡态势的持续扩大以及区域经济的严重非均衡发展。

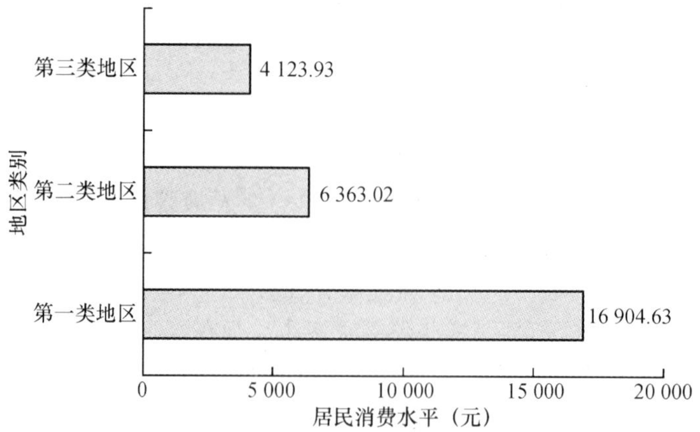

图 3-5　居民消费水平表

最后，就经济可持续发展的动力来看。非均衡发展在一定时间内是有效率的，但是当经济发展到一定程度，由于劳动力、土地等要素成本的持续升高，经济发达地区的发展成本便会逐步增大，发展机遇便会逐步丧失，非均衡发展的模式便难以保证经济长期可持续发展。这时科学的发展路径便是实行区域均衡发展策略，转移发展能力到经济欠发达地区，寻找新的经济增长点和发展机遇。由于现代交通的不断发展、路网的不断扩张和优化、区域间交通一体化水平的不断提高，使得这种发展思路的可行性大大提高，同时这种从均衡出发寻求发展的思路也符合新经济地理学的发展模式。

（二）人口流动因素对区域经济增长的贡献

为了进一步明确人口流动因素对区域经济增长的作用机理，我们使用地区人均生产总值、流动人口占区域人口比重、流入人口占区域人口比重、省际流入人口占区域人口比重、流动人口参与度等相关指标，在控制了地区固定投资变量之后作偏相关分析，具体分析结果如表 3-7 所示。

表 3-7　流动人口和地区人均生产总值偏相关系数表

	流动人口比重	流动人口参与度	流入人口比重	省际流入人口比重
相关系数	0.71	-0.42	0.83	0.92
Sig	0.00	0.02	0.00	0.00

在控制固定资产投资变量条件下，在 5% 的显著性标准下，流动人口占区域人口的比重、流入人口占区域人口比重、省际流入人口占区域人口比重、流动人口参与度与地区人均生产总值变量都呈现出显著相关关系。其中省际流入人口和地区人均生产总值的相关度高达 0.92，而且流动人口、流入人口和地区人均生产总值的相关度也都超过了 0.7。作为流出人口表征的流动人口参与度与地区人均生产总值呈现出显著的负相关关系。

在偏相关分析基础上，根据生产要素投入与区域经济发展的作用模式，建立如下区域经济生产函数：

$$Y = A(t)L^{\alpha}K^{\beta}(LK)^{\gamma}\mu$$

Y 是地区生产总值，$A(t)$ 是综合技术水平，L 是劳动力投入，K 是固定资本投入量，一般指固定资产净值，LK 反映相应的劳动力指标与固定资本投入量的交互作用，μ 为随机扰动系数，α 表示劳动力投入的变化引起地区生产总值变化的速率，β 表示固定资本投入的变化引起地区生产总值变化的速率，γ 表示劳动力投入和固定资本投入量的交互作用的变化所引起地区生产总值变化的速率。显而易见，该模型通过取对数的形式很容易被线性化。

由于流动人口中绝对多数都是为了劳动而流动的，仅有很少一部分人是不参与实际劳动的[①]。所以下面用地区就业人口变量、流动人口变量、流入人口变量、省际流入人口变量及其相应的交互作用,连同地区固定资本投入变量,分别对于地区生产总值变量建立生产函数。详细分析结果如表 3-8 所示,其中模型 1 是地区就业人口变量、地区固定资本投入变量以及二者的交互作用对地区生产总值的作用模型,其 Adjusted R Square 为 0.96;模型 2 是流动人口变量与地区固定资本投入变量以及二者的交互作用对地区生产总值的作用模型,其 Adjusted R Square 为 0.969;模型 3 是流入人口变量与地区固定资本投入变量以及二者的交互作用对地区生产总值的作用模型,其 Adjusted R Square 为 0.974;模型 4 是省际流入人口变量与地区固定资本投入变量以及二者的交互作用对地区生产总值的作用模型,其 Adjusted R Square 为 0.968。

表 3-8 模型系数表

	模型 1		模型 2		模型 3		模型 4	
	B	Beta	B	Beta	B	Beta	B	Beta
α			0.111	0.880			0.074	0.915
β	0.995	0.888	0.985	0.123	0.636	0.568	1.025	0.092
γ	0.057	0.099			0.228	0.426		

就模型 1,即地区就业人口模型来看,固定资本投入变量对地区生产总值产出的变化速率为 0.995,而地区就业人口变量则在模型调试中被剔除,二者的交互作用对地区生产总值产出的变化速率为 0.057。同时,从标准化系数来看,固定资本投入对于地区生产总值产出的贡献也远远大于二者的交互作用的贡献。这从一定程度上表明,地区就业人口的劳动力投入对于地区生产总值的贡献远远低于固定资本投入的贡献,现阶段劳动力与地区投资之间存在着严重不协调的现象。

就模型 2,即流动人口模型来看,流动人口对地区生产总值产出的变化速率为 0.111,而固定资本投入对于地区生产总值的变化速率为 0.985。但是就标准化系数来看,流动人口对于地区生产总值产出的贡献为 0.88,远远高于地区固定资本投入的贡献 0.123。这种现象显示出流动人口对于地区经济增长的重大贡献,但是也不可忽视地区经济发展对于流动人口的吸引作用。

就模型 3,即流入人口模型来看,固定资本投入对于地区生产总值的变化速率为 0.636,流入人口和固定资本投入的交互作用对于地区生产总值的变化速率为 0.228。再来看标准化系数,分别为 0.568 和 0.426,一定程度上表明模型

① 国家统计局人口和就业统计司,《2005 年全国 1% 人口抽样调查课题论文集》,中国统计出版社,2008 年,第 43—44 页。

中变量对于地区经济增长的相似贡献水平。

就模型4，即省际流入人口模型来看，省际流入人口、固定资本投入对于地区经济增长的贡献分别为0.074和1.025。但标准化系数分别为0.915和0.092。这在一定程度上表明在省际流入人口模型中，省际流入人口对于地区经济增长做出了重大贡献，当然也不可忽视地区经济发展对于跨省劳动力的吸引作用。

综合考察上述实证分析结果，可以发现，一方面，相比于固定资本投入而言，地区就业人口对于地区经济增长的作用并未充分发挥出来，这就为今后的人力资源进一步开发提出了重要议题：如何加快地区就业人口的技术培训，尤其是适合于地区经济发展水平和产业结构的技术开发和培训，使就业人口更好地适应现代技术要求，实现劳动力与固定资本投入的更优契合，提高劳动力的产出效率，真正实现集约型增长。这将是地区经济发展的一个关键问题。另一方面，流动人口，尤其是省际流入人口相对于固定资本投资而言，对于地区经济增长起到了更大的作用。这固然和各类流动人口模型中没有考虑地区其他就业人口的影响有关，但是更重要的，也和大多数流动人口所从事的岗位性质所要求的专业技术知识水平不高、劳动力可以轻松胜任以及流动人口的辛勤劳动分不开。同时，正如上文所述，就平均水平而言，总体上历年流动人口受教育年限都要高于全人口平均受教育年限。这也更进一步说明有针对地对于劳动力进行技术开发和培训的必要性，尤其是加快适应现代技术和产业结构需求的高技术技能开发和培训、增加劳动力技术技能水平具有迫切性。

另外，一般而言，流动人口是突破了户籍等一些制度限制的人群，他们相对自由，不被束缚。相对于常住人口而言，可以随时根据自己的不断变化的技能水平和知识水平较为自由地在流动中不断寻找适合的机会和创造更多价值的就业岗位。这样，他们在流动中也就相对更容易使自己作为劳动力的要素能够在市场中得到更科学的配置，从而提高劳动效率，有学者对此也进行了深入细致的讨论①。所以就这个角度而言，在保证劳动力合法权益的基础上，发挥市场作用，建立相应的激励机制，鼓励劳动力根据自己条件合理、适度流动也具有重要意义。

（三）非均衡条件下的人口流动因素对于区域经济均衡增长的贡献

为了验证非均衡条件下人口流动对于区域经济均衡增长的可能性，根据经济学有关理论，设有甲和乙两地，在一定时期内，Y 表示产出，A 表示特定时间内

① 蔡昉，《中国流动人口问题》，社会科学文献出版社，2007年，第76—169页。

的技术水平，L 为投入的劳动力，K 为投入的资本，劳动力由甲地流向乙地，记为 L_0，建立如下投入产出的简化模型：

$$Y_{甲} = A_{甲}(t)L_{甲}^{\alpha甲} K_{甲}^{\beta甲} \mu$$

$$Y_{乙} - Y_{甲} = A_{乙}(t)L_{乙}^{\alpha乙} K_{乙}^{\beta乙} \mu - A_{甲}(t)L_{甲}^{\alpha甲} K_{甲}^{\beta甲} \mu \tag{1}$$

$$Y_{乙} = A_{乙}(t)L_{乙}^{\alpha乙} K_{乙}^{\beta乙} \mu \tag{2}$$

$$Y_{甲} = A_{甲}(t)(L_{甲} - L_0)^{\alpha甲} K_{甲}^{\beta甲} \mu \tag{3}$$

$$Y_{乙} = A_{乙}(t)(L_{乙} + L_0)^{\alpha乙} K_{乙}^{\beta乙} \mu \tag{4}$$

则未产生劳动力流动时，两地产出差为：

$$Y_{乙} - Y_{甲} = A_{乙}(t)L_{乙}^{\alpha乙} K_{乙}^{\beta乙} \mu - A_{甲}(t)L_{甲}^{\alpha甲} K_{甲}^{\beta甲} \mu \tag{5}$$

产生劳动力流动后，两地产出差为：

$$\begin{aligned} Y_{乙} - Y_{甲} &= A_{乙}(t)(L_{乙} + L_0)^{\alpha乙} K_{乙}^{\beta乙} \mu - A_{甲}(t)(L_{甲} - L_0)^{\alpha甲} K_{甲}^{\beta甲} \mu \\ &= A_{乙}(t)L_{乙}^{\alpha乙} K_{乙}^{\beta乙} \mu - A_{甲}(t)L_{甲}^{\alpha甲} K_{甲}^{\beta甲} \mu \\ &\quad + A_{乙}(t)L_0^{\alpha乙} K_{乙}^{\beta乙} \mu + A_{甲}(t)L_0^{\alpha甲} K_{甲}^{\beta甲} \mu \end{aligned} \tag{6}$$

很明显，发生劳动力流动后两地的产出差距拉大，差距比原来多出来了 $A_{乙}(t)L_0^{\alpha乙} K_{乙}^{\beta乙} \mu + A_{甲}(t)L_0^{\alpha甲} K_{甲}^{\beta甲} \mu$。表面看来，劳动力流动通过增加流入地产出，减少流出地产出的方式，使地区间差距扩大。但是，假设 $\alpha^{甲} = \alpha^{乙}$，$\beta^{甲} = \beta^{乙}$，两地技术水平相似，且从甲地流出的人口参与乙地的产出分配，而不再参与甲地的产出分配，当度量两地的人均产出差异时，则公式(5)和公式(6)分别变形为：

$$Y_{乙} - Y_{甲} = A(t)L_{乙}^{\alpha-1} K_{乙}^{\beta} \mu - A(t)L_{甲}^{\alpha-1} K_{甲}^{\beta} \mu \tag{7}$$

$$Y_{乙} - Y_{甲} = A(t)\ (L_{乙} + L_0)^{\alpha-1} K_{乙}^{\beta} \mu - A(t)\ (L_{甲} - L_0)^{\alpha-1} K_{甲}^{\beta} \mu \tag{8}$$

由于通常情况下，α 是小于 1 的数值，所以在完全自由竞争的市场条件下，很容易推导出人口流动过程弥补了甲乙两地资源禀赋的差异。就要素流动而言，甲地过剩的劳动力资源正好弥补了乙地劳动力资源不足的状况，从而实现了生产要素之间的优化组合。进而对于甲地来说是减轻了劳动力过剩的负担，对于乙地而言则是弥补了劳动力不足而其他生产能力相对过剩的局面，这样两地达到一种新的均衡，而在这种均衡条件下，两地的人均产出差距缩小。虽然这个模型是建立在非常严格的假设基础上的，但是它也不失为现实人口流动的一种有益借鉴，以引导人口更加科学合理的流动，从劳动力过剩区域流向劳动力不足地区，从而更有效率地实现区域经济的均衡发展。

上面模型中的严格假设实际上也是一种被称作"俱乐部收敛"模式出现的条件。实际上，中国经济自改革开放后也的确出现了"俱乐部收敛"的效应：即同一经济圈内部差距正在不断缩小，出现收敛现象①。但是新古典增长模型的收敛模式却没有在中国实现，即由于资本的边际产出具有递减的趋势，所以如果给予相同的经济技术条件，则经济落后地区会比经济富裕地区经济增长快，从而相同的技术和偏好条件会使贫富地区之间趋向收敛。事实上，当前考虑劳动力流动因素后，由于经济欠发达地区的劳动力资源源源不断地流向经济相对发达地区，致使经济欠发达地区在技术落后的同时，人力资本也出现漏洞，从而使贫困经济圈和富裕经济圈之间的差距不是趋于收敛，而是不断拉大②。当然在未作经济圈区分时，却可以发现人口流动对于区域经济均衡具有较为明显的作用效果（见表3-9③）。

表3-9　人口迁移前后基尼系数变化情况

期间（年）	不发生迁移	发生迁移	变化率（%）
1985—1990	0.213	0.209	1.9
1990—1995	0.248	0.244	1.6
1995—2000	0.267	0.247	8.1

即便如此，也有理由认定这种收敛更大程度上是由于"俱乐部收敛"所产生的效果，这种推理也是根据上文的分析所作出的合理推断。因此，如何加快区域经济一体化步伐，以及如何引导劳动力的合理流动是现阶段区域经济均衡发展面临的重大现实问题。

三、人口城镇化和经济增长现状

从理论上讲，这里沿用了广义的城镇化概念，即城镇化不仅包括城镇人口，还包括城镇文化生活方式及其价值观念等城镇文明在农村地域的扩散、生产要素的聚集、经济结构的演进。④ 但是考虑到操作化的现实需要，在计量时使用城镇人口占总人口的比重作为衡量城镇化水平的指标。我国作为一个农业大国，随着农业劳动生产率的逐步提高和各种约束制度的逐步松动，从农村土地解放出来大批富余劳动力大量涌入城市，形成了大规模的"民工潮"。那么到底人口流动、城镇化与经济增长之间存在着什么样的关系？这将是下文关注的重点问题。

---

① 沈坤荣、马俊，"中国经济增长的'俱乐部收敛'特征及其成因研究"，《经济研究》，2002年第1期；周庆行、高倩、丁从明，"中国经济增长的'俱乐部收敛'现象分析"，《生产力研究》，2006年第8期。

② 李晶、汤琼峰，"中国劳动力流动与区域经济收敛的实证研究"，《经济评论》，2006年第3期。

③ 王德、朱玮、叶辉，"1985—2000年我国人口迁移对区域经济差异的均衡作用研究"，《人口与经济》，2003年第6期。

④ 张永良，"人口城镇化与我国农村劳动力转移分析"，《农业经济》，2004年第2期。

(一)当前人口城镇化发展现状

如前所述,自20世纪80年代以来,我国区域人口流动现象异常活跃,与此同时,近些年来我国城镇化水平也在逐年提高,如图3-6所示。根据2000年人口普查结果显示,中国城镇化水平已经达到36.22%,到2005年1%人口抽样调查时,该指标大幅攀升至42.99%,2010年则上升到49.68%,这预示着城镇化水平随着年份不断升高。但是值得关注的是地区之间城镇化水平极度不平衡,从图3-7中不难看出,第一类地区和第二类地区的城镇化水平超过了全国42.99%的平均水平,尤其是第一类地区,城镇化水平高达86.54%,而第三类地区的城镇化水平却仅为36.38%,低于全国平均水平。同时,我们通过图3-8可以发现,在第二、三类地区内部,各自城镇化水平也很不平衡。在第二类地区中,城镇化水平较高的天津和广东,城镇化水平分别达到75.11%和60.68%,而城镇化水平较低的河北和河南,城镇化水平则分别为37.69%和30.65%,城镇化水平最高的天津和城镇化水平最低的河南相差了整整44.46%。在第三类地区内部也出现了类似的情况,城镇化水平最高的吉林和城镇化水平最低的西藏相差了25.87%。

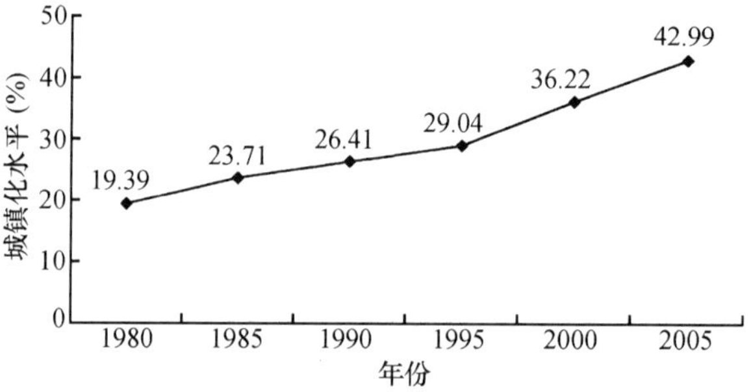

图3-6 改革开放以来历年城镇化水平变化

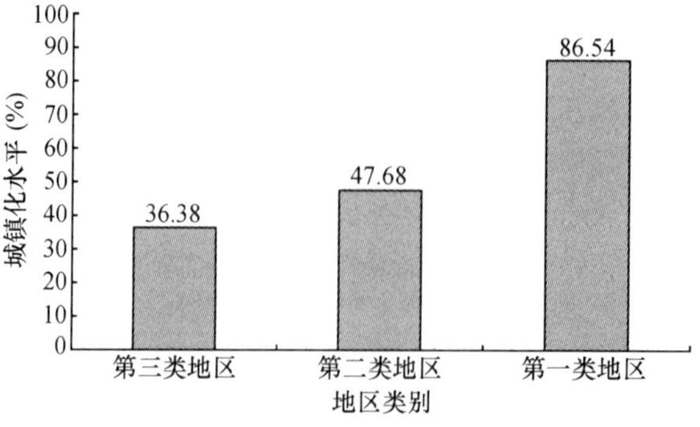

图3-7 三类地区城镇化水平

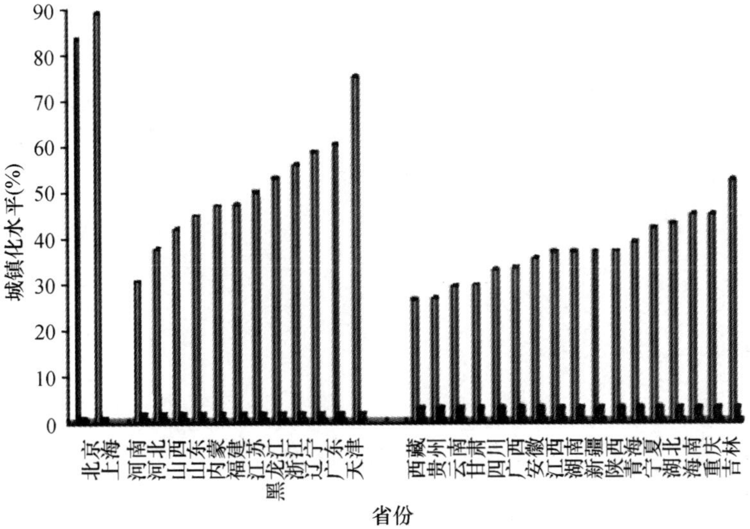

图 3-8　各类别内分省份城镇化水平

（二）当前经济密度格局

众所周知，经济密度是检验土地利用率的重要指标，它反映单位土地面积的总产出，其值等于 GDP/土地总面积。当前我国经济密度呈现出严重的不均衡现象，全国平均水平为 205.9144 亿元/km^2，但是经济密度最高的上海高达 14 303.41 亿元/km^2，而经济密度最低的西藏却仅有 2.05 亿元/km^2。如图 3-9 所示，全国三类地区之间的经济密度也存在很大差异。第一类地区的平均经济密度为 6 914.0043 亿元/km^2，远远高于第二类地区的 421.7831 亿元/km^2 和第三类地区 85.53324 亿元/km^2 的水平，而且第三类地区还远远低于全国的平均

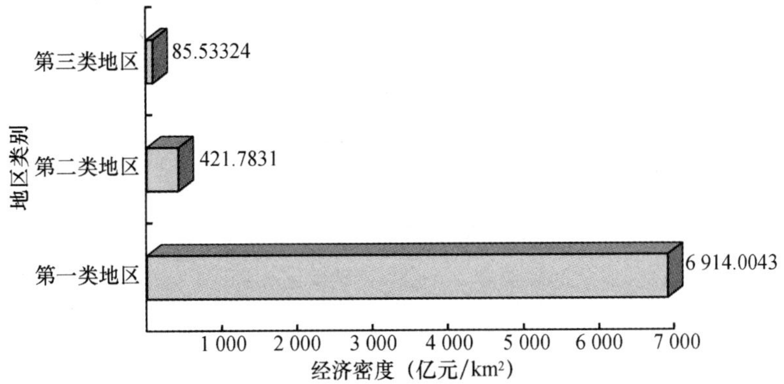

图 3-9　三类地区经济密度比较

水平 205.9144 亿元/km^2。同样地,在各类地区内部经济密度也呈现出非均衡化分布,如图 3-10 所示。在第一类地区中,上海的经济密度为北京的 3.49 倍;在第二类地区中,天津的经济密度最高,为 3 107.24 亿元/km^2,比经济密度最低的内蒙古(32.93 亿元/km^2)高出了 94.36 倍;在第三类地区中,经济密度最高的安徽(413.47 亿元/km^2)比经济密度最低的西藏(2.05 km^2)高出了整整 201.69 倍。

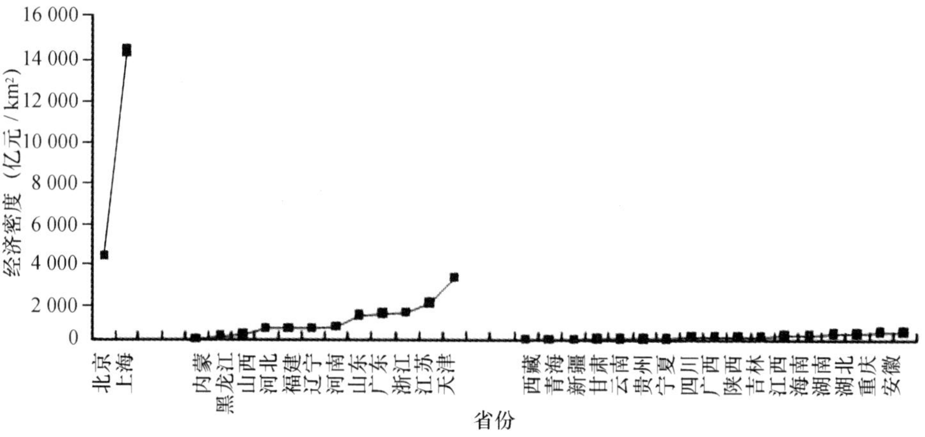

图 3-10　各类别内部分省份经济密度图

四、城镇化、人口流动和经济密度的相关分析

正如上文指出的那样,三类地区的划分是依据经济指标和人口流动指标进行聚类分析得到的结果,而且从前面数据分析的结果可以看出,虽然人口城镇化历年数据变动趋势和人口流动数据以及经济发展数据的变动模式存在一定的区别,即主要是 1990 年以后人口城镇化指标并未像其他两类数据那样呈现急剧增长之势,但是还是可以从中发现它与其他两类指标较为一致的变动趋势。那么到底人口流动、经济发展水平和城镇化水平之间是否存在相关关系呢? 为此建立如表 3-10 所示的相关关系模型。

表 3-10　人口城镇化、人口流动、经济密度相关分析表

	经济密度	城镇化水平	流动人口比重
经济密度	1		
城镇化水平	0.736**	1	
流动人口比重	0.643**	0.698**	1

相关分析结果表明，在1%的显著性水平上，无论经济密度还是流动人口在地区总人口中所占的比重变量，都与城镇化水平变量存在显著线性相关关系。其中经济密度与城镇化水平相关度高达0.736，流动人口在地区总人口中的比重与城镇化水平相关度也达到了0.643。一方面，一般来说由于传统农业具有分散性、单位土地产出比较优势不突出等特点，决定了以传统农业为主的土地经济密度会偏低。这里的城镇化水平虽然反映的是人口的城镇化水平，但是它也在很大程度上反映着非农产业的比重。而非农产业的密集性、投入产出优势明显等特点决定了以经营非农产业为主的土地上的经济密度会偏高。另一方面，就流动人口占地区总人口的比重和人口城镇化的水平来看，如前所述，当前的流动大军主要是从农村流向城市。无论是农村劳动力最初的"离土不离乡"的就地转移模式，还是后来的"离土又离乡"的异地转移模式，都体现了农村富余劳动力逐步城镇化的过程。虽然在当前的户籍制度限制下多数农民采取的是一种循环式流动，农村劳动力转移不彻底，回流现象严重①，但是农村人口流动仍然是城镇人口增加的主要原因，2001—2005年这种贡献率分别达到：59.04%、61.55%、64.23%、60.09%、60.19%②。而且农民进城后无论思想观念还是生活方式等都受到城市生活的极大冲击，他们大多时间都生活在城市里，打破了原来的乡土习俗，适应着城市的生活方式和规则习俗，在这个过程中开拓了眼界，增长了知识，享受着城市相对于农村而言高度发达的精神文明生活，所以就实质来说，他们就是现实的城市人。并且这部分人如果回流到农村，也会对农村其他民众产生影响，所以有理由相信有了这部分人的存在，农村城镇化的速度也会加快。而且表3-10相关分析的结果也表明了人口流动和人口城镇化之间的密切关系。从中获得的主要启示是：

首先，就一般意义而言，城市土地、资本、技术、劳动力的产出效率要远远高于农村，经济发达地区的产出效率更是远远高于经济欠发达地区。而且城市和经济相对发达地区的劳动力资本聚集程度也要远远高于农村和经济相对不发达地区。由于能够参与流动的劳动力都是相对具备更高人力资本水平的劳动力，所以在适度水平上，流动人口参与到流入地的发展和建设之中，既增长了劳动力供给的数量，又提高了劳动力供给的质量，提高了劳动力供给水平，改变着劳动力市场的供求关系，使劳动力成本维持在一个较为合理或者相对较低的水平上，减少了经济增长过程中的劳动力成本的支出，从而产生由于人口流动而导致的劳动力对于经济增长的"积聚效应"和"规模效率"。而人口流入城市成

---

① 李强，"影响中国城乡流动人口的推力与拉力因素分析"，《中国社会科学》，2003年第1期。

② 骆祚炎，"城镇化进程中的人口流动与城镇新增贫困人口问题分析"，《人口与经济》，2007年第4期。

为城镇人口正是这种聚集和规模的集中体现，而且城镇化水平的提高反映了劳动力聚集的同时，也反映了单位土地产出的增长，因为单位土地和资本上的劳动力在城市创造的单位时间价值本身就要远远高于在农村的价值。就一般意义而言，劳动力流入城镇的过程，劳动力自身也在不断接收着更多的先进理念和先进知识，进一步提高了劳动力素质，增加了劳动力的产出比例，这也同时进一步放大了由于人口流入城镇而产生的规模和积聚效应。

其次，虽然由于积聚效应和规模效率的存在，目前人口流动、城镇化、经济增长之间存在较高的相关关系，而且我们有理由相信人口流动加速了城镇化水平，更进一步地由于积聚效应和规模效率的存在而提高了区域经济增长效率。但是仍然不可忽视反向问题的存在，即"规模不经济"现象的出现。如果流动人口大量聚集于某个地区，并且超过了"适度"水平，那么由于劳动力的过度消费，必然会减少当地的积累资金，从而销蚀由于聚集和规模产生的效率和产出。而且当劳动力数量供给过多，尤其远远超过区域环境、经济、社会发展容限度的情况下，社会治理压力也随着人口的过度增长而急速增加，这迫使政府不得不拿出更多的发展成果来应对人口流动和城镇化建设中的问题，而对于在一定时期内发展成果有限的区域，必然会影响下一步的经济投入规划。

所以，对于人口流动、城镇化和区域经济增长的问题，不仅要关注到积聚效应和规模效率所导致的产出水平的提高，也更要放眼长远，不可忽视流动人口和城镇化水平的"适度"，避免"规模不经济"现象的出现。从这个意义上来讲，创新功能区建设，引导人口合理流动，增加区域经济的一体化水平，实现区域之间的均衡发展，不断培育新的经济增长点具有非常重要的意义。

五、人口分布与经济发展的协调性

自20世纪80年代中后期以来，伴随着诸如环境破坏、能源危机、地区间贫富差距拉大等一系列人类发展困境的凸显，人类社会开始反思自己的发展思路，开始试图挣脱旧发展观的束缚，追求经济协调发展的思路已深入人心。然而协调发展表示什么？综合学界的研究思路，本研究比较倾向于以下观点：区域经济协调发展包含两个方面，一是区域之间各个经济体之间的协调发展，即区域间相互开放、经济交往日益密切、区域分工趋于合理，既保持区域经济整体高效增长，又把区域之间的经济发展差距控制在合理、适度的范围内并逐渐收敛，达到区域之间经济发展的正向促进、良性互动的状态和过程[①]。但是这种协

① 彭荣胜，"区域经济协调发展内含的新见解"，《学术交流》，2009年第3期。

调并非代表经济体之间的绝对平均，我们并不排斥竞争，而是鼓励有序竞争，并主要通过市场体制的完善来保持区域之间的相对均衡，它是基于社会分工上的，其发展方向是区域的一体化①。二是基于系统发展观来看，区域经济协调发展也包括经济子系统和其他诸如环境资源、人民生活、科教文卫等多个子系统之间的协调。在这个层面尤其要注意经济增长和经济发展之间的关系，增长是发展的基础保障，但是如果经济增长导致了结构的失衡或者人类生存质量的下降，则这样的增长是发展的倒退②。

（一）区域经济发展协调性分析

如上所述，本研究考察的区域经济协调发展是把经济子系统放到一个包括经济、社会、资源环境于一体的大系统中进行考虑，这里的经济发展包括经济布局、资源环境、人民生活、科教文卫等方面的全面进步和发展。如果把经济增长看作是“量”的话，那么经济发展变量组表示的则是“质”。基于以上考虑和数据可得性，本文选择如下变量进行考察。第一，地区经济增长变量组，包括全社会固定资产投资、人均地区生产总值、地区生产总值、地区财政收入。第二，经济发展变量组。其中包括① 环境变量：单位地区生产总值能耗（等价值）、单位地区生产总值电耗（等价值）；② 产业结构变量：第二产业比重、第三产业比重；③ 人民生活水平变量：居民消费水平、城镇居民可支配收入、农村居民纯收入、职工平均工资、农村居民家庭恩格尔系数、城镇居民家庭恩格尔系数；④ 科教文卫变量：技术市场成交额、每百人拥有卫生机构人员数、每百人拥有城镇社区服务设施和便民及其利民服务网点数、预期寿命、文盲率③。同时本文所要观测的协调度指标包括两个层面的三个指标：第一个层面是经济增长指标和经济发展指标，第二个层面是包括经济增长和经济发展在内的综合指标。由于每个指标都涉及一个变量组，所以为了研究需要首先进行因子分析。三类指标因子分析结果如下所示。

首先看经济增长指标。进行巴特利特球度检验，把变量的相关系数矩阵和相应的单位矩阵进行比较，得到该值为 82.801，显著性水平 sig = 0.00，说明变量通过了检验，适合做因子分析。从表 3-11 分析结果来看，经过因子分析析出了两个有效因子，共解释了原变量组所有变量 86.77% 的变化。

---

① 杨保军，“区域协调发展析论”，《规划研究》，2004 年第 5 期。

② 孙云霞、刘银仓，“我国经济增长与经济发展的协调性评价研究”，《产业与科技论坛》，2009 年第 2 期。

③ 汪波、方丽，“区域经济发展的协调度评价实证分析”，《中国地质大学学报》，2004 年第 6 期。

表 3-11　经济增长变量组因子分析

	特征值	方差贡献(%)	累计方差贡献(%)
第一因子	2.45	61.25	61.25
第二因子	1.02	25.52	86.77

其次看经济发展指标。进行巴特利特球度检验,得到该值为 558.046,sig = 0.00,所以该组变量适合做因子分析。从表 3-12 分析结果可知,因子分析产生了三个有效因子,共解释了原变量组所有变量 80.62% 的变化。

表 3-12　经济发展变量组因子分析

	特征值	方差贡献(%)	累计方差贡献(%)
第一因子	7.50	50.02	50.02
第二因子	2.47	16.47	66.50
第三因子	2.12	14.12	80.62

最后看综合指标。进行巴特利特球度检验,得到该值为 784.344,sig = 0.00,说明该变量组适合做因子分析。从表 3-13 分析结果可知,因子分析产生了三个有效因子,共解释了原变量组 78.30% 的变化。

表 3-13　综合指标变量组因子分析

	特征值	方差贡献(%)	累计方差贡献(%)
第一因子	9.80	51.58	51.58
第二因子	2.72	14.33	65.91
第三因子	2.36	12.40	78.30

为了分析需要,对于每个指标所对应的因子进行加权平均。其中计算方法为:$I_m = \frac{\sum_{i=1}^{n} x_i w_i}{\sum_{i=1}^{n} w_i}$,其中 I_m 分别代表经过转换后最终的经济增长指标 I_1、经济发展指标 I_2 和综合指标 I_3。x_i 则代表每个指标中所包含的第 i 个因子,w_i 为第 i 个因子对于原始变量组的方差贡献率。经过这样的计算后,经济增长指标、经济发展指标和综合指标各自都能用一个变量来表示。

根据以上结果得出各个地区的经济增长、经济发展、综合指标的分布图,如图 3-11 所示。

由上述数据可知,三类地区之间无论在经济增长指标、经济发展指标,还是在综合指标上都存在很大的差异。很明显,第一类地区在三个指标上的水平都

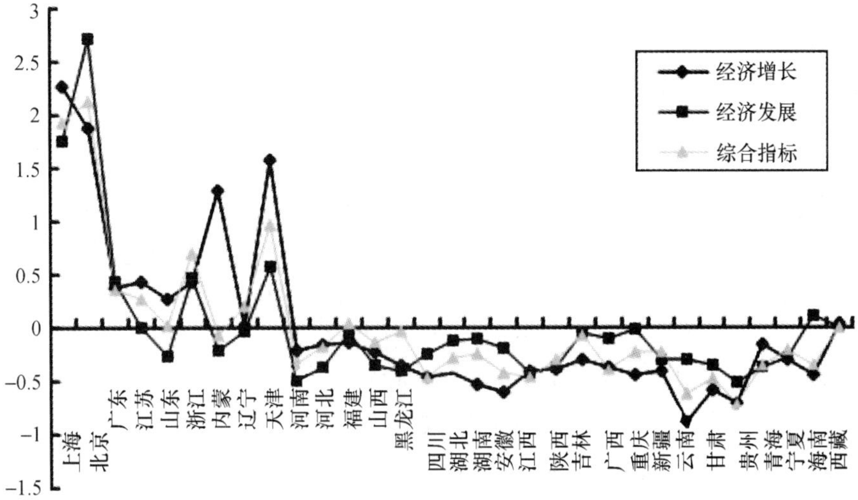

图 3-11　地区发展曲线图

要远远高于第二类地区；第二类地区内部在三类指标上的省际差距较大；第三类地区和第一类地区虽然一个处于三类指标的低处，一个处于高处，但是相比第二类地区而言，它们的一个共同点是各自内部省份之间的差距相对较小。

为了更加科学地表示地区之间的经济发展协调度，建立协调度指标 $c = 1 - \frac{\sigma}{\bar{T}}$。其中，$c$ 为协调度，该数值越小表明协调度越差，地区之间差距越大。σ 为对应变量的标准差，$\bar{T}$ 为对应变量的平均数。在此之前为了简化数据，把数据映射到[0,1]范围内，在不破坏数据结构基础上对数据进行归一化处理，所用方法为 $T = \frac{(Y - Y_{\min})}{(Y_{\max} - Y_{\min})}$。其中 T 为数据归一化之后的新变量，Y 为原变量，$Y_{\max}$ 为相应原变量的最大值，$Y_{\min}$ 为相应原变量的最小值。

经过上述运算，得到如下结果，如表 3-14 所示。

表 3-14　三类地区经济发展协调度

	第一类地区	第二类地区	第三类地区	全国
经济增长	0.91	0.48	0.55	0.15
经济发展	0.75	0.17	0.40	0.33
综合指标	0.95	0.56	0.54	0.08

首先，就经济增长指标来看，全国范围内协调度为 0.15，远远小于 0.5，说明省份之间经济发展不协调的现象非常严重。再来看三类地区内部的协调度，第一类地区为 0.91，第二类地区为 0.48，第三类地区为 0.55，说明第一类地区

内部协调性最好,其次第三类地区内部协调性也比较好,内部协调性最差的为第二类地区。但是同时还可以发现,第一类地区和第三类地区的内部协调性都超过了0.5。与此同时,对比全国经济增长协调度,可以发现地区内部协调性要远远高于全国的平均水平。这说明当前各个省份之间的不协调更多地来自于不同地区类别,而同类地区内部协调性相对较好。

其次,就经济发展指标而言,其协调度为0.33,这个数值要高于经济增长协调度,说明当前我国各个省份之间在经济发展的质量方面的协调性要好于经济增长的数量方面的协调性。而三类地区在该指标上的内部协调度分别为0.75、0.17和0.40,这首先说明第一类地区内部协调性较好,但是第二类和第三类地区内部协调性却相对较差,都小于0.5。同时,各个地区在该指标上的内部协调性均低于在经济增长指标上的协调性,这和全国层面这两个指标之间的关系正好相反,这进一步说明,各个省份在经济发展指标上的差异是处于完全离散的状态的。

最后,就综合指标来看,全国层面该指标的协调度为0.08,远远低于0.5,说明我国当前经济综合发展协调性较差。三类地区在该指标上的协调性相对较好,其协调度都大于0.5,分别为0.95、0.56和0.54,和全国较低的协调度水平做进一步对比后不难发现,当前我国经济综合发展的不协调主要来自于不同类别地区之间的不协调,而同类地区内部的协调性相对较好。

(二)区域经济协调发展视角下的人口分布和人口流动

1. 选择综合指标作为协调分析基点的初衷考虑

人作为劳动能力的载体,无疑和区域经济发展有着密切联系。区域之间发展的不同程度,即上文的综合指标无疑是区域发展的结果变量之一,是各种资源作用在各个区域之后所产生的效果,所以它的不同水平能够切实反映区域之间的发展差异。而且由于综合指标是把经济增长融入到了经济、社会、人民生活、科教文卫、资源环境等这个大的发展系统中得到的,所以通过讨论人口分布与这个指标的关系,实际上也是在讨论人口与经济、社会、环境资源、科教文卫等这个大系统的关系,也是在讨论人口与这些指标的协调性。

2. 区域经济协调发展与人口分布和流动因素的关系探讨

结合本研究的重点,这里的人口分布变量采用人口密度、人口城镇化水平、流动人口占地区总人口的比重、流入人口占地区总人口的比重、省际流入人口占地区总人口的比重、流动人口参与度、流动人口平均受教育年限。人口密度和城镇化变量对综合指标进行相关分析的结果如表3-15所示。

表 3-15　人口密度、城镇化和综合指标的相关分析

	人口密度	城镇化
相关系数	0.77	0.95
Sig.	0.00	0.00

就相关分析结果来看，在5%的显著性标准下，人口密度和城镇化水平变量对于综合指标都具有较高的相关度，其中城镇化水平对地区综合指标的相关系数为0.95，人口密度对于地区综合指标的相关系数为0.77。

由于人口分布变量中人口密度和城镇化水平变量对于综合指标都具有较高的相关性，因此在讨论人口流动与综合指标的相关关系时，将人口密度和城镇化指标作为控制变量纳入下一步偏相关分析模型中，偏相关分析结果如表3-16所示。

表 3-16　人口流动和综合指标的偏相关分析

	流动人口	流入人口	省际流入	参与度	受教育年限
相关系数	0.39	0.48	0.59	-0.19	-0.07
Sig.	0.04	0.01	0.00	0.35	0.73

就偏相关分析结果来看，人口流动和区域发展综合指标之间存在一定的相关关系。同时由于是偏相关关系，所以这里的相关系数是控制了人口分布中对于综合指标相关关系较大的人口密度和城镇化水平之后的净相关关系。

其中，在5%的显著性标准下，流动人口在地区总人口中的比重、流入人口在地区总人口中的比重、省际流入人口在地区总人口中的比重指标都对区域发展综合指标表现出了显著的相关关系。其中，省际流入人口对于地区发展综合指标的相关关系最大，相关系数为0.59。而包括流出人口在内的流动人口变量，以及包括省内流入人口在内的流入人口变量和地区发展综合指标的相关关系却相对较弱。这种结果在理论上也是可以解释的。这在一定程度上说明了流动人口尤其省际流入人口对于地区发展综合指标的贡献要大于省内流入人口和流出人口，这在前面的分析中已经得到了验证。而且省际流入人口对于流入省份而言所获得的是纯收益，因为这部分人口的人力资本投资主要是在流出地完成的，他们的到来基本上可以认为是流入地用几乎为零的成本来填补自身发展过程中的劳动力不足的情况。

第四章　经济结构调整与劳动力供需变动分析*

一、产业升级与劳动力转移一般规律性分析

(一) 产业升级与劳动力转移的理论基础概述

综观世界各国的经济发展过程,经济增长一直与产业结构变化密切相关。一方面,正是劳动力由农业转向非农业、由农村迁向城市的逐步优化、高效配置,推动了产业结构调整,从而加快了一个国家经济快速发展。另一方面,一个国家的经济发展状况也会通过影响产业结构进而影响就业结构。因此,产业结构变化的特征和规律与就业结构密切相关。综合而言,国外关于产业就业关系的研究已有300多年的历史。

1. 配第—克拉克定理

早在17世纪,英国经济学家威廉·配第就预见了先导工业化国家的就业结构由于收入差异而导致劳动力转移的方向是由第一产业依次向第二、第三产业转移的趋势。1940年,英国经济学家克拉克在其著作《经济进步的条件》中,不仅对三次产业进行了详尽的划分,还运用三次产业分类法研究了经济发展和产业结构变化之间的关系和规律,考察了劳动力在各产业中的分布状况以及随着经济发展而发生的变化。克拉克整理了若干国家按照年代推移的劳动力的产业转移资料,得出了这样的结论:随着经济的发展、人均国民收入水平的提高,各国劳动力首先由第一产业向第二产业转移,当人均

---

* 本章由陆杰华、薛伟玲、胡雯执笔。朱善利对该章结构作了调整。

收入水平进一步提高时,劳动力便向第三产业转移。劳动力在各产业间的变化趋势是:第一产业逐步减少,第二、第三产业逐步增加。这是所有国家在经济发展过程中最具一般性的规律。这一发现被称为“配第—克拉克定理”。劳动力在产业间的转移,其原因是经济发展过程中各产业之间出现收入的相对差异。

2. 库兹涅茨对“配第—克拉克定理”的延伸

库兹涅茨在继承克拉克研究成果的基础上,从劳动结构和部门产值结构两个方面对人均产值与结构变动的关系作了更为系统的考察。他收集和整理了几十个国家在相当长时期的数据,从国民收入和劳动力的产业分布两个方面,对产业结构的变化作了进一步探讨。库兹涅茨认为:农业劳动力在全部劳动力中的比重和农业部门在总产值中的比重都出现了明显的下降且幅度相当;工业部门产值占总产值的比重出现了明显的上升,而其劳动力的比重仅略有上升;服务部门占劳动力比重的绝对上升或相对上升显著地高于其占总产值比重的上升。这是因为,工业化到达一定阶段以后,工业自动化趋势吸纳的劳动力会逐步减少,而服务业劳动力比重上升的幅度大于产值比重上升的幅度,体现出对劳动力较强的吸附能力,第三产业成为劳动力的蓄水池(库兹涅茨,1999)。

3. 钱纳里—塞尔昆的就业结构转换滞后理论

钱纳里使用库兹涅茨的统计方法,处理了101个国家在1950—1970年间的统计资料后,得出产业结构变动的“国际标准结构”。他们认为在发展中国家就业结构的转变要滞后于产业结构的转变,主要反映在现代部门产值相对于传统农业部门非常得高,而就业人数又显得偏低。其原因在于两方面:一方面,由于发展中国家面临着越来越多节约劳动的先进工业技术,现代工业部门创造产值的能力远高于创造就业机会的能力,特别是对人口众多的落后国家来说,就业结构的转换在初期必然是相当缓慢的;另一方面,工业产值比重高的部分原因在于发展中国家的价格结构,即工业品价格偏高、农产品价格偏低。因此,相比之下,就业结构变动指标比产值结构变动指标更能够真实地反映产业结构的实际变动状况(钱纳里和塞尔昆,1988)。

4. 刘易斯和拉尼斯-费的农村剩余劳动力流动模型

刘易斯认为发展中国家与发达国家的劳动力转移不同,在其代表作《劳动无限供给条件下的经济发展》一文中,他提出了用以解释发展中国家经济问题的理论模型——二元经济结构论。刘易斯认为,发展中国家经济的典型特征是具有二元结构——传统的农业部门和现代的工业部门。传统部门吸收了大量的劳动力,但是由于资本和土地的缺乏,存在大量的劳动生产率等于或小于零的剩余劳动力,使农村劳动力只能维持在生存收入的水平上。由于工业部门的工资水平高于农业部门的收入,只要现代部门的规模扩大,它就可以按照现行不变工资水平雇佣到所需的劳动力。随着资本积累的扩大,工业部门吸收的劳动力越来越多,直至农村剩余劳动力被吸收殆尽,这一时刻被称为刘易斯转折点。此后,农业的边际劳动生产率就会提高,农业劳动力的收入也会提高。同时工业部门的劳动力供给具有弹性,农业和工业的发展趋于均衡,这时二元经济就会变为一元经济(刘易斯,1994)。

其后出现的拉尼斯-费模型则继承了刘易斯的二元经济模型,并提出了发展二元经济的三阶段论。他们考虑了农业发展、技术进步、技术的要素偏向以及人口的自然增长等,从而形成了一个新的劳动力资源配置格局:日益扩大的劳动力需求不断吸纳由于劳动生产率的提高而产生的剩余劳动力,直至出现"刘易斯转折点"——农业劳动生产率提高的速度赶不上城市对劳动力的需求速度,此时二元经济消失。另外,他们还认为,发展中国家在提高劳动生产率方面,要多考虑本国资本短缺和劳动力丰裕的特点,选择资本节约型和劳动密集型的技术,吸收更多的劳动力就业(拉尼斯和费景汉,1961)。以上两个模型为我们提供了一条工业部门扩大投资吸收就业,同时农业提高劳动生产率,消除低效率就业,从而促进产业结构与就业结构共同发展的道路。

(二)产业升级对劳动力转移的影响路径

一个国家或地区由传统经济向现代化迈进的过程中,必然会出现产业结构的转化。随着劳动力在不同产业间的转移,劳动力在空间上也实现了转移,人口从农村向城市的不断迁移是产业结构不断演进的动力同时也是其结果。产业结构和就业结构的紧密关系是不言而喻的,前文的理论综述也充分说明了这一点。产业结构的状况会影响劳动者的就业选择,产业结构的升级也会带来劳动者人力资本投入的增加。

1. 产业升级对劳动力的转移规模和结构的影响

钱纳里利用基于一般均衡性质建立的结构变化模型,描述了经济增长过程中产业部门之间的相互依存关系,揭示了产业结构变化在经济发展中的重要作用。产业结构变动的主要表现是三次产业结构的变动和三次产业的内部升级。所以,经济发展可以被看作经济结构持续的一系列相互关联的变化(钱纳里,1991)。由于产业结构的不断演进,经济发展带来的人口规模的扩大并没有导致失业率危机的产生。在不同的经济发展阶段,各产业部门对劳动力的吸附发挥着不同的作用。

农业社会的生产活动主要以土地为依托,加之技术水平较低,产业发展以及就业总量在很大程度上取决于可用耕地的总量。当可利用的土地资源殆尽之时,剩余劳动力的安置就成为了问题。随着资本积累的增加,科学技术的进步，产业发展水平的不断提高，工业得到发展并且逐步扩张。很多剩余劳动力和农业劳动者逐渐转向工厂。此外，由于工业受土地制约较小，对土地的要求较低，它的发展催生了很多新兴行业，因此整个社会的就业量也增加很多，产业工人在就业者中逐渐占据了主导地位。随着经济的发展，产业结构的演进，新兴行业的规模不断扩大、水平不断提高，第三产业所占比重越来越高，劳动就业规模越来越大，既为农业和工业提供了配套的服务，使之进一步发展，同时也创造了大量的就业岗位。

与此同时，产业结构还在其他方面决定着就业结构：产业在空间上的布局，决定着劳动者就业的地理分布；当产业的城乡结构调整时，也要求劳动者的流动性大大提高。此外，各产业内部的行业分类也越来越细，各行业的兴衰与更替，也带动着劳动者就业结构的不断转换。

2. 产业升级对劳动力素质要求的变化

产业结构的演进不仅对劳动者就业的规模和结构有重要影响，同时还对劳动者提出了许多新的要求，各个发展阶段不同的产业结构，也决定了劳动者的素质结构。

生产活动比较简单的时期，劳动者不需要进行专门的技术培训，仅凭经验就可以从事劳动生产；到工业社会，社会化大生产要求劳动者具备一定的基本技能，同时随着教育的普及以及教育水平的提高，受过教育培训的劳动者占的比例逐渐加大；随着科技时代的来临，学历教育及技能培训更加普遍，各种具有专门技能、受过高等教育的劳动者越来越多，而不具有任何技能和本领的劳动者也越来越难以进入劳动力市场。可见，不同的产业结构，也决定了劳动者的不同的素质结构，因为劳动者只有满足了劳动力市场的需求、积极进行人力资本投资才能顺利就业。

（三）劳动力资源对产业升级的影响

作为生产要素不可缺少的劳动力，其数量、质量和相对价格是影响产业结构的重要因素。产业结构变化的核心问题之一是劳动生产率的变化，而就业结构则正是通过这两个变量作为传导机制，对产业结构调整构成了一定的推动作用。因此，劳动力资源的状况决定一个国家的产业发展路径选择；劳动力资源结构的调整影响产业升级的顺利进行。

1. 劳动力资源的状况决定一个国家的产业发展路径选择

产业的发展与一个国家的资源状况有密切的关系，拥有不同优势资源的国家所选择的产业发展道路是不同的。各个产业要进行生产并取得产出，就必须有一定生产要素的投入，劳动力是其中最基本的要素之一。从中国的产业发展道路可以看出，拥有丰富的劳动力资源而资本稀缺、技术落后的国家很可能会选择发展劳动密集型产业的道路。在与世界产业保持一体的发展过程中，中国以其高比重的第二产业成为"世界工厂"。如果一个国家资本相对丰裕，资本价格较低，那么生产者倾向于使用劳动节约型的技术，以形成对劳动力的替代。此外，劳动力的技术水平也会影响一国的产业发展选择。例如，印度的软件业举世闻名，就是因为有大量高科技人才存在。因此，每一经济体实际都存在一个相对比较优势部门，并沿着一条稳定增长的路径发展。

2. 劳动力资源结构的调整影响产业升级能否顺利进行

产业结构与劳动力质量之间存在着高度的正相关关系。就业结构是否顺应产业结构演进的规律、是否与产业结构调整的步伐一致，决定着产业结构的演进能否顺利进行。当产业的产值比例、地理分布、技术结构发生变化，而就业结构却由于种种原因而僵化不变时，产业结构的进一步优化必然会受阻。以第三产业内部结构变化为例，科技含量高的现代服务业的比重越来越高，而传统服务业的比重越来越低，如果有大量高素质的劳动力存在，则劳动力素质结构就能适应产业结构演进的需要，推动高技术行业的发展，从而推动产业结构的演进；相反，如果低素质的劳动力长期滞留于传统服务业，就会造成这些部门的劳动力过度膨胀而现代服务业部门劳动力不足，从而阻碍产业结构的升级。

从劳动力的素质来看，在资本存量既定的条件下，不同素质的社会劳动力有着不同的边际资本—产出比率。在劳动力素质较高的情况下，等量的资本可能会产出比原来预期更高的产量。产量提高可导致供给结构的变化，供给结构的变化又会促进产业结构的调整（钟坤明等，2003）。因此，就业结构随着产业结构的演进而不断调整，是产业结构调整的重要内容。

二、现阶段城乡产业结构变化与劳动力供需变动的主要特点

（一）现阶段产业升级对劳动力需求的影响

1. 现阶段城乡产业结构变化的特点

改革开放以前，我国基本上采取重工业优先发展的战略，加之财政、人力方面等政策的倾斜导致重工业的实际发展过早成熟，而其他产业的发展则非常薄弱。1978 年以来，随着经济走向市场竞争和国际贸易，国家对其他产业的限制逐渐取消，各种资源得以在各部门之间流动，使得我国的产业结构不断调整并渐趋合理。图 4-1 列出了改革开放以来我国三次产业的产值及比重的变化情况。

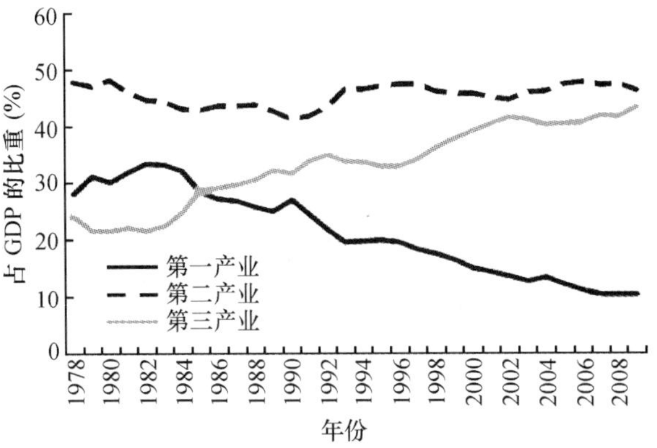

图 4-1　改革开放以来我国产业结构的变化

资料来源:《中国统计年鉴(2010)》,中国统计出版社,2010 年。

图 4-1 呈现了改革开放以来我国产业结构的动态变化情况。总的来说,三次产业结构变化的特点是:第一产业的产值所占比重不断下降,第二产业的产值所占比重变动不大,第三产业的产值所占比重呈不断上升态势。

通过数据分析及对实际的进一步观察,我们可以大致将中国产业变化分为两个时期。

第一个时期:改革开放至 20 世纪 90 年代初。第一产业比重一路下降,从 30% 的位置降至 25% 以下。第二产业和第三产业比重都呈上升趋势,但第二产业的变动相对温和。这一时期的第三产业比重增长迅速,涨幅在 10% 左右,体现出从指令性经济时代的高度压制条件下释放出来的强大爆发力。

第二个时期:20 世纪 90 年代初至现在。随着 90 年代初期社会主义市场经济建设大幕的拉开,经济迅速发展,产业结构进入相对前一阶段来说更为剧烈的变化时期。第一产业和第三产业的产值比重分别向不同的方向极速变动。第一产业从 1991 年 24% 的水平下滑到 2001 年年后的 14.1%,并进一步降至 2010 年的 10.2%。与此趋势相反的是,这一时期是工业发展的繁荣阶段。第二产业占国内生产总值份额在 5 年内上升了 5 个多百分点,从 1991 年的 42.1% 跃至 1995 年的 48%,并基本维持在 45% 以上的水平,至 2010 年占 46.8%。这一时期,第三产业的发展较为平稳和快速,80 年代末增长至 30% 以上,21 世纪初继续增至 40% 的水平。随着中国现代化进程的快速发展,中国已经不再是农业经济大国,而是以其第二产业的高份额成为"世界工厂",但其服务产业的发展明显滞后于制造业。

2. 现阶段城乡产业结构变化对劳动力规模和结构的要求

正如前文所述,产业结构和就业结构之间相互影响,产业结构的变化也带来了劳动力在各个产业中的规模和比例的变化,并且产业结构和就业结构存在着大致共同的结构变化模式。改革开放以来我国就业结构的变化如图4-2所示。

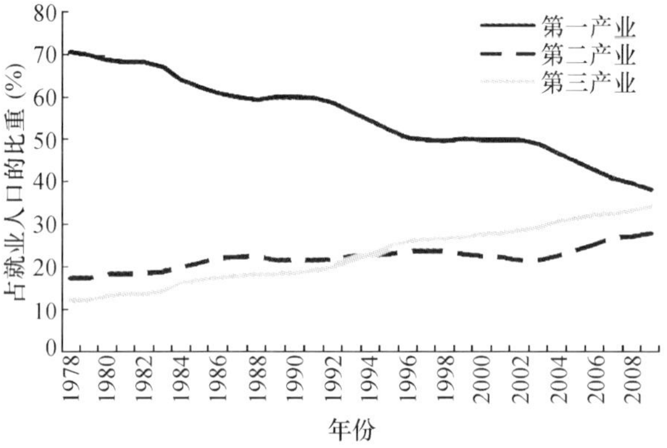

图4-2 改革开放以来我国就业结构的变化

资料来源:《中国统计年鉴(2010)》,中国统计出版社,2010年。

从图4-2可以看出,改革开放以来中国劳动力发展状况整体趋势是:从三大产业吸纳的就业人员比重来看,20世纪70年代末期,中国有70%的劳动力资源存在于农业部门,这既反映出当时中国经济很低的发展水平,也反映出中国二元体制的政策分割。20世纪80年代以来,农业部门就业比重开始下降,由1978年的70.5%下降到1990年的60.1%,进而降至2009年的38.1%,但农业部门的就业规模仍然很大;第二产业就业人数增长较快,由1978年的6 945万人增加至2009年的21 684万人,增加了两倍,就业人员比重从1978年的17.3%增加到2009年的27.8%;第三产业是就业人数和比重增加最多的部门,就业人数由1978年的4 890万人增加至2009年的26 603万人,增加了4倍多,就业人数比重从12.2%增加到34.1%。

下面我们将就业结构变化和产业结构变化放到经济发展的宏观背景中来考察。在图4-2中,我们可以从第一产业和第二产业两条线之间的距离观察到结构变化较快的三个时期,也就是两条线之间距离较小的三个时期。第一个变化时期发生在1983—1987年,随着20世纪80年代公社集体的解散和农业产量的增长,加之70年代末期开始的经济特区、沿海开放城市的发展,大量农民前往特区和沿海城市从事非农工作。这一时期第一产业就业人口明显下降而第二产业和第三产业均有增长。第二个变化时期,随着90年代市场经济建设的迅速发展,国家开始逐渐放开对农村剩余劳动力进城的限制,因此这一时期第一产业就业人口比例下降,工业和服务业就业人口比重上升,尤其是后者更为显著。第三个变化时期为2003年以后,2003年投资推动的经济加速增长时期也是结构转型加速的时期，农村剩余劳动力更多地涌入第二和第三产业，工业和服务业的就业人口比例的增加甚至高于前一时期。这一变动趋势延续至今并且更加明显。从业人员在三次产业中的比例从 1978 年的 70.5∶17.3∶12.2 调整到 2009 年的 38.1∶27.8∶34.1。

从以上分析中可以看出，尽管中国已不再是以传统农业经济为主的国家，农业总产值占国内生产总值的 10%，但中国仍有 38% 的劳动力存在于农村；同时第三产业的产值比重和就业比重均偏低，所以中国仍然站在现代经济的入口之外。

3. 现阶段城乡产业结构变化对劳动力素质的要求

产业结构变化对劳动力的要求，不仅仅是数量结构的变迁过程，更重要的是质量结构的优化过程。从产业结构与就业结构的演变规律来看，产业结构的升级要求资金和资源向技术密集型和资金密集型产业领域转移，这将最终导致劳动密集型行业的萎缩。同时，产业结构的升级对劳动力的教育程度和技能要求也越来越高。近几年部分城市以教育分组的劳动力需求情况如表 4-1 所示。

表 4-1　近几年部分城市以教育分组的劳动力需求情况

教育程度	2005 年			2007 年			2010 年		
	需求人数（人次）	需求比重（%）	与上年相比需求变化（%）	需求人数（人次）	需求比重（%）	与上年相比需求变化（%）	需求人数（人次）	需求比重（%）	与上年相比需求变化（%）
初中及以下	4 913 303	31.5	-1.4	1 021 468	24.8	-1.4	5 709 386	24.4	-2.4
高中	5 732 966	36.7	+0.6	1 626 861	39.5	-0.5	8 831 589	37.8	-0.5
大专	2 340 831	15.0	+0.6	653 598	15.9	-0.6	3 726 653	16.0	+1.3
大学	881 562	5.6	+1.5	301 375	7.3	+1.0	1 811 972	7.8	+1.0
硕士以上	43 955	0.3	0	14 964	0.4	0	83 469	0.4	+0.1
合计	1 697 983	10.9	-1.3	502 989	12.2	1.5	3 196 681	13.7	+0.7

资料来源：中国劳动力市场信息网监测中心，中国劳动力市场网。

（二）现阶段人口年龄结构、人力资本存量对劳动力供给的影响

1. 现阶段人口年龄结构对劳动力供给数量的影响

人口年龄结构的变动是影响劳动供给的一个重要因素，直接决定了劳动供给的数量。一个国家的人口年龄结构越年轻，即总人口中劳动年龄人口的比例越高，则劳动力资源相对越丰富，同时人口抚养比越低（包括少儿抚养比和老年抚养比），社会负担越小，从而更有利于经济发展。

图 4-3 呈现了我国当前的人口年龄结构状况，分为少儿人口（0—14 岁）、劳动年龄人口（15—64 岁）、老年人口（65 岁以上）三部分。其中既有让人欣喜之处，也有让人担忧的事实。欣喜之处在于从 20 世纪 90 年代以来到 2030 年之前

的年龄结构给中国经济提供了发展的良机,中国拥有人口年轻、抚养率低的优势,然而令人忧心之处在于好景不长。

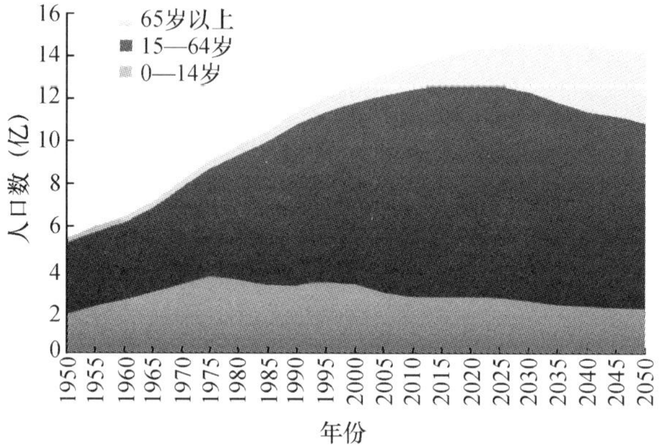

图 4-3 1950—2050 年人口年龄结构变化

资料来源:*World Population Prospects*: *The 2008 Revision*, United Nations Publications, 2008。

图 4-4 呈现了我国 1950—2050 年人口抚养比的变化及预测趋势。1990 年全国第四次人口普查时我国有 11.4 亿人,其中劳动年龄人口为 7.6 亿,占总人口的 2/3; 2000 年,15—64 岁之间的劳动人口占到了总人口的 67%,抚养率在 50%左右,使中国在人口年龄结构方面具有明显优势; 2005 年这两个数字分别为 62%和 44%,2015 年将为 64%和 41%。如图所示,中国 2010 年的抚养比将触底,之后的人口负担系数开始上升。中国有 21 世纪前 30 年的发展黄金期是由于 20 世纪 60 年代和 80 年代两个生育高峰期出生的人正好同时处于劳动年

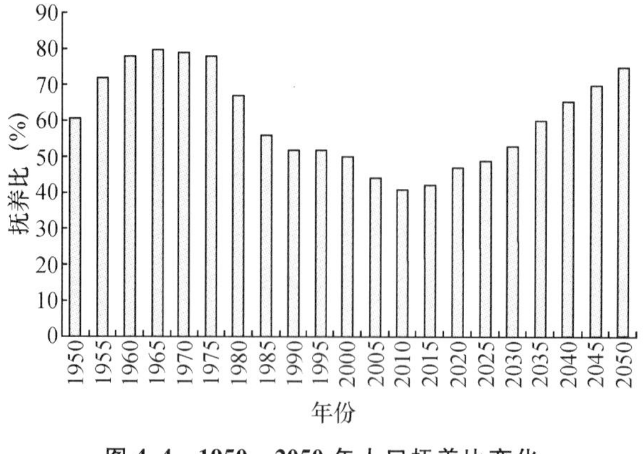

图 4-4 1950—2050 年人口抚养比变化

资料来源:*World Population Prospects*: *The 2008 Revision*, United Nations Publications, 2008。

龄段。我国1962—1970年期间的出生率在36.6‰左右，最高达到43.37‰，在这一生育高峰期出生的人，年龄一般在40—48岁之间。1981—1990年期间我国又一次出现生育高峰，平均出生率为21.5‰，这期间出生的人年龄一般在20—29岁，这两部分人都是现在社会经济发展中主要的劳动力。劳动年龄人口比重在2010年达到最高值后将会逐年下降，2025年将会下降到2000年的水平。尽管比例下降，但劳动力供给总量在今后20年的时间内仍会保持既有优势。

此外，值得注意的是，随着社会经济发展水平的提高，劳动力的平均受教育年限也在增加。完成一般技术培训和高中教育的平均年龄在18岁左右，高等职业技术教育和大学本科教育的平均年龄在22岁，因此15—24岁组劳动年龄人口中将有很大一部分不参与劳动力市场。如果不将这组纳入劳动力市场，那么2010年参与劳动力市场的劳动年龄人口仅占总人口的56%左右，而且这也意味着劳动年限将缩短。加之劳动力老化趋势，劳动力供给规模将不容乐观。

劳动力资源配置结构的调整是产业结构变动和升级的催化剂，是推动经济发展的重要动力。每年有大规模的农村人口转移到城市，成为劳动力市场不可或缺的组成部分，同时也大大影响了城镇劳动力的年龄结构。2000年全部城镇人口的平均年龄为35.82岁，农村劳动力移民的平均年龄为29岁，2005年的两个数字为38.33岁和30.5岁。以人口迁入大省——广东省为例，图4-5展示了广东省户籍人口和流动人口的年龄金字塔结构。广东省外来流动人口年龄多集中在20—30岁，极大地改善了当地的年龄结构。由此不难看出，这些年轻的移民已成为这个省劳动力队伍的主力军。

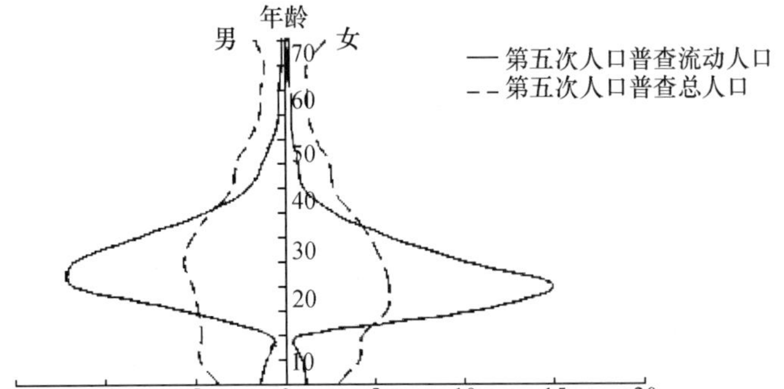

图4-5　广东省户籍人口和流动人口的年龄金字塔（单位：%）

资料来源：欧广源、雷于蓝，《广东人口发展战略研究》，中国人口出版社，2006年。

对于上海这个高龄化的城市来说，转移劳动力的作用就更不可或缺。随着社会经济的发展，上海平均预期寿命延长，同时生育率处于低水平，因此户籍人口已呈现底部少子化和顶部高龄化的双重压力。外来流动人口的大量迁入延缓了上海人口高龄化速度,流动人口中的劳动年龄人口占 86.3%(60 岁以上人口仅为 1.4%)。这在很大程度上改善了上海劳动力的年龄结构,减轻了社会抚养负担,延长了人口红利期,促进了产业结构的调整。据一些学者研究估算,1980—1990 年间,外来劳动力对城市从业劳动力增长和 GDP 的贡献率分别为 37.7% 和 2.7%,1990—2000 年间更是增加到了 83.9% 和 5.3%(王桂新和戴贤晖,2005)。

2. 现阶段人力资本存量对劳动力素质的影响

人口年龄结构的变动不仅影响劳动力供给的数量规模,还将影响劳动力的素质。由图 4-3 可以看出,0—14 岁组占总人口的比重处于持续下降的趋势,15 岁之前恰好是接受义务教育的时期。这也就意味着,在教育资源投入增长保持不变的情况下,中国义务教育阶段的人口比例将持续下降,普及义务教育的压力将逐年得到缓解(蔡昉等,2005),发展高中和职业教育的可能性将会提高。在劳动力供给逐渐减少和老化的趋势下,提高劳动力素质是改善劳动力供给状况的重要内容。另一方面,随着经济和社会的发展,作为个体的劳动者也越来越意识到受教育的重要性,并在一定条件下增加人力资本的投资。从表 4-2、表 4-3、表 4-4 中可以看到劳动力受教育程度变化的情况。表 4-2 呈现的是 20 世纪 90 年代末以来,各教育程度的就业者占全国总就业人员比例的变化趋势;表 4-3 呈现的是全国部分城市以教育分组的劳动力供给情况;表 4-4 则呈现的是农村劳动人口受教育程度构成的变化情况。

表 4-2 全国就业人员的教育构成 (单位:%)

年份	小学	初中	高中	大专	本科	硕士以上
1996	35.3	37.5	11.3	2.8	—	—
2001	30.9	42.3	13.5	4.1	1.4	0.1
2005	29.2	44.1	12.1	4.5	2.1	0.2
2009	27.4	47.7	12.7	4.4	2.3	0.2

资料来源:《中国统计年鉴》,中国统计出版社,1996—2010 年。

表 4-3 近几年部分城市以教育分组的劳动力供给情况

教育程度	2005 年			2007 年			2010 年		
	供给人数(人次)	供给比重(%)	与上年相比供给变化(%)	供给人数(人次)	供给比重(%)	与上年相比供给变化(%)	供给人数(人次)	供给比重(%)	与上年相比供给变化(%)
初中及以下	5 354 148	32.8	-2.9	1 122 924	26.6	-1.3	5 940 567	25.6	-2.4
高中	6 837 250	41.9	+0.4	1 852 570	43.9	+0.4	9 322 656	40.2	-2.1
大专	3 020 949	18.5	+1.4	867 423	20.6	+0.6	4 991 549	21.5	+2.1
大学	1 053 873	6.5	+1.1	365 094	8.7	+1.4	2 800 173	12.1	+2.3
硕士以上	50 931	0.3	0.1	10 442	0.3	0	115 021	0.5	+0.1
合计	16 317 151	100.0	/	4 218 453	100	/	23 169 966	100.0	/

资料来源:中国劳动力市场信息网监测中心,中国劳动力市场网。

表 4-4　农村劳动人口的教育构成　（单位:%）

教育水平	小学	初中	高中	大专及以上
1990 年	38.86	32.84	7.47	0.10
1995 年	36.62	40.10	9.57	0.24
2000 年	32.22	48.07	11.14	0.48
2005 年	27.23	52.22	12.62	1.06

资料来源:国家统计局人口与就业统计司,《中国劳动统计年鉴(2009)》。

从表 4-2 择取的 4 年的数据中可以看出,一方面,近十几年来我国在普及义务教育方面收到了较好的效果,其中初中部分比例增长明显。这点从表 4-4 中的数据得到更明显的体现,1990—2005 年期间,初中劳动人口比例增加了 20%,2005 年新生代农民同一指标已超过半数。另一方面,高等教育得到重视,进入 21 世纪以来,大专及以上部分的增加显著。在部分城市劳动力市场中,初中及以下学历的劳动者每年以 2% 的速度递减,而大专及以上学历的劳动者每年以 2% 以上的速度递增,2010 年的增长率更是达到了 4% 以上。由此可见,我国劳动力素质在不断提高。

此外,从表 4-2 和表 4-3 数字的对比中可以看出,近几年全国初中及以下教育程度劳动者仍占全国劳动力市场的 2/3,但是在城市劳动力市场中的比重不到 1/3,且仍呈递减趋势;大专及以上学历劳动者仅占全国劳动力市场的 7%,但在城市劳动力市场中的比重在 2005 年为 25%,在 2010 年超过 34%,且这一数字仍在上升。从表 4-2 和表 4-4 中的数字来看,21 世纪初期,全国大专及以上学历劳动者比例为 5.6%,而农村劳动力中的这一比例仅为 0.48%,2005 年全国的数字为 6.8%,农村仅为 1.6%。而与此密切相关的事实是,农村劳动力是我国劳动力队伍中的不可或缺的部分。

(三)现阶段城乡产业结构变化与劳动力供需变动的偏离

多年来,中国经济的发展举世瞩目,一直保持了较高的增长率,但近十几年在促进就业方面却并不十分理想。在了解了三次产业对劳动力的需求结构和劳动力在规模和质量上的供给状况之后, 我们可以看出,现阶段城乡产业结构变化与劳动力供需变动在数量上存在非均衡性,在质量上存在着结构性矛盾。

1. 现阶段城乡产业结构变化与劳动力供需变动在数量上的非均衡性

劳动力市场的结构性矛盾体现在诸多方面,既有城乡、地区等宏观结构上的问题,也有性别、年龄等人口特征分布的问题。本文将重点关注产业结构变化与劳动力供需变动的非均衡性,二者之间的矛盾将影响到经济发展的顺利进行。我们将从就业弹性、比较劳动生产率和结构偏离度来看现阶段城乡产业结构变化与劳动力供需变动在数量上的非均衡性。

改革开放初期,中国经济的快速增长为劳动就业提供了大量就业机会,20世纪80年代经济增长对就业增长的拉动较大,但90年代以来这种拉动作用逐步减小。就业增长率与GDP增长率之比称为就业弹性,即GDP每增长一个百分点所带来的就业增长比例,这一指标常被用来衡量经济增长对就业增长的贡献。从表4-5三次产业的就业弹性变化中可以看到各产业吸纳就业的能力差异。

表 4-5 改革开放以来我国三次产业的就业弹性变化

年份	第一产业	第二产业	第三产业
1979	0.18	0.47	0.74
1980	-1.14	0.50	1.14
1981	0.32	2.02	0.72
1982	0.32	0.77	0.19
1983	0.11	0.38	0.56
1984	-0.07	0.72	0.89
1985	0.47	0.45	0.44
1986	0.12	0.79	0.45
1987	0.28	0.33	0.46
1988	0.74	0.25	0.43
1989	0.98	-0.38	0.37
1990	N/A	N/A	N/A
1991	0.20	0.08	0.37
1992	-0.22	0.11	0.47
1993	-0.56	0.21	0.67
1994	-0.70	0.13	0.86
1995	-0.60	0.16	0.90
1996	-0.39	0.29	0.66
1997	0.02	0.20	0.26
1998	0.28	0.04	0.28
1999	0.60	-0.13	0.20
2000	0.32	-0.13	0.33
2001	0.47	0.05	0.20
2002	0.34	-0.32	0.41
2003	-0.35	0.15	0.36
2004	-0.55	0.47	0.55
2005	-0.71	0.57	0.27

（续表）

年份	第一产业	第二产业	第三产业
2006	-0.83	0.47	0.25
2007	-0.93	0.48	0.08
2008	-0.47	0.24	0.31
2009	-0.73	0.28	0.37

资料来源:《中国统计年鉴(2010)》,中国统计出版社,2010年。

长期以来,农村劳动力外出就业呈现明显的周期性和波动性特征,当城市经济增长较快、对劳动力需求增大时,农村劳动力进城就业的规模就随之增加;当城市经济增长放缓、吸纳就业的能力下降时,进城务工的农村劳动力首先被排斥在市场之外,只能被迫返回农村。因此,与其说第一产业就业弹性反映了该产业有效就业的变化,不如说其波动更大程度上折射了第二产业和第三产业就业的变化。这种现象可以从农业的就业弹性变动中窥见一斑:20世纪80年代,就业弹性逐渐由低走高,至1989年达到最大值0.98;1992—1996年就业弹性均为负值,表明这个时期是农村劳动力转移速度较快的时期;1997—2002年受亚洲金融危机以及第二产业企业减员增效的影响,就业弹性均由负变为正值,可以看出农业剩余劳动力转移速度在减缓,农村和农业成了接纳新增就业人口的“蓄水池”,意味着这一时期农村的隐形失业人口增多(孔令锋,2010);从2003年以来第一产业经济增长对就业的拉动作用为负,且趋势越来越显著。而这段时期第二产业和第三产业的弹性系数较大,吸纳就业的能力较强。由此可见,第二产业和第三产业经济增长与就业变化直接影响第一产业的就业状况。

在工业化初、中期,工业的基础产业制造业迅速发展,同时对劳动力有很强的吸纳能力,主要体现在20世纪80年代中期及以前第二产业的较高的弹性系数。随着工业技术的进步,工业生产对物质生产资料的需求上升,同时对劳动力的需求相对减少。因此,20世纪从80年代末开始,第二产业弹性系数明显徘徊在较低水平。20世纪末21世纪初,第二产业的就业弹性系数出现了负值,这一变化反映的是企业减员增效的直接结果。正是在这一时期,中国开始着手现代企业制度改革。

第三产业是工业化中、后期创造产值和就业岗位的主力军,中国目前就业的增加主要靠第三产业来拉动。由于经济增长对就业的拉动效应正在逐渐减弱,总就业弹性系数呈现不断下降趋势,因此第三产业的就业弹性也在下降。但这种下降的趋势与第一产业和第二产业相比,幅度要小得多,而且相比于前两次产业,第三产业的就业弹性仍然维持在一个相对较高的水平上。第一产业在1979—2009年的平均就业弹性系数为-0.08,第二产业为0.32,第三产业为0.47。由此可见,第三产业经济增长对就业的拉动作用最大,成为增加就业的主渠道。

一般说来,在工业化初期,就业结构的转变会滞后于产业结构的转变,尤其是在二元经济条件下,劳动力从农业到非农产业的转移存在障碍。在第一产业产值比重下降的同时,劳动力份额的变化总是相对滞后。发展经济学家通常用不同部门的比较劳动生产率,即部门的产值份额与劳动力份额之比来描述这种现象。比较劳动生产率反映了在一定劳动力投入条件下的生产效率。一般而言,比较劳动生产率上升较快的产业或提高可能性较大的产业是经济发展过程中的战略产业。

从图4-6中三次产业的比较劳动生产率的变动趋势可以看出,改革开放以来,第一产业的比较劳动生产率一直在低位徘徊,并从20世纪80年代中期开始一直呈下降趋势,说明行业产值的就业增长快于产值增长。第二产业的比较生产率一直保持最高,90年代由于国有企业体制改革的不断推进,国有企业的亏损局面不断扭转,加之新技术的投入开发和产业的不断升级等各方面因素的共同作用使得第二产业在经历了比较劳动生产率大幅下降之后有所回升,2003年之后虽开始下降,但仍高于第一产业和第三产业。第三产业的比较劳动生产率则经历了先上升后下降的变动趋势,在1985—1991年之间曾一度与第二产业相当接近,但在1992—1996年间出现大幅下降,1996年之后处于低水平平稳发展阶段,这反映了我国的服务业仍然是以传统服务业为主,现代服务业比重不高,存在技术含量低、产业附加值低的问题。

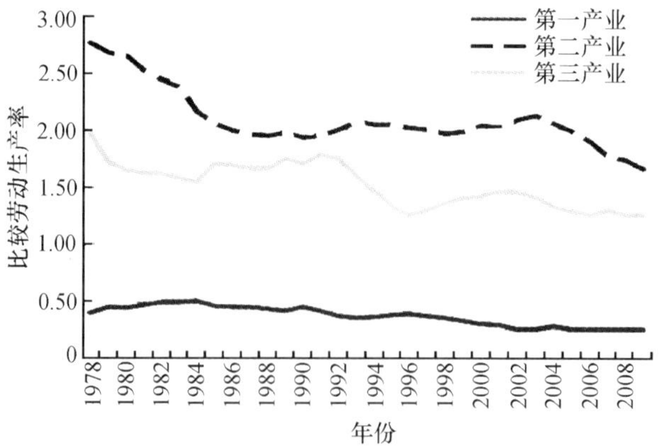

图4-6 改革开放以来我国三次产业比较劳动生产率的变化

资料来源:《中国统计年鉴(2010)》,中国统计出版社,2010年。

从图4-6可以看出,第一产业和第二、第三产业的比较劳动生产率的差距非常大,这说明我国经济二元结构的显著存在。库兹涅茨和钱纳里认为,这种情况到工业化后期将发生逆转。随着工业化的发展,农业部门的比较劳动生产率应从低于1的方向趋于1,非农业部门比较劳动生产率则趋于下降,从高于1的方向趋于1。

与国际标准模式相比,我国产业结构偏离度的变化与其并非完全一致。赛尔奎因和钱纳里模式描述了国际产业结构变动的一般规律:当人均GDP从低到高演进时,第一产业的结构偏离度从较高的正偏离逐步向0偏离度靠拢;第二产业工业部门的结构偏离度先是出现不断下降的趋势,在达到底部之后,再逐渐上升并向0偏离度靠拢;第三产业的结构偏离度也是从较高的负偏离逐步向0偏离度靠拢。在市场化程度较高、劳动力资源自由流动的条件下,第一产业的增加值比重逐渐下降,第二、第三产业增加值比重逐渐上升,伴随而来的是第一产业大量剩余劳动力向第二、第三产业转移的过程,从而促使了三次产业的平衡发展。这是因为劳动力会向劳动生产率较高和收益较高的产业转移,直到几个产业之间劳动生产率和收益基本相等时劳动力在各个产业间的流动才会停止。

同国际标准模式相比,我国农业部门的结构偏离度明显偏高,而工业部门和服务部门的结构偏离度则低于国际数据,如表4-6所示。农业的较高的正偏离度说明该产业的就业比重大于增加值比重,存在着将劳动力转移出去的巨大压力。工业部门较低的负偏离度反映了在我国人均GDP达到2 000美元以前,即2006年以前,我国劳动力资源廉价、丰富的比较优势还未被充分利用。表4-7利用关于产业偏离度的另一种计算方法,即该产业占GDP比重/该产业就业人数比重,可以更清晰地看到,我国工业部门的结构偏离度的发展与钱纳里多国模型总结的国际经验并不一致,存在反复乃至矛盾的现象:在1987—1991年期间第二产业结构偏离度最小,但是随后又增加,并且在1998年后不断增加,这与第二产业的技术要求和较高的就业进入壁垒有很大关系,直到2003年的结构转型开始加速,第二产业的结构偏差才逐渐下降并向0偏离处接近,速度超过改革开放以来的任何一个时期。

表4-6 产业结构偏离度的国际比较

人均GDP(美元)	产业结构偏离度的国际标准模式			中国三次产业的结构偏离度		
	农业	工业	服务业	农业	工业	服务业
300	35.5	-19	-16.5	34.0	-22.1	-11.9
500	33.4	-20.4	-12.5	35.2	-20.4	-14.8
1 000	28.9	-20	-8.7	36.3	-23.4	-12.9
2 000	22.7	-17.8	-4.9	30.0	-20.5	-9.5
4 000	14.5	-13	-1.5	—	—	—

资料来源:《中国统计年鉴(2010)》,中国统计出版社,2010年。

表 4-7　改革开放以来三次产业的结构偏差系数的变化

年份	第一产业	第二产业	第三产业
1978	-0.60	1.77	0.96
1979	-0.55	1.68	0.72
1980	-0.56	1.65	0.65
1981	-0.53	1.52	0.62
1982	-0.51	1.43	0.62
1983	-0.51	1.37	0.58
1984	-0.50	1.17	0.54
1985	-0.54	1.06	0.71
1986	-0.55	1.00	0.69
1987	-0.55	0.96	0.67
1988	-0.57	0.95	0.67
1989	-0.58	0.98	0.75
1990	-0.55	0.93	0.71
1991	-0.59	0.95	0.78
1992	-0.63	1.00	0.76
1993	-0.65	1.08	0.59
1994	-0.64	1.05	0.46
1995	-0.62	1.05	0.33
1996	-0.61	1.02	0.26
1997	-0.63	1.01	0.29
1998	-0.65	0.97	0.36
1999	-0.67	0.99	0.40
2000	-0.70	1.04	0.42
2001	-0.71	1.02	0.46
2002	-0.73	1.09	0.45
2003	-0.74	1.13	0.41
2004	-0.71	1.05	0.32
2005	-0.73	0.99	0.29
2006	-0.74	0.90	0.27
2007	-0.74	0.77	0.29
2008	-0.73	0.74	0.26
2009	-0.73	0.67	0.27

资料来源:《中国统计年鉴(2010)》,中国统计出版社,2010 年。

同国际标准模式相比,服务业部门的结构偏离度明显偏低,说明服务业对于吸收劳动力做出了突出的贡献。虽然从1985年以来服务业部门的结构偏离度也一直呈现负偏离状态,但是服务业部门结构偏离度的持续上升也意味着服务业部门进一步吸收劳动力的能力在逐渐减弱。

2. 现阶段城乡产业结构变化与劳动力供需变动在质量上的结构性矛盾突出

产业升级是经济增长的核心问题,而产业升级又是以人力资本的结构变动为先导的。因此在任何经济发展阶段,教育对经济增长的作用都十分重要。当今新知识、新技术的增长和积累越来越快,通过学历教育和技能教育等方式使其得以迅速传播并转化为现实生产力。不论是农业现代化、工业现代化还是现代服务业的发展都对劳动者的素质提出了越来越高的要求。然而我国劳动力的整体素质仍然偏低。2009年劳动年龄人口中受教育程度为初中及以下的比例仍然超过了75%,而大学及以上学历的劳动者比例仅为6.8%。我国劳动力队伍的整体素质偏低,与产业升级的技术条件和物质资本不匹配,严重制约着产业结构的优化和经济增长。

然而与之同时存在的突出问题却是高学历人才极低的求人倍率,系数大于1说明供大于求。这一矛盾可以从图4-7中直观并明显地看到。

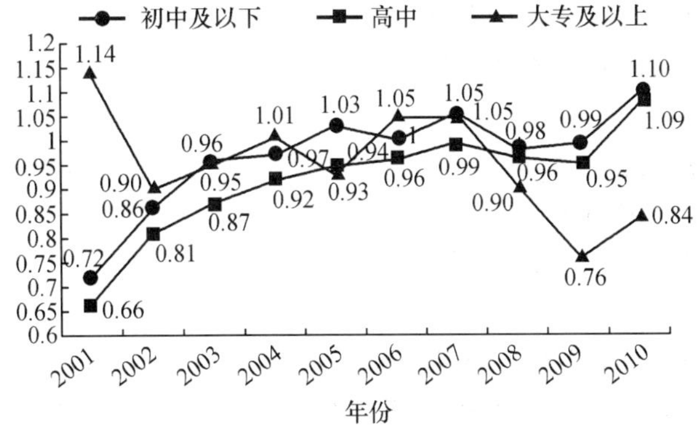

图4-7　2010年部分城市以教育分组的劳动力求人倍率

资料来源:中国劳动力市场信息网监测中心,中国劳动力市场网。

图4-7中大专以上学历的求人倍率小于1,并且明显低于其他群体,但这并不意味着当今中国的发展更需要的是低学历劳动力,而不需要高学历人才。相反,我国劳动力整体素质偏低,不能很好地适应现代化的发展需要是不争的事实。这一矛盾的出现从表4-8中可以得到部分答案。

表 4-8 部分城市不同教育程度劳动力需求与供给的增长率

教育程度	2005 年			2007 年			2010 年		
	需求人数（人次）	需求比重（%）	与上年相比需求变化（%）	需求人数（人次）	需求比重（%）	与上年相比需求变化（%）	需求人数（人次）	需求比重（%）	与上年相比需求变化（%）
初中及以下	4 913 303	31.5	-1.4	4 472 565	26.9	-1.4	5 709 386	24.4	-2.4
高中	5 732 966	36.7	0.6	6 549 747	39.3	-0.6	8 831 589	37.8	-0.5
大专	2 340 831	15.0	0.6	2 580 811	15.6	-0.6	3 726 653	16.0	1.3
大学	881 562	5.6	1.5	1 165 512	7.1	1	1 811 972	7.8	1.0
硕士以上	43 955	0.3	0	63 112	0.4	0	83 469	0.4	0.1
无要求	1 697 983	10.9	-1.3	1 825 498	10.7	0.9	3 196 681	13.6	+0.7
合计	15 610 600	100	—	16 657 245	100	—	23 359 750	100	—

资料来源：中国劳动力市场信息网监测中心，中国劳动力市场网。

我们之所以说表 4-8 给出了部分答案，是因为这其中也包括教育体制改革滞后以及供需双方沟通渠道中存在的问题。表 4-8 给出的答案主要是针对高学历人才供需速度的不一致导致了图 4-7 中的求人倍率。表 4-8 中的数字说明了这样的事实——相比于其他教育程度，劳动力市场对大专及以上学历人才的需求增长率最大。从需求增长率的符号可以看出，劳动力市场对高中、初中及以下劳动力的需求是在减少的，只有对大专及以上学历劳动者的需求是在增加的。然而，为什么在大学及以上学历的劳动者中供大于求，求职的压力最大呢？这是因为扩招带来的供给的增长率大于需求的增长率，需求增加的速度远赶不上供给增加的速度，于是就在高学历人才的供需中出现了较低的求人倍率。虽然劳动力市场对高中及以下学历劳动者的需求在减少，需求的增长率为负，但是供给的增长率也为负，并且绝对值大于需求的增长率，因此才会出现上面所反映的情形。

值得给予关注的问题是，尽管我们用增长率部分地揭示了高学历人群的低求人倍率，但是图 4-7 反映出的现实仍然是存在的。并且，更大的问题在于，图中的情况对劳动力供给的素质将产生反作用，而且这一作用是负面的。因此，问题的解决与其从供给方讨说法，不如从需求方开药方。图 4-7 说明的问题不是我国高学历人才过剩，而是反映出了我国产业结构还需加快调整的步伐。许多研究表明，产业结构升级对高等教育发展有明显影响（岳昌君，2004）。劳动力素质的提高对产业结构的调整至关重要（侯亚非，2000）。因此，只有通过产业结构和教育结构的互动作用才能为经济持续快速发展提供动力。

三、经济增长背景下城乡产业结构变化与劳动力需求变化趋势

(一) 中国经济高速增长的重要源泉——丰富的劳动力资源

1. 迅速的人口转变带来年龄结构优势

人口转变理论将人口再生产类型区分为三个主要阶段:第一阶段是高出生、高死亡、低增长阶段;第二阶段是高出生、低死亡、高增长阶段;第三阶段是低出生、低死亡、低增长阶段。因此人口自然增长率成倒 U 形曲线。

人口转变最重要的一个结果是人口结构及劳动力供给特征的变化。在死亡率下降(第二阶段)与生育率下降(第三阶段)之间的时滞期间,人口的自然增长率处于上升阶段,需要抚养的少儿人口比重相应提高。当第二阶段高生育率出生的一代人逐渐进入劳动年龄时,此时的劳动年龄人口的比重逐渐上升。随着社会经济发展,人口转变进入第三阶段,生育率下降,人口增长率趋于低缓,随后人口开始逐渐老龄化,劳动年龄人口内部也出现老化现象。因此,劳动年龄人口呈现与人口自然增长率类似的变化轨迹,但是与人口转变相比存在时滞性,时差大约在一代人左右。对人口转变过程的描述如图 4-8 所示。

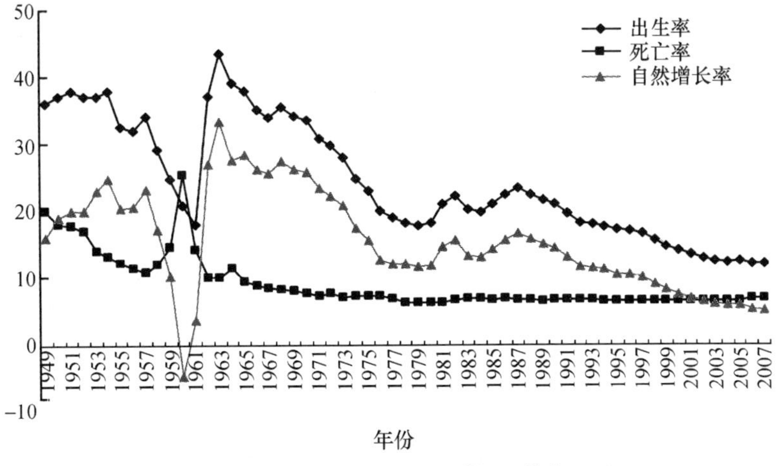

图 4-8　中国的人口转变过程描述(单位:%)

资料来源:《中国统计年鉴》,中国统计出版社,1949—2007 年。

在人口转变的第二阶段,人口自然增长率处在很高的水平上,同时又由于农业是更初级的生产部门,所以过剩的人口和劳动力被积淀在这个部门。相对于资本和自然资源来说人口如此众多,以致劳动的边际生产力很小或等于零,因而劳动力的无限供给是存在的。理解人口转变与二元经济发展阶段之间逻

辑关系的关键，是理解人口红利的产生和获得的机制（蔡昉，2010）。

2. 丰富的劳动力资源是中国的比较优势所在

在整个20世纪80年代和90年代，劳动年龄人口的极速增长快于总人口的增长，为2.5%。同时，因为中国经济增长具有二元经济发展的特征，农村劳动力持续大规模地向城市非农产业转移，这就使得20世纪80年代以来城市劳动力的年增加率达到4%以上。同时，中国的劳动参与率处于非常高的水平，1990年达到了86%，这主要是因为女性劳动力参与比例很高。充足且低廉的劳动力供给使得工业化过程所需要的劳动力供给得到充分保障。劳动力人口供给旺盛，人口红利得到充分利用。丰富且廉价的劳动力资源成了中国最具代表性的一种"比较优势"。中国在劳动力资源方面的比较优势通过确立劳动密集型产品在国际市场的竞争地位而得到发挥。改革开放期间劳动密集型产业迅速扩张，得以大规模吸纳就业，从而把人口年龄结构优势转化为中国经济的比较优势。凭借着这种"比较优势"，中国在国际竞争中取得了"世界工厂"的地位（于学军，2010）。

3. "人口机会窗口"即将关闭

当人口年龄结构处在最富有生产性的阶段时，充足的劳动力供给和高储蓄率为经济增长提供了动力。然而一旦人口转变超过这个阶段，通常意义上的人口红利便相应丧失，随之而来的是劳动力减少和沉重的人口负担。从前文对我国人口年龄结构的分析中可以看出，中国的人口红利期即将结束，"刘易斯转折点"即将到来。

从1950—1965年，每年进入劳动力的人口为1 000万—1 300万，而退出劳动力的人口为400万左右，每年劳动力人口净增600万—900万；1965—2005年，每年进入劳动力的人口为1 700万—2 600万，而退出劳动力的人口为500万—900万左右，这期间每年劳动力人口净增1 100万—1 900万；从2005年开始，进入劳动力队伍的人口达到一个高峰后开始下降，而退出劳动力的人口开始超过1 000万，每年净增劳动力人口快速下降。也就是说，从2005年开始，进入劳动力队伍的人口与退出劳动力的人口开始逆向发展，预计到2020年前后，劳动力人口的变化首次出现"进少退多"的历史性局面。从目前的情况看，我国的劳动力人口仍然是进多退少，劳动力总人口还在继续扩大。比如，2008年进入劳动力队伍的人口大约为2 070万，而退出的劳动力人口大约为1 300万，净增770万。但是，这种"进多退少"的局面正在改变（于学军，2010）。

图4-9展示的是我国劳动年龄人口内部结构的变化，劳动年龄人口被细分为15—24岁、25—39岁、40—54岁和55—64岁组。从中可见令人忧心的变化。从图中可以明显地观察到，55—64岁和40—54岁组上升势头强劲，前者从2000

年的10%上升到2025年的20%。而年龄较小的两组劳动力人口比重都有不同程度但都很明显的降低，15—24岁的降幅达到17%。

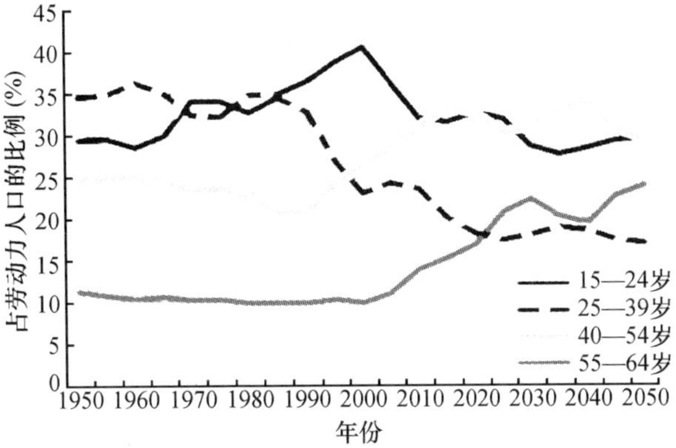

图4-9　新中国成立以来我国劳动年龄人口内部结构的变化

资料来源：*World Population Prospects*：*The 2008 Revision*, United Nations Publications, 2008。

农村丰富而低廉的劳动力资源也同样面临老化的问题。2009年农村劳动人口的平均年龄为38.95岁，2005年的平均年龄为33.4岁。图4-10中两条曲线在20—30岁和30—45岁的不重合比较明显。与2005年相比，2009年农村劳动人口在20—30岁的比例明显降低，在30—45岁的比重明显增加。农村劳动人口这一年龄结构上的变化将从两方面影响未来劳动力的转移供给。一方面会导致农村劳动力移民的老化；另一方面，农村未迁移劳动力的年龄结构的老化使得可供迁出的年轻劳动力比例减少（赵耀辉等，2008）。

图4-10　2005年、2009年农村劳动人口年龄结构

资料来源：《中国统计年鉴(2010)》，中国统计出版社，2010年。

由前面的分析可以看到,1990—2025 年是一个对中国经济增长极为有利的时机。再往后,老龄化人口将是社会发展的沉重负担。如前文所述,20 世纪 60 年代和 80 年代两次婴儿潮出生的人口都在劳动年龄阶段,但前者将在 2015 年左右退出劳动力市场,步入老年,从社会发展的主力军变为负担人口。据估算,中国 60 岁以上的老人人数会从 2000 年的 1.28 亿增加到 2030 年的 3.5 亿,那时的老年抚养比达到 25%,人口的年龄结构会成为就业人口的极大负担。

不远的未来将要发生的人口老化将使中国长期享有的比较优势和国际竞争力被削弱。未来几年时间是利用和开发人口红利的最后机会,同时也是挖掘替代劳动力资源,进一步促进经济可持续增长动力的战略机遇期。

(二)中国经济继续高速增长的重要保证——产业结构升级

中国依靠劳动密集型产业比较优势实现了连续 30 年的高速增长。然而,这种单靠生产要素投入而生产率没有实质提高的经济增长方式是不可持续的。长期来看,经济增长方式转变可以提供超越人口红利的全新的经济增长源泉,中国经济长期增长源泉终将转变到技术的进步和生产率的提高。

1. 三大产业结构的国际比较

从纵向来看,改革开放以来,我国的产业结构和就业结构得到了较大的改善和调整。第一、二、三产业在国民经济中的比例由 1978 年的 28.1∶48.2∶23.7,转变为 2009 年的 10.3∶46.3∶43.4。但从横向来看,我国产业的产值结构和就业结构与发达国家相比仍然具有调整空间。

如表 4-9 所示,按照世界银行的统计口径,2007 年农业产值占 GDP 的比重中等收入国家平均水平为 9%,其中下中等收入国家平均水平为 13%,中国为 11%;第二产业占 GDP 的比重,中国远远高于其他国家;服务业产值占 GDP 的比重,中等收入国家平均水平为 53%,低收入国家平均水平为 46%,中国仅为 40%。

表 4-9　三大产业结构的国际比较　　（单位:%）

	农业		工业		服务业	
	1995 年	2007 年	1995 年	2007 年	1995 年	2007 年
低收入国家	32	25	23	30	45	46
中等收入国家	13	9	35	37	52	53
下中等收入国家	20	13	39	41	41	46
上中等收入国家	7	6	31	33	62	61
高收入国家	2	1	30	26	68	72
中国	20	11	47	49	33	40

资料来源:世界银行,《世界发展指标》,中国财政经济出版社,2009 年。

2. 中国经济增长背景下城乡产业结构变化的趋势

从产业结构进行国际比较的分析中可以看出,中国的产业结构还有很大的调整空间。

必须认识到的是三次产业都必须依靠科学技术的支撑才能得到可持续的发展,知识和技术创新对经济增长的贡献率已从20世纪初的5%—20%提高到70%—80%(李薇辉,2007)。在未来的经济发展过程中,总体来说,我国第一产业在GDP中的比重将有所下降,第二产业会继续保持优势地位,第三产业比重将显著上升。

产业升级包含农业现代化、工业结构高度化和第三产业比例增大三层意思。发展现代农业也是产业升级的题中应有之义。利用现代工业、现代科学技术和现代经济管理方法继续提高劳动生产率,可以释放更多的劳动力资源,转移到非农部门。在"刘易斯转折点"即将到来之际,农业现代化对整个产业升级有重要意义。

第三产业的发展是未来产业升级中的重中之重。第三产业的发展不能仅体现在量上,即产值在GDP中的比重及就业人数的比重,而首先应体现在服务业内部结构的优化上。我国的第三产业仍以传统服务业为主,而发达国家现代服务业所创造的产值已占GDP的70%左右,一些发展中国家也超过40%(李薇辉,2007)。现代服务业得益于技术进步,体现出知识与技术密集的特点,不断培育出新成长产业是产业结构调整的关键环节。在竞争日趋激烈之时,许多企业专营于核心竞争力所在部分,而将产业链中的其他部分外包给专业性服务公司,如法律咨询、现代物流、广告宣传等。此外,新的产业形态的出现也将促进产业的升级换代。例如,房地产策划业把房地产规划、设计、资产评估、营销、广告等多种行业融为一体。中国产业结构的变化趋势将扩大服务业对工业发展的服务功能和水平,提高服务业对国民经济整体的贡献份额。同时现代服务业的发展还能进一步推动技术改造和传统产业的发展,赋予第二产业新的附加功能和更强的竞争力。

在强调发展服务业的同时,第二产业也将利用高新技术对传统产业实施技术改造。一方面我国人均工业产品占有水平较低,许多产品还需要大量进口;另一方面,传统制造业领域是中国比较优势所在,不应削弱其主导产业地位。但是,中国的"世界工厂"之名不应仅是初级的"加工车间",而应进一步利用高新技术进行改造,提升科技含量和产品附加值,实现从制造业大国逐步到制造业强国的跨越。在我国人口红利即将结束,大量劳动力转移到第三产业的情况下,在传统产业逐渐衰退、新的替代产业还未发展充分的时期,加快工业内部结构的演变对避免产业空心化有重要意义。

（三）经济增长背景下城乡产业结构变化与劳动力需求变化趋势

1. 城乡产业结构变化对劳动力需求的部门变化的影响

中国目前正处于工业化加速发展时期，在21世纪前20年至少要达到中等发展中国家水平。如果按照中等发展中国家水平计算，中国农业劳动力比重应降低到30%左右。2009年农业就业人数仍高达2.97亿人，占就业总人数的38%，这就意味着需要在10年之内降低8个百分点。据预计，我国2020年劳动年龄人口约为9.4亿，就业人数为8.4亿，这就意味着将有4 500万的农村剩余劳动力被转移到第二和第三产业。

随着产业结构的调整，服务业产值比重和就业比重均将大幅提高，但这并不意味着第二产业产值比重和就业规模的下降。第二产业在GDP中会继续保持优势地位，但就业比重不会有太大变化。尽管第二产业不能吸纳更多的劳动力就业，但第二产业的发展是从总体上实现就业增长的条件，它可以带动第三产业发展，从而实现第三产业就业的增长。因为第三产业的主要部分是直接为第二产业服务的，第二产业技术越高，对服务业需求也就越大，同时也更多样化，第三产业才能出现更多新的产业形态，从而真正地吸纳大量劳动力。

在工业发达国家，第三产业就业比重均在60%以上。中国2009年第三产业的就业比重为43%，因此还有很大的上升空间。第三产业行业多、门类广，劳动密集、资本密集、技术密集行业并存，具有吸纳各类劳动力就业的独特优势和作用。根据服务对象不同，服务业可以分为劳动密集型生活服务，包括零售商业、饮食业、修配业等；资本密集型的生产服务，包括货运、仓储、金融保险等；知识密集型的社会服务，包括科技、教育、卫生、邮电等。第二产业因改革和结构调整吸收非技术工人的数量有限，因此第三产业尤其是其中对专业技术要求不高的生活服务部门成为吸纳剩余劳动力的主要部门。但这些一般生活服务业盲目无序扩张，并不能提升第三产业水平，也不利于就业结构的现代化。在产业结构调整的过程中，第三产业内部就业结构需要进一步优化才能增强对第一产业和第二产业的服务功能，提高整个国民经济效益。

2. 城乡产业结构变化对劳动力需求的技能变化的影响

上面谈到，产业升级内含着农业现代化、工业结构高度化和第三产业比例增大三层意思。农业现代化要求劳动者掌握现代农业技术和相关知识。第二产业的发展必须建立在劳动者接受相应的现代教育，掌握相应的现代科学技术知识及技能的基础上。而第三产业的兴起（尤其指为经济社会发展服务的诸如金融、保险、文化娱乐、信息服务、技术咨询等）在更大程度上直接依赖于劳动者知识水平的提高，即直接依赖于劳动者受教育程度的提高。从经济发展的一般规律而言,三次产业的依次递进及各自的产值在GDP中的依次递增,代表着经济发展的高质化和高次化趋势。有研究指出,第二产业增加值的比重每增加1个百分点,则高等教育人口比重平均将增加0.576个百分点;第三产业增加值的比重每增加1个百分点,则高等教育人口比重平均将增加0.691个百分点(岳昌君,2004)。经济发展的成功经验都证明,产业升级是与劳动者受教育的程度、水平及质量密切相关的。

从表4-10中可以看出,随着经济的发展,产业结构、就业结构和教育结构的变化方向是一致的,都是第一部分比例不断减小,后两部分的比例不断上升,这在前文已分别做过论述。同时表中的数据也反映出仍然存在的问题:2009年我国服务业的产值比重达到43.4%,第二产业和第三产业的合计比重接近GDP的90%,然而大学及以上人才占全国就业总人数的比重还不到7%。当今社会经济的发展,产业结构升级更需要高学历人才。产业结构的升级主要依靠科学技术的发展和应用,7%这个数字远不能令人满意。由表4-11高等教育水平的国际比较可以清晰地看到我国高等教育发展水平在世界范围内所处的位置。表中数字表示的是大专及以上受教育水平的人群占相应年龄段人口的比例,通过比较可以看到,中国的数字非常低,在2006年才刚刚达到下中等收入国家的水平。

表4-10　产业结构、就业结构和教育结构　(单位:%)

年份	GDP(亿元)	三次产业占GDP比重			就业人员的产业构成			教育程度构成		
		农业	工业	服务业	农业	工业	服务业	小学	中学	大学
1990	18 667.8	27.1	41.6	31.3	60.1	21.4	18.5	37.1	31.4	1.4
2000	99 214.6	16.4	50.2	33.4	50	22.5	27.5	35.7	45.1	3.6
2009	340 506.9	10.3	46.3	43.4	38.1	27.8	34.1	27.4	60.4	6.9

资料来源:《中国统计年鉴(2010)》,中国统计出版社,2010年。

表4-11　高等教育水平的国际比较　(单位:%)

	2000年	2002年	2004年	2006年	2008年
世界	18.73	19.81	21.28	22.41	23.33
低收入国家	3.90	4.39	4.51	4.67	4.74
中等收入国家	15.07	16.34	17.69	19.05	20.15
下中等收入国家	11.12	12.10	13.25	14.39	15.49
上中等收入国家	26.35	28.21	30.04	32.14	33.88
高收入国家	55.74	57.47	61.99	63.77	64.75
中国	7.80	10.02	12.75	15.42	17.57

资料来源:世界银行,《世界发展指标》,中国财政经济出版社,2009年。

从之前表4-8的分析中也看到,劳动力市场对高学历人才的需求增长率明显高于对其他教育程度劳动者的需求增长率。所以说,产业结构变化对劳动力质量的需求将明显提高。虽然中国一直在大力普及义务教育,并且高校在扩大招生,2009年又进一步扩大对研究生的招生,但总体水平仍然偏低,要适应中国产业结构升级的发展需要,中国教育尤其是高等教育仍然任重而道远。

第五章　土地确权与土地流转*

一、土地确权

土地确权具有重要的现实意义。通过土地确权，可以保护农民利益，增加农民的财产收入。土地确权后，如果发生土地流转，有助于降低交易成本。土地确权还有助于实现土地规模经营，使土地资源得到有效利用。

（一）土地确权是农地流转的前提和基础

土地确权是土地所有权、土地使用权和他项权利的确认、确定，是指依照法律、政策的规定确定某一范围内的土地（或称一宗地）的所有权、使用权的隶属关系和他项权利的内容。

农村土地流转的基础是清晰的产权制度。农村土地产权的清晰程度影响农村土地流转交易费用的大小，进而影响农村土地流转中农户、农业企业和政府三者之间的权利关系。模糊的产权及其利益主体的虚化给土地流转和农业的市场化发展带来了很大的负面影响，已经严重阻碍了农村土地流转的进程。“确权”，就是要明确农民及集体经济组织对承包地、宅基地、集体建设用地、农村房屋、林权等的物权关系，建立明晰的土地权利范围和土地权利归属，并在此基础上使农民成为真正的市场主体。城乡统筹的初衷是为了解决“三农”问题，保障农民收入增长，如果不以确权为基础，在农村土地产权

---

* 本章由朱善利、冯晴、沈梁军执笔。蒋承、王欢参加了本章的讨论，为本章的完成做出了贡献。

模糊的现实背景下贸然推行大规模的土地流转,则原本土地流转的主体农民很可能被其他权力主体所“代理”与替代,如此一来,其他权力主体就可能通过土地流转,获得又一轮侵害农民财产权利的机会,那就与城乡统筹的初衷完全相背了。

城乡统筹的成都模式从实践上证明了扎实的确权工作是促进农村土地合理流转和适度规模经营的关键。成都市通过发放土地产权证、发展土地合作社和建立土地产权交易市场,实现了土地使用权的资本化,既解决了通过农村土地流转实现规模经营的难题,也避免了农民失地的风险。

改革开放的历程同样清楚地说明了“确权”对解放生产力、发展生产力的重要性。20 世纪 80 年代早期的农村联产承包,将种地权还给农民,解决了农村的温饱问题;从 20 世纪 80 年代中后期到 90 年代,将农产品的销售权还给农民,废除统购统销制,结束了中国农副产品多年来供不应求的历史;20 世纪 90 年代中后期,国有企业通过产权结构的改革,建立了以股份制为主要形式的现代企业制度,现代企业制度的核心就是清晰的产权制度,现代企业制度的建立以及国有企业布局的优化调整为国有企业“三年脱困”奠定了基础。这些历史实践都表明,通过“确权”明晰产权关系可以大大激发人们的创造性,促进生产力的发展。

因此,城乡统筹解决“三农”问题、保障农民收入的关键是确立农民的财产权利。农民的最大利益在于土地,首先就要确定农民对土地的权利。

(二)完善农村土地确权的基本做法

在农村土地确权过程中遇到了二轮延包以来因人口增减变化导致人地矛盾解决难、引起承包经营权确权颁证难、承包地按原台账面积确权后落实耕地保护责任难、粮食直补等惠农补贴政策按实际面积兑现到户难等问题,迫切需要加以解决。为了克服这些困难,扫清确权道路上的障碍,有必要对确权的程序与政府相关职能部门的管理进行规范和统一。

各级政府应针对土地确权中的不同问题因势利导制定解决办法,稳步推进农村土地制度改革工作。根据各地确权试点的经验,特别是都江堰市柳街镇的土地确权经验,土地确权的基本做法可以总结如下。

1. 摸清家底,清理核实

由土地发包方对本组现有人口、土地面积、地块数量、承包现状等进行清理核实,清理核实的结果经农户签字确认后公示;由国土部门以组为单位,利用全国第二次土地调查成果,绘制土地实测面积图,并标注和计算田块面积;涉及与实际不符的,及时由国土部门实地核对勘量。

2. 制订方案,进行公示

根据实测的面积结合本组具体情况,由村民代表大会研究制订本组的确权登记方案,召开村民大会讨论通过,并按《村民委员会组织法》的要求,经 2/3 以上的村民或 2/3 以上的村民代表签字认可并公示。应在群众比较集中的地方制作公示栏,公示清查核实结果、实测面积、田块分布和确权方案。

3. 审核批准

组(社)的确权方案经公示无异议后,镇人民政府(街道办事处)和区县农村发展局对发包方拟订并经村民大会讨论通过的农村土地承包经营权确权方案进行审核、批复。

4. 组织实施

由村组集体按照审核批准的确权方案及批复意见,组织群众代表逐一将面积、田块落实到户,与承包户签订承包合同和流转合同。对于个别涉及承包关系变更的,严格按变更后的面积、地块四至边界签订承包合同;对于少数不能将调整的面积、地块直接交调入方的,依据双方自愿协商签订土地流转合同予以约定。

5. 建档造册,统一申请

首先,由村组向镇人民政府(街道办事处)提出登记颁证申请,经镇(街)审查后,将本区域内申请登记颁证的村组农户进行汇总,编制《农村土地承包经营权登记册》,做到农户田块、承包合同、登记表册相一致;其次,由镇人民政府(街道办事处)统一向区县农村发展局提交农村土地承包经营权证登记申请。

6. 受理颁证并公告

区县政府对下级政府提出的颁证申请,包括确权方案、审核批复、承包合同、电子台账等进行审查,符合规定的予以公告。公告无异议的,编制《农村土地承包经营权登记簿》,对符合登记颁证条件的予以登记颁证。镇(街)村组领取证书后在 15 个工作日内将《农村土地承包经营权证》发放到承包农户手中。

7. 核销旧证

农户领取新证后,由发包方收回旧证,报上级政府部门核销。未收回的予以公告注销。

(三) 发挥政府推动作用,完善政府管理服务职能,切实做好土地确权工作

发挥政府推动作用,完善政府管理服务职能,切实做好土地确权工作应注意以下六个方面的工作。

第一,切实加强组织领导,这是做好农村土地确权工作的基础。为切实做好农村土地实测确权工作,保障农民群众的利益不受侵害,成立由国土资源、财

政、农业等部门负责人组成的农村土地确权工作领导小组，负责制订实施方案。各级国土、财政、农业等部门要依照分工做好相应工作，同时建立县（市）、乡镇、村（社区）、组、村民代表议事会五级联动机制，推动土地确权工作稳步有序展开。

第二，大力加强政策宣传，夯实确权的法律基础，这是切实做好农村土地确权工作的前提。农村土地确权，涉及一系列农村土地政策。在开展这项工作之前，各级干部与农户可能认为会引发大规模的土地调整，造成农村新的不稳定。因此，要多层次、多渠道、多形式对农村集体土地确权登记发证工作进行宣传，充分发挥农村基层组织在登记申报、土地确权、纠纷调处等工作中的重要作用，积极宣传农村集体土地确权登记发证工作的重要意义、工作目标和法律政策，创造良好的舆论环境和工作氛围，调动广大农民群众参与的积极性。

第三，严格规范工作，周密安排、统一实施，这是切实做好农村土地确权工作的保障。农村土地确权，涉及千家万户农民的根本利益，稍有不慎或偏差就会引起群众不满。因此，土地确权要严格按照国土资源部《土地登记办法》等相关法规政策的规定，制定周密的工作安排，按照统一的实施步骤精细操作，提高土地实测确权的透明度，这样才能调动农民群众参与土地实测确权的积极性。

第四，发挥群众主体作用，积极探索村民自治的确权过程，这是切实做好农村土地确权工作的根本。在土地实测确权工作中，充分尊重农民群众的主体地位，充分保障农民群众的知情权、参与权和决策权，充分发挥农民群众的首创精神和主观能动性。土地确权方案要经过广大村民的反复酝酿讨论，并让村民参与实测确权工作，切实做到“民权民定、民事民管”。

第五，妥善化解土地确权中的矛盾，实现“公平、公正、公开”，这是切实做好土地实测确权工作的重点。农村土地确权，涉及集体经济组织成员身份界定、土地类型较多等复杂问题，应遵循集体的事情群众说了算、公平而不平均的原则，针对不同问题进行分类处理，使涉及土地调整的农户均表示满意。

第六，加强信息化建设，把农村集体土地确权登记发证同土地管理信息化建设结合起来。在应用现代信息技术加快确权登记发证的同时，一并将地籍档案数字化，实现调查、确权、登记发证成果的信息化管理。建议学习成都柳街镇“科学”确权经验，开发乡镇数字化管理平台，完善国土管理信息系统，切实保护农民的合法权益。

（四）都江堰市柳街镇“民主、法制与科学”的土地确权实践

根据成都市委、市政府《关于加强耕地保护、进一步改革完善农村土地和房屋产权制度的意见》（2008 年 1 号文件），都江堰市柳街镇被选择成为成都市首

批实施土地确权的试点乡镇。柳街镇土地确权的工作突出了三大特点：民主、法制与科学，这对于我国农村的土地确权有着十分重要的借鉴和指导意义。

1. 柳街镇土地确权的操作规程和具体做法①

柳街镇制定了科学严谨的操作规程，扎实认真地做好土地确权工作。柳街镇的土地确权工作分六个程序。

（1）入户调查，问题梳理。柳街镇土地确权工作组将成员分成若干工作小组下派各村，通过实地调查等方式，确认享受家庭承包方式的承包人口，并结合耕地实测图表对现有承包土地面积和宅基地状况等情况进行摸底调查。通过实地调查，认真梳理出人地差异和存在的问题，对能及时解决的问题则以协议等书面形式就地解决，遇见疑难问题则将处理意见报请都江堰市土地确权工作组研究批示。都江堰市土地确权工作组将集中上来的问题及其处理意见进行分类梳理，形成指导意见，为顺利推行土地确权工作打下良好的基础。

（2）广泛宣传，村民全面参与。柳街镇政府确权工作组深入农村、深入农户大力开展宣传活动，结合自己的实际，召开不同层次的培训会、宣传动员会。把实测确权的相关法律法规以及耕地保护政策原原本本地交给干部群众，尤其是村组干部和农户，统一思想认识，破除畏难情绪，引导群众主动支持和参与。

（3）准确测量，理清家底。柳街镇请测绘公司运用现代科技进行实地测绘。测绘公司进行准确测绘后，将测绘结果进行 CAD 作业后，形成带有标示的现代“鱼鳞图”②。

（4）借助科技，形成数字化管理。柳街镇利用现代信息技术，自主开发了地籍信息管理系统，提高了土地确权的效率。首先，建立人口信息数据库，即现代“黄册”的建立③。其次，建立土地信息数据库，即“鱼鳞图”数据库的建立，将经过测量队精确测量后的测绘图和相关数据公示，经过农户代表确认无误后，便将数据导入“鱼鳞图”数据库。最后，将“黄册”数据库和“鱼鳞图”数据库融合完成数字化，形成统一的数据库，为下一步流转平台的建立提供准确、清晰的报表和电子数据。

（5）严谨公示，反复确认。柳街镇政府专门制定了严谨的公示流程，并且规定确权中人口和土地的任何信息在公示前都必须经过确权工作组的三次核对，把信息数据错误降到最低。公示中，一是要对权利人（户主）进行公示；二

① 本节内容参考了北大国际讲坛，《农地确权：都江堰柳街镇的实践与思考》，中国 MBA 教育网，2009 年 5 月 4 日；“走近农村土地‘确权’——柳街镇土地‘确权’调查”，《天府新论》，2008 年第 6 期。

② 鱼鳞图为旧时为征派赋役和保护封建土地所有权而编制的土地登记簿册，因其形似鱼鳞而被称为“鱼鳞图”。

③ 明朝为征调赋役而编制的户籍册，因上交户部的一份封面为黄色而得名。

是每户要签署八个无异议声明[①]。如果在公示期内没有异议，就将公示结果交由相关部门作为发证的依据。

（6）登记发证。在户代表对土地及人口信息均无异议的情况下，政府部门亲自将经确权后的证书[②]和土地股权证明、集体资产股份证明、林权证等证明财产收益的契约文书交到农民手上，同时建好原始档案，以便有据可查。

2. 柳街镇土地确权的成功经验

柳街镇在土地确权实践中，按照公平、公正、公开的原则，创造性地开发了“议事会”制度和“鱼鳞图”册来解决实际困难，具有较大的借鉴意义。其成功经验主要有三个方面。

首先，充分发挥村民自治作用，让村民自主办自己的事。柳街镇在确权工作中，充分发动群众，设立了议事会制度实现村组自治，真正做到变“为民做主”为“让民做主”。在镇政府引导下，各村、组健全了村民自治机制，村民自治选举确权议事小组，由确权议事小组组织召开议事会，负责指导和协调处理全村在确权中发生的疑难问题和其他内部事务；对确权中产生的每一个问题，交由村民广泛酝酿、广泛讨论，在不违背法律、法规和政策的前提下，求大同存小异达成共识，逐一形成自治解决的办法和决议，真正做到“小事不出组、大事不出村”，提前处理了各种矛盾，为政府工作组入户确权登记工作打下坚实基础；从议事小组代表中选出能写、能实际操作的四五人组建实测确权工作组，全程参与实测确权工作，充分发挥群众的主观能动性，确保确权工作的透明度。议事会制度一方面有助于村“两委”开展工作，宣传国家政策，另一方面也起到了对村委会的监督作用，保证了确权工作的公正性。通过村民自治组织发扬群众民主，在柳街镇土地确权工作推进的过程中，无一例群众上访事件发生。

其次，确权工作依法公开，全程接受村民的监督。在整个土地确权过程中，柳街镇镇政府不仅向村民公布相关的法律、法规和政策文件，同时还为广大村民全程提供法律顾问。一方面，政府通过广泛的宣传活动，张贴相关文件，做到土地确权的法律、法规和政策精神家喻户晓，使每个村民成为“明白人”。另一方面，镇政府制定了严谨的公示程序，规定确权中人口和土地的任何信息在公示前都必须经过确权工作组的三次核对；对数字化后的黄册、地册、房册必须反复与户主见面，直到得到其确认为止；这“三册”数据还必须张榜公布，接受全体

---

① 包括户主（权利人）签字无异议，本户家庭成员人口数无异议，本户承包地田块分布位置和登记面积无异议，本户自留地面积登记无异议，本户屋（宅）基地面积登记无异议，本户房屋建筑面积登记无异议，本户对本组公示的集体经济组织成员名单无异议，本户对本村、本组公示的集体资产登记无异议。

② 这些证书包括《中华人民共和国集体土地所有权证》、《中华人民共和国集体土地使用权证》、《中华人民共和国房屋所有权证》、《中华人民共和国房屋共有权证》、《中华人民共和国土地承包经营权证》、《中华人民共和国林地所有权或使用权证》。

村民的监督,并得到全体村民的确认,以保证“三册”数据的准确性。

最后,依靠现代科技,创新“鱼鳞图”,建立现代化的地籍信息管理系统。柳街镇的土地确权请了测绘公司进行严格测绘,测绘后将其结果导入CAD作业,编辑形成直观“鱼鳞图”系统,用计算机手段将土地、人、物反映在一起,用电子地图来直接呈现地块图、对应地块的所有者、土地类型、面积等指标以及地上物指标,并对是否确权等必要信息进行记录。现代化的“鱼鳞图”使土地承包面积界限清楚,房屋平面图标准提高,极大地降低了确权的工作量,加快了确权的进度。同时,该系统能够直观清晰地表达有关土地的信息,容易获得老百姓的信任,为土地流转奠定了基础。

二、土地流转

这里所说的土地流转是农用土地使用权的流转。由于我国农用土地大多是集体所有,农户承包经营,因此所有权和使用权是分离的。鉴于我国土地的二元体制以及农用土地对于国家粮食安全的重要性,我们在这里专门讨论农用土地的流转问题。

(一)土地流转的意义

农村土地流转的目标取向是提高土地利用效率和农民的效益。党的十七届三中全会《中共中央关于推进农村改革发展若干重大问题的决定》指出,“允许农民以转包、出租、互换、转让、股份合作等形式流转土地承包经营权,发展多种形式的适度规模经营”。这可以解读为中央允许农民流转土地承包经营权的目的是“发展适度规模经营”。农村土地流转,具有经济和政治双重意义,是经济社会转型时期发展和谐社会的关键一环。

1. 农村土地使用权流转是规模化经营、集约化生产的必然要求

农村土地流转的目的是为了实现农业规模化经营。随着中国经济体制改革的深入,家庭承包责任制的弊端逐渐暴露出来,主要表现在两个方面:一是土地承包平均分配,导致土地生产经营不平等,阻碍了劳动力与土地、资本和技术等生产要素的优化配置;二是土地承包过于分散,农地经营规模狭小,制约了科学技术和农业机械化的推广应用,阻碍了农业现代化进程。如果不进行土地制度的创新,又要依法按照公平原则保证新增人口获得土地承包权,中国农村土地细碎化特征将长期保留。改革开放以来,农业小生产与大市场的矛盾日益尖锐,中国农业一直在“自然风险”和“市场风险”的夹击中挣扎,土地细碎化成为制约我国农业提高劳动生产率的关键性因素,也是当前我国农民依然贫困的主要原因之一。因此,通过土地流转实现农业规模化经营是农村进一步发展的必由之路,是解决“三农”问题的关键所在。

2. 农村土地使用权流转是农村产业化的需要

除了少数沿海发达省份的农村外,传统农业仍旧在我国大部分农村产业结构中占很大比重,农业高附加值产业发展较慢。农业产业化经营可以延长产业链,提高农业经营的经济附加值,增加农民收益。但目前土地经营分散、农户“各自为政”,大多种植传统作物附带部分经济作物,生产品种繁杂、布局零乱,难以进行专业化生产,也难以形成区域优势和品牌优势。农户分散经营,无力发展农产品深加工,小农户与大市场的矛盾日益突出。通过各种形式的使用权流转,把分散、撂荒的土地向公司、企业、大户集中,发展规模生产,可以有效促进农产品生产基地化、专业化、集约化,提高农地经营效益。

3. 土地使用权流转是调整农业生产结构的需要

实行家庭联产承包责任制后,农村仍然以传统种植业为主,实行数量型增长模式,虽然解决了我国农产品长期短缺的局面,实现了供需总量的大体平衡,但是,随着居民消费类型从温饱型向健康型及小康型转变,对农产品的需求也由数量扩展向质量提高转变,而农产品的供给却没有跟上需求的变化,从而造成供需脱节。我国加入 WTO 后,农业更是受到国际农产品进口的冲击。因此,调整和优化农业生产结构,适应市场多样化需求,促进农业经营由粗放型向集约型、由数量扩张型向质量效益型转变,是提高农民收益、促进农业增长的重要内容。土地流转使土地向公司、企业、大户集中,一方面,促进了农业机械化水平的提高,稳定了种植品种,提高了农产品品质,增强了市场竞争力;另一方面,土地经过流转形成规模经营,生产者可以对规划决策、组织生产各方面进行安排,合理配置,精确计算,从而实行科学种田,节约成本,提高效益。因此,通过土地流转实现农业生产结构的调整,使农业生产适应全球化的市场竞争,是当前发展农业、提高农民收入的必由之路。

(二)以农村土地交易所为平台建设农村土地流转交易市场

1. 土地流转交易市场引入市场机制规范农地流转的意义

从市场经济角度看,农村土地使用权的本质特征是生产资料,发挥市场机制配置土地资源的基础性作用是完善农村土地使用权流转制度的重要环节。因此,建议建立农村土地使用权交易市场,以农村土地使用权交易的市场机制实现农村土地流转的合理价格,引导农村土地以转让、出租、入股、抵押等形式有偿规范流转,这不仅有利于稳定农村土地家庭承包制度,也活化了农村土地使用权,同时,还通过市场的有效配置和政府的示范、服务、引导,实现农村土地适度规模经营，破解家庭承包经营制度下实现土地集约化、规模化的难题，加速现代农业的进程。从市场配置农地资源的效用看，体现了“效率优先，兼顾公平”的原则。农民作为市场主体，具有“经济人”的特征，在交易市场中，农民会根据自身的实际情况，变更土地使用权，实现利益最大化。建立农村土地使用权交易市场有利于土地的合理流转，实现土地规模经济，实现保值增值，吸引非农资金投向农业生产，加快农村小城镇建设，促进农民向第二、第三产业的转移。

当然，单纯依靠市场机制调控农村土地使用权交易过程并不能实现农村土地资源的最合理配置，政府必须对市场进行必要的干预，调控农村土地在不同用途间的交易过程，从而既有效保护农村土地资源，又不对地区经济发展造成不利影响。

2. 以农村土地交易所为平台建设农村土地流转市场

建立农村土地交易所，除了实现占补平衡指标交易市场的建设目的之外，也自然成为农村土地流转市场交易平台。农村土地交易所应在硬件上建成适合交易的档次较高、设施配套、功能齐全的交易服务大厅。在土地流转交易方面，交易所可以设不同的功能区，例如信息登记发布区、流转交易区、合同鉴证区和纠纷调解区。同时，农村土地流转市场要健全交易机制，规范交易。首先，需要建立一套健全的市场管理机制。建立健全市场交易规则、信息联络员、收益评估员、合同鉴证员岗位职责及奖惩制度等，可保障市场交易依法、规范、有序进行。其次，需要建立一个流转信息收集、反馈、发布网络体系。可以在市/区建设流转服务中心，在镇/街建设多功能流转服务大厅，在村建立流转信息服务站，网络化联结，职责分工明确，协调配合有序。最后，需要建立一套规范的市场交易程序，即流转供求双方信息收集–反馈–组织流转双方见面–流转评估–供求双方洽谈达成共识–签订流转合同–合同鉴证。

农村土地流转市场建设的诸多方面都可以学习成都农村产权交易所的做法。成都农村产权交易所于2008年10月13日正式挂牌，是一个非营利性的机构，农民的土地承包经营权、林权、集体建设用地等可以通过市场原则实现有序流转，并且作为转让方的农户，并不需要缴纳服务费用。为了保证农民的利益，在农民的要求下，成都农村产权交易所采取了以实物作为定价基础的方式。每年每亩土地的租金折算成一定数量的农作物，例如大米1 000斤，或者玉米1 200斤；再按照随行就市的原则，例如按照稻谷成熟时的市场价格，乘以事先约定的数量，折算成一定的金额，补贴给农民。相关数量和价格还根据不同地区的地理位置、土地的肥沃程度、产出高低来确定，例如四川温江一带，土地肥沃，产出较高，而彭州、都江堰等山区的产出相对较低。这样一来，农民每年都能够获得一部分固定的收入，而因为是随行就市的价格，如果农作物价格上涨，农民的生活就更有保障。成都农村产权交易所是政府引导农村产权流转的公益平台，不以营利为目的，交易所对农民不收费，对投资者收取一定的费用。

（三）积极推进农村土地流转与土地综合整治相结合

1. 农村土地流转与土地综合整治相结合，最大限度提高农村土地利用和配置效率

中国的土地整治事业发展至今已历经十余载，在此期间，以国土资源部为首的土地整治管理部门进行了多次改革，极大地促进了土地整治事业的发展，使土地整治事业有了如今辉煌的局面，为我国耕地占补平衡和总量动态平衡做出了重要贡献。农村土地承包经营权流转可以有效地促进农村经济发展，提高农业生产能力，改善农民生产生活条件。农村土地承包经营权流转与土地整治的结合，为农村土地流转和土地整治事业的创新发展提供了新的思路，也将引起土地流转和土地整治管理思路和发展模式的转变。

从2000年开始，国家和地方政府通过土地整治复、垦开发等惠农政策在农村土地上增加了大量的投入。多年项目实施的经验表明，土地整治项目的投入和产出还远没有达到最优化，资金的使用并没有实现预期的效益。土地整治项目的特点是在土地整治项目的建设过程中成本的投入比较固定。要实现投入产出最大化，必须在产出上改变经营思路，可以通过土地承包经营权的流转，发展规模经营，加大先进的农业技术和资金的投入，使项目的产出效益达到最大化。一方面，通过农村土地承包经营权的流转，将分散的土地使用权集中在少数人手中，优化农业产业结构，引导和鼓励集体经济向规模经营方向发展，可实现土地经营效益最大化的目标。只有实现土地规模经营，通过多种渠道、采用多种方式获得收益，搞活农村经济，才能使农民群众过上比较富裕的生活。只有通过土地承包经营权的流转，使投入与产出效益实现了最大化，才能使农民真正富裕起来，农民既能得到地租收益，又可以通过土地流转变成农业工人，养老、医疗真正得到保证，生产生活条件才能真正地得到改善。另一方面，通过土地整治项目实现农村土地承包经营权流转，可以促进农产品结构的调整，实现农产品的规模经营和深加工，达到致富的目的。通过土地整治项目实现农村土地承包经营权的流转，催生大型农业企业和集团公司，提供许多的就业岗位，将农民工变成产业工人，实现地租和工资的双重收入，还可以就近解决政府所关心的许多社会问题。到那时，地方经济发展了，农民生活富裕了，企业做大做强了，政府财政充足了，真正实现了多赢的局面。

2. 积极探索农村土地流转与土地综合整理相结合模式

在农村土地综合整理基础上开展土地承包经营权的规模流转，可更好地帮

助农民获得土地的增值收益。例如,周口市扶沟县练寺镇耕地占补平衡暨高效农业开发综合整治项目就是土地综合整治结合土地规模流转的典型案例。[①] 扶沟县练寺镇耕地占补平衡暨高效农业开发综合整治项目是周口市"三项整治"工作的一个项目。该项目位于练寺镇大蒲和桑村 2 个行政村境内。在各级政府推动下,项目总投资 186.47 万元,建设总面积 1 886.55 亩,新增耕地面积 348.90 亩,净增耕地率为 18.49%,项目工期为 2007 年 3 月至 2008 年 3 月,共实施了四项工程。一是土地平整工程。因地制宜进行土地平整,完成移动土方量 1.74 万方。二是农田水利工程。开挖农沟 3 000 米,新打机井 25 眼,修建井房 25 间、桥涵 16 座,配备高压深水泵等辅助设施 25 套,架设 10KVA 高压线路 750 米,380V 低压线路 2 400 米,配 100KVA 变压器 2 台,照明灯 18 盏。三是道路工程。铺设田间路 4 250 米,其中宽 3.5 米沥青混凝土路 3 350 米、宽 3 米沥青混凝土路 900 米。四是林网配套工程。种植大叶女桢绿化树 1 550 株,株距 6 米。整治后,项目区建成了田成方、路成网、林成行、沟渠相通、旱能浇、涝能排的高效农业示范基地,已建第五代温室菜棚 125 个,双层拱棚 36 个,经济效益相当可观,个棚年均收入达 5 万多元,亩均收入 1.2 万元,比整治前增长近 10 倍。

经过土地综合整理,耕地实现了复垦,复垦出的耕地并没有按照传统的方法进行各户分解承包,而是由乡政府统一征求群众意见,自愿报名发展蔬菜大棚,然后由乡政府统一规划建设并发包,实现土地规模流转。2005 年第一批整治出的土地每亩地年租金 500 元,租期为 10 年,现在预计每亩地年租金上升至 1 000 元。愿意进行大棚蔬菜生产的农户,一户一棚,每个棚占地 4 亩,建棚的成本在 2005 年约为 1.5 万元到 2 万元,如今随着物价上涨、人工成本提高,每个棚的建棚成本约为 2.6 万元到 2.7 万元。在资金来源方面,一部分由农民自己筹措,以激发农民种植的积极性和责任心;另一部分当地农村信用社或银行可以提供无息或低息小额贷款。2005 年,每户只可贷 1 万元,期限为 1 年;2009 年,每户可贷款 2 万元,期限为 1 年。对于外出务工返乡或下岗人员,在劳动局开具证明的前提下,可享受无息贷款。一般而言,农民在大棚内主要种植黄瓜,生长期为 8 个月,一般半年即可回本,因此信用社非常乐意贷款给建棚农户。2008 年,练寺镇一个镇的农村存款就达到了 2.1 亿元,可见农民从经营蔬菜大棚中受益,逐渐富裕。在县农业局的推动下,农村建立了专业合作社,农户交 100 元的会费即可成为社员,仅桑村 1 个行政村,合作社的成员已经发展到了 200 多户。专业合作社的职责主要在于为社员提供技术辅导、用会费购买化肥、

① 案例内容来自于北京大学课题组周口实地调研。

种子等发给社员、为社员生产的蔬菜联系销路(包括外地需求商、本地超市等)统一出售,等等。每个合作社大概有四五个经纪人执行职责,他们通过收取过磅费(每斤2分钱)作为合作社的维护费、人工费及剩余款项,年底作为会员的分红。目前各村的专业合作社已经有了自己的注册商标,如"平安"、"红园"等。经过土地"三项整治"后进行土地规模流转,增加了土地收益,实实在在为当地农民创造了更多经济价值。

(四)成都市农村土地流转的做法与经验[①]

当前我国农业正进入一个由传统农业向现代农业转变的新阶段。现代农业要求实现土地集约和规模经营,而当前农村分散、粗放的土地经营方式,难以推广先进的科学技术和发挥大型农业机械的作用,这就势必要求农村土地进行适度流转和集中经营。农村土地流转现阶段还存在着种种障碍,农村土地流转制度改革已经成为我国农业现代化过程中亟待解决的问题。我国目前已有部分地区开展了农村土地流转的试点工作,其中成都农村土地流转模式按照"依法、自愿、有偿"三个基本原则,较好地解决了"谁流转、怎么流转和流转收益归谁"这三个重要问题,对促进全国其他地区农村土地流转,推进城乡统筹发展具有十分重要的借鉴意义。

成都市是国务院批准的全国统筹城乡综合配套改革试验区,其统筹城乡发展的核心经验和基本方法是"三个集中",即工业向集中发展区集中,农民向城镇集中,土地向规模经营集中。在推进城乡统筹的过程中,成都市是如何实现土地流转的呢?成都市提出的"确权是基础,流转是核心,配套是保障"的做法就是对成都经验很好的概括。

1. 落实农村集体土地和房屋所有权的确权登记

成都模式的第一步是对农村土地确权。具体方案是在区国土资源局的参与下,先对村里的土地进行测量并公示结果,再由国土局、房管局、农业局分别发放四种权证——《土地承包经营权证》、《集体建设用地使用权证》(即《宅基地使用权证》)、《房屋所有权证》、《集体林地使用权证》。这个过程就是对全区集体土地进行确权登记的过程。

创新耕地保护机制也是成都模式的核心内容,其中最有特色的是设立耕地保护基金,建立耕地保护补偿机制。在确权过程中,成都市配合四证,还给农民发放耕地保护卡和养老保险卡。耕地保护卡金额是由成都市及区县财政的耕地保护基金设立的,补贴标准为基本农田每年每亩400元,一般耕地每年每亩

---

① 本节内容参考了:"农村资产资本化迈出关键的一步",《成都商报》,2008年10月14日;"农村产权交易所:摸索土地流转之路",《中国证券报》,2008年12月1日。

300 元，扣除 10% 的土地流转担保金和农业保险，打到农民“耕保卡”上的分别是 360 元和 270 元。根据本人意愿，可将耕保补贴转到养老保险卡，抵扣保费。农民可查询“耕保卡”上的金额，但不能领取。当农民男到 60 岁、女到 55 岁时，承包地没有受到破坏时一次性领取耕地补贴。

2．搭建土地流转平台，推进土地有序流转

拿到确权证书只是第一步，为了让农民把土地变成可在市场上流转的资产，更需要搭建土地流转的平台。2006 年 3 月，四川省第一家市级农村土地承包流转服务中心在成都成立，标志着农村土地流转由以往的个人不规范行为变为政府指导的规范行为。随后，县乡两级土地承包流转服务中心也相继成立。2008 年 10 月，成都市成立了全国首家综合性的农村产权交易所，在温江、大邑、锦江、都江堰等地建立起统一的农村产权流转服务中心，开设了土地承包经营权流转业务。2008 年 4 月，由成都市委、市政府牵头组建的成都市农村产权流转担保有限公司成立。公司除对土地承包经营权、林权等流转行为进行担保之外，还对利用宅基地、农村房屋、新居工程等抵押融资行为进行信用担保。

3．引导农村土地向规模经营发展

早在 2005 年，成都市委和市政府两办下发的《关于推进农村土地承包经营权流转的意见》中，成都市就至少确认了 4 种流转方式，分别是转包、租赁、互换经营和入股。转包即承包方自行与有经营能力的业主协商，将自己的土地承包经营权部分或全部流转给业主。租赁是农户在自愿基础上，把土地书面委托给集体经济组织或中介组织管理，然后，由这两种组织代理农户与业主签订合同，由业主承租或承包，统一开发经营。互换经营指同一集体经济组织内的承包方，为土地集中经营需要，可自愿将承包土地进行互换，交换条件、附带的利益关系和补偿等，由互换双方协商。比如，某片土地需要成片规模经营，但其中有一块承包人要保留自己的承包经营权，在自愿原则下，就可用其他的地来换这块地。土地股份合作就是土地承包方自愿联合起来，用土地承包经营权入股，从事农业合作生产；也可采取土地承包经营权入股方式，与业主合作经营。

成都市在土地流转实现规模经营上有过诸多摸索，产生了多种流转模式。第一种是按照“大统筹、大集中”的思路，对农民“双放弃”（即自愿放弃宅基地使用权和土地承包经营权）后的宅基地和耕地两类土地实施整理，推进土地跨区域流转。这种模式主要针对已在城市找到工作且家庭收入中有 80% 以上是非农收入、有宅基地和耕地的农户，申请双放弃后由政府部门核查批准后获得一定补偿，入住政府出资统一建设的集中居住点，户口变成居民，进入失地农民社保系统。第二种是以农业产业化项目规模化经营为依托推进土地集中流转，按照依法、自愿、有偿的原则，采取转包、租赁、入股等形式，稳步推进土地向农业龙头企业、农村集体经济组织、农民专业合作经济组织和种植大户集中,实现土地流转、规模经营和农民增收。第三种方式是“两股一改”,将集体资产股份化、农民土地股权化后,交由村级股份经济合作社统一管理,由合作社统一与项目业主签订土地流转合同,按股进行收益分红,推进土地股权化流转。通过这些市场化取向的改革,让农民脚下的土地从资源变成资本,各种生产要素流动更为自由合理,农业适度规模化经营为农村发展注入了源源不断的动力与活力。

4. 保护失地农民的配套政策

随着土地流转产生失地农民的现象的出现,成都市政府积极探索失地农民保障的配套措施。2007 年 9 月,成都市统筹城乡工作委员会成立后,成都市积极推进农民变市民的身份转换,为此在城市近郊提出和试行了农地流转“三保障、两放弃”的城郊模式。所谓“三保障”则是指农民变成市民需要的三个保障条件,一是能够在城市的第二、第三产业就业;二是在城市拥有自己的住宅,家属能够在城市居住;三是能够享受城市居民享受的社会公共服务。“两放弃”是:农民自愿放弃土地承包经营权和宅基地使用权的,在城区集中安排居住,并享受与城镇职工同等的社保待遇。“三保障”和“两放弃”互为条件,农民有了“三保障”,必须“两放弃”;要农民“两放弃”,就必须给农民以“三保障”。在这里,农民变市民不仅是身份的交换,实际上也是一种物质的交换,即农民以承包地来换城市的就业和社会保障,以宅基地来换城市的住宅。

为了确保“三保障、两放弃”后农民的利益不受损害,成都市温江区制定了《关于鼓励农民向城镇和规划聚居区集中的意见(试行)》和《关于放弃宅基地使用权和土地承包经营权农民参加社会保险实施细则(试行)》,并启动了“限制条件”。一是农户年人均纯收入必须达 5 000 元以上,其中 80% 以上来自非农产业。这样在自愿“两放弃”后,能够承受城镇居民社保的缴费水平。二是优先考虑城区规划的优先发展区、城市的基础设施建设即将延伸的区域、在“拆院并院”过程中整体成片集中区内居住的农民。在土地补偿项下,温江区规定:“农民应得的土地补偿,按所在村组的宅基地、林盘地、承包地、自留地人均面积应补偿额计算。农户的宅基地和林盘地上的附着物,在实施搬迁时根据协议锁定数额进行补偿;自留地和承包地上的附着物,在实施搬迁以前,由农户耕种经营,在实施搬迁时,由农户自行处理,政府不再予以补偿。”

5. 农村土地流转“成都模式”的经验与启示

首先,成都模式以土地确权为突破口,用土地治理为城乡统筹发展注入新的活力,还原土地资本属性,把土地升值盘活,有效破解了一直困扰在城乡均衡发展中“钱从哪里来”的难题。由于历史和客观原因,农民个人并不拥有对集体土地的所有权，手中拥有的土地权利虚置，资源难以变成资本。成都模式的意义在于，通过土地确权使土地成为农民明确、法定的资产，并在此基础上建立耕地保护机制和产权流转体系，实现土地资源向资本的转变，为农村发展注入活力；通过促进土地要素市场化，进而实现农村土地要素和劳动力要素的自由流动；通过土地整理与建设用地指标置换，获取城乡统筹资金。这不仅提高了农民收入水平，还一举破解了城乡统筹发展中的"资金难"困局。

其次，成都模式通过土地产权改革及配套措施，为适度规模化农业和农村发展提供了融资途径。成都市通过农村土地确权登记，确定了农民对土地的财产权以及合法流转的权利，并通过农村产权流转担保公司为农村土地流转和抵押融资、农村建设贷款及农村劳动者创业贷款等提供信用担保。由于农业生产周期长，且自然条件对其影响大，投资风险较高，农民拥有符合金融机构规定的贷款抵押物也较少，而要发展农业规模化经营，提高农民收入，首先需要解决资金问题。这些措施一方面为适度规模化农业的发展提供了抵押贷款的新途径，解决了农民融资困难问题；另一方面，通过建立农村产权流转担保机构和农业保险机制，降低了从事农业生产以及进行农村融资的风险，并将进一步促进金融机构对农业的投资。

最后，成都模式通过创新耕地保护制度，设立耕地保护基金，保障了耕地与粮食生产安全。成都市模式设立耕地保护基金和耕地保护补偿机制，政府与农民签订《耕地保护合同》，农户承担耕地保护责任，违约将被追回补偿款并承担相应惩罚。同时如耕地发生流转，耕保金的发放对象并不随之改变。一方面，将耕地保护责任落实到人，农民在享受经济补偿的同时，也戴上了保护耕地的"紧箍咒"，让农民成为耕地保护的主体和监督者，使耕地资源得到可持续性保护，保障了粮食安全；另一方面，耕地保护基金由市和区（县）两级政府共同筹集，其主要来源是每年新增建设用地土地有偿使用费以及土地出让收入的一部分，并提取一定比例用于土地流转担保金和农业保险，既保障了耕地保护资金的稳定来源，又提高了农业的抗风险能力。

第六章　城乡统一土地市场的建立*

一、我国现行土地制度

我国现行的土地制度是城乡分治，在土地所有权方面是国有和集体所有两种土地所有权并存。农村的耕地和建设用地基本上是集体所有，城市的建设用地是国有。集体土地不上市场交易。国有土地可以通过招牌挂的方式进入市场交易。由于我国经济高速发展、城镇化的快速推进导致城镇面积的扩张。城镇的扩张必然导致相当数量的城镇周边耕地被占用。为了保护国家的粮食安全，国家采取极为严格的耕地保护措施，在数量上确定了18亿亩耕地的红线。如果某个地方占用了耕地，必须在另一个地方补充至少同样数量和质量的耕地。为此，国家制定了耕地占补平衡政策和建设用地增减挂钩政策，即城镇建设用地增加必须相应地减少农村集体建设用地。下面我们就耕地占补平衡与城乡建设用地增减挂钩政策展开讨论。

（一）耕地占补平衡

1. 以土地规划和用途管制制度为前提实施耕地占补平衡

《中华人民共和国土地管理法》（以下简称《土地管理法》）规定“国家实行土地用途管制制度”，土地用途管制制度的基础是制定土地利用规划。《土地管理法》规定“国家编制土地利用总体规划，规定土地用途，将土地

* 本章由朱善利、冯晴、沈梁军执笔。蒋承、王欢参加了本章的讨论，为本章的完成做出了贡献。

分为农用地、建设用地和未利用地。严格限制农用地转为建设用地,控制建设用地总量,对耕地实行特殊保护”。进一步,《土地管理法》规定“国家保护耕地,严格控制耕地转为非耕地。国家实行占用耕地补偿制度。非农业建设经批准占用耕地的,按照“占多少,垦多少”的原则,由占用耕地的单位负责开垦与所占用耕地的数量和质量相当的耕地;没有条件开垦或者开垦的耕地不符合要求的,应当按照省、自治区、直辖市的规定缴纳耕地开垦费,专款用于开垦新的耕地,即所谓的“耕地占补平衡”政策。

土地利用规划是土地用途管制和占补平衡政策实施的先决条件。我国国家土地利用总体规划由国务院负责,总体规划期限一般为15年。在土地利用总体规划基础上,国家每年根据国民经济和社会发展计划、国家产业政策、土地利用总体规划以及建设用地和土地利用的实际状况制定土地利用年度计划。同时,“各级人民政府应当依据国民经济和社会发展规划、国土整治和资源环境保护的要求、土地供给能力以及各项建设对土地的需求,组织编制土地利用总体规划”,“下级土地利用总体规划应当依据上一级土地利用总体规划编制”。进一步,地方各级人民政府编制的土地利用总体规划中的建设用地总量不得超过上一级土地利用总体规划确定的控制指标,耕地保有量不得低于上一级土地利用总体规划确定的控制指标。“省、自治区、直辖市人民政府编制的土地利用总体规划,应当确保本行政区域内耕地总量不减少”。而“县级土地利用总体规划应当划分土地利用区,明确土地用途”。“乡(镇)土地利用总体规划应当划分土地利用区,根据土地使用条件,确定每一块土地的用途,并予以公告”。

2. 依靠行政性土地利用指标配额管理方式实现占补平衡

为了保证我国粮食安全和经济可持续发展,我国逐步建立了从上至下全国范围的以行政化配额管理方式为典型特征的土地使用计划,以保证耕地不断获得开发和整理,实现耕地占补平衡。

在耕地占补平衡制度要求下,《土地管理法》规定“建设占用土地,涉及农用地转为建设用地的,应当办理农用地转用审批手续”以及“各级人民政府应当加强土地利用计划管理,实行建设用地总量控制。建设用地总量控制的方法是以土地利用总体规划为基础实行土地利用年度计划”。国家根据土地利用总体规划对计划年度内新增建设用地量(包括建设占用农用地、耕地和未利用地)、土地开发治理补充耕地量和耕地保有量的具体安排,形成所谓的土地利用年度计划。此土地利用年度计划则成为每一年份各级国土部门对新增建设用地、建设用地预审、耕地开垦、土地整治审批的依据。具体来看,土地利用年度计划主要包括新增建设用地计划、耕地保有量计划和土地开发治理计划等。其中,新增建设用地计划又分为新增建设占用农用地和占用耕地两种指标,同时还将占用耕地的指标区别为城镇村建设占用耕地和独立选址项目建设占用耕地两类性质来进行控制①。土地利用年度计划和实施均实行指令性管理,采取指标配额方法,不得突破,并作为政府目标责任考核依据。每年由国土部下达至各省年度用地计划指标,包括建设用地总量指标、新增建设用地占用农用地指标、新增建设用地占用耕地指标以及土地开发数量指标和土地复垦数量指标。国家对各省的各种年度用地指标下达后,各省则根据土地利用年度计划分解下达的原则和土地管理政策要求,在本省各地提交的年度土地利用年度计划建议基础上,进一步对指标进行分解,然后下达下属各地②。

为了保证这一从上至下全国范围的以行政化配额管理方式为典型特征的土地使用计划和计划实施制度的落实,中央屡次下达各种通知和决定,要求“强化土地利用总体规划的整体调控作用。各类与土地利用相关的规划要与土地利用总体规划相衔接,所确定的建设用地规模必须符合土地利用总体规划的安排,年度用地安排也必须控制在土地利用年度计划之内③”,要求“加强土地利用计划管理。农用地转用的年度计划实行指令性管理”,要求“将新增建设用地控制指标(包括占用农用地和未利用地)纳入土地利用年度计划,以实际耕地保有量和新增建设用地面积,作为土地利用年度计划考核、土地管理和耕地保护责任目标考核的依据④”。并进一步规定“以出让等有偿使用方式取得国有土地使用权的建设单位,按照国务院规定的标准和办法,缴纳土地使用权出让金等土地有偿使用费和其他费用后,方可使用土地。新增建设用地的土地有偿使用费,百分之三十上缴中央财政,百分之七十留给有关地方人民政府,都专项用于耕地开发⑤”。

为了保证耕地占补平衡的效果,现行耕地占补平衡政策严格限定在省/区/直辖市行政区域内,禁止跨省进行易地占补平衡。早在2004年6月份,国务院就发出《关于深入开展土地市场治理整顿严格土地管理的紧急通知》,其中明确要求“未经国务院批准,不许跨省域进行耕地占补平衡;不得进行跨市、县的基本农田易地代保”。2008年6月,国土资源部又进一步发布《国土资源部关于严格耕地占补平衡管理的紧急通知》,进一步明确规定“未经国务院批准,不得跨省域进行耕地占补平衡。耕地占补平衡必须严格限定在本省(区、市)行政区

---

① 王龙,“土地利用总体规划与年度用地计划”,贵州省国土资源厅网站,2008年9月12日。

② 例如,贵州省的做法是城镇村建设新增建设用地计划全省年初一次性分解下达。单独选址新增建设用地计划分两次分解下达,其中第一次分解下达市(州、地)级单独选址项目计划总量的60%,第二次综合相关情况,再分解下达市(州、地)级单独选址项目计划总量的40%。参见《土地利用总体规划与年度用地计划》,贵州省国土资源厅规划处。

③ 《国务院关于促进节约集约用地的通知》(国发[2008]3号)。

④ 《国务院关于深化改革严格土地管理的决定》(国发[2004]28号)。

⑤ 《中华人民共和国土地管理法》(2004年修订)。

域内，省级国土资源部门要切实负起监督管理责任。确实难以补充耕地的，可由省级国土资源部门统筹安排，在省域内补充耕地，但必须采取有力措施，确保补充耕地数量和质量相当。城乡建设用地增减挂钩试点，必须严格控制在部批准的试点范围内，不得跨市（地）、县（市）设置挂钩项目区，项目区内拆旧复垦的耕地只能用于补充建新占用的耕地”。现行的政策不仅包括禁止跨省进行易地占补平衡，而且也要求实行耕地先补后占。2009 年 3 月，国土资源部发布了《关于全面实行耕地先补后占有关问题的通知》。在通知中要求各级地方国土资源部门积极利用新一轮土地利用总体规划修编，在修编中要根据耕地后备资源状况，立足于区域内补充耕地自求平衡，并要求各级地方国土资源部门都要建立健全补充耕地储备库，先行实施土地整治复垦开发项目，实现耕地先补后占。强化项目管理，提高补充耕地质量。

现行占补平衡政策严格禁止跨省进行易地占补平衡并要求耕地先补后占的主要原因是易地占补平衡实现耕地补充可能存在的突出问题。这些问题包括易地补充耕地可能弄虚作假，补充的耕地在质量上可能存在差异，或者在特别偏远的地方，即使进行了耕地复垦也可能是长期撂荒无人耕种。同时，通过易地占补平衡方法虽然使一些发达地区得到了经济发展需要的土地，但是，落后地区大量土地变成了耕地，这些落后地区未来发展需要的建设用地在今后则没有了来源。另一方面，易地占补平衡往往是各省自己在省辖区域内或者省际间自行操作，并没有经过国务院或国土部审批，有可能导致占补平衡的耕地保护制度执行失去控制。

3. 耕地保护与经济发展之间的用地矛盾决定了跨省占补平衡是难以避免的

土地管理并不完全是土地用途管理，土地是重要的生产要素，也需要在保护耕地的同时，充分发挥土地要素的作用和价值。现行的完全行政化的土地分配方式，造成了土地要素分配的方式以权力，而非以效率和公平为基础。行政手段严格限制以市场化方式进行土地要素的配置和使用，不仅造成土地价值无法通过流动充分获得发掘，而且也造成土地收益分享的巨大的社会不公。在占补平衡政策下严格禁止跨省占补平衡的效果就是如此。事实上，严禁跨省占补平衡很难在实际中长期推行，耕地保护与经济发展之间的用地矛盾决定了跨省占补平衡是难以避免的。在占补平衡政策实施中，各省一般都采取了属地占补平衡制度以保证实施效果，即市、县各自负责本行政区域内的耕地占补平衡，省厅则负责省内占补平衡和省内占补平衡指标的调剂。但是，耕地占补平衡制度下，各地每年获得的计划内新增建设用地指标是非常有限的，与经济发展用地需求之间有着巨大的缺口，特别是经济比较发达的地区更是普遍存在占补平衡土地资源不足，从而易地占补平衡成为很多地区寻求实现占补平衡的方法。例如,北京市就采取了城区占补平衡通过远郊区县易地占补实现的方式[①]。浙江也是如此。2005年,浙江省政府就颁发了《关于进一步鼓励土地整理和垦造耕地的意见》明确规定确因资源缺乏无法实现耕地占补平衡和标准农田建设任务的,可以进行补充耕地易地委托垦造和标准农田易地代建。为此,浙江省还专门设立了用地指标"统筹专户"。凡向省统筹专户调剂上地整理折抵指标的县(市、区),省里原则上参照市场调剂价支付统筹款,并按统筹折抵指标额的20%奖励相应县(市、区)土地整理折抵指标年度使用额度。根据《浙江省基本农田保护条例》,经省人民政府批准,省内可以实行基本农田易地代保。该《条例》还特别强调,基本农田易地代保的委托方应当向受委托方支付基本农田建设保护的补偿费用。在土地整理折抵指标(土地整理新增有效耕地面积折抵建设用地指标)有偿调剂政策方面,浙江也是首开先河。浙江省规定,为鼓励土地整理,该指标可在省域范围有偿调剂使用。事实上,一些经济发达地区到中西部省份实现跨省易地耕地占补平衡也并不鲜见[②]。同样的,易地占补平衡也成为上海市实现经济发展用地扩张的希望。2009年上海共需新增建设用地7.7万亩,已经无法在本市内实现耕地占补平衡,上海已经向国土资源部申请易地占补平衡[③]。

与其耗费巨大的行政成本消灭不同地区日益活跃的跨省占补平衡交易,不如按照土地要素的价值规律推进占补平衡指标市场建设,以市场化方式进行我国农村土地要素配置和利用,最大限度地实现农村土地要素价值。事实上,2009年3月国土资源部发布的《关于全面实行耕地先补后占有关问题的通知》就专门提出了要探索市场化运作方式,鼓励社会资金参与补充耕地。同时,允许耕地指标通过市场有偿转让,用于建设占用耕地的占补平衡。的确,易地占补平衡中出现的耕地补充弄虚作假、耕地补充质量低下等问题并不是易地占补平衡政策的必然问题,而是加强耕地复垦验收和提高占补平衡监管水平的问题。正如《通知》中所指出的,对于市场化补充耕地的,国土资源部门要着重做好项目立项、验收和补充耕地指标确认等工作,通过统一的指标转让市场,规范指标登记、转让、挂钩、注销等程序,严格管理,防止弄虚作假。

(二)城乡建设用地增减挂钩

1. 城乡建设用地增减挂钩政策与农村土地综合整理政策有效互补

为了国家粮食安全,18亿亩的耕地红线和最严格的耕地保护制度可以说是

---

① 李思雨:"延庆:'易地占补'平衡土地做法暴露了一些问题",《经济参考报》,2007年8月30日。

② 范利祥:"'耕地占补平衡术'跨区域指标调剂浙江风行",《21世纪经济报道》,2006年8月18日。

③ 赵飞飞:"上海谋划异地占补平衡",《21世纪经济报道》,2009年5月27日。

经济发展中土地利用的“紧箍咒”。但是，最严格的耕地保护制度和政策、不得逾越18亿亩的耕地保护红线，这些政策保护的显然应当是耕地的数量和质量，而没有必要要求耕地的位置保持不变。工业化和城市化是各国经济发展的必然道路，随着工业化和城市化的进展，城郊地区的农村耕地被开发是必然的，抑制城郊土地性质变化的方法是高成本而无效的，还可能延误经济发展时机。面对工业化和城市化过程中必然出现的城郊地区农村耕地被开发的现象，同时，也看到在农村特别是偏远的经济落后地区的农村，通过土地综合整理能够获得大量新增耕地用于耕地储备的事实，2005年，国土资源部在吸收各地创新性土地管理经验的基础上，提出了城乡建设用地增减挂钩政策，并选择了山东、浙江等省份进行试点推行。

根据《城乡建设用地增减挂钩试点管理办法》[①]规定，城乡建设用地增减挂钩是指依据土地利用总体规划，将若干拟整理复垦为耕地的农村建设用地地块（即拆旧地块）和拟用于城镇建设的地块（即建新地块）等面积共同组成建新拆旧项目区（以下简称项目区），通过建新拆旧和土地整理复垦等措施，在保证项目区内各类土地面积平衡的基础上，最终实现增加耕地有效面积，提高耕地质量，节约集约利用建设用地，城乡用地布局更合理的目标；项目区内拆旧地块整理的耕地面积，大于建新占用的耕地的，可用于建设占用耕地占补平衡。显然，农村综合整理的土地在性质上很多都属于农村集体建设用地，典型的包括农村宅基地及其附属设施用地、乡镇企业用地、农村公共设施和公益事业建设用地等，这些农村集体建设用地通过土地综合整理能够大量进行土地复垦而形成新增耕地。这些新增耕地的位置虽然在农村，并不在城郊地区，但是，通过挂钩政策和农村土地综合整理相结合，在农村某个地区集体建设用地减少、耕地增加的同时，城郊地区原来的农村土地，包括耕地也就可以被征用为城市发展的建设用地；虽然这样的征用使城郊地区出现了耕地减少，城市建设用地增加，但是，偏远农村的耕地增加和建设用地减少在总量上保证了我国耕地数量不下降的目标。经过不同性质土地的空间置换，无论是耕地数量还是建设用地数量在总量上都没有发生改变，同时，又形成了农村耕地和粮食安全获得保护，城市建设用地满足经济发展需求的良性循环局面。

为了保证挂钩政策真正能够做到在耕地数量不减少的前提下有更多的建设用地用于满足城市经济发展的需要，挂钩政策规定了许多实施的具体要求。例如，项目区内建新地块总面积必须小于拆旧地块总面积，拆旧地块整理复垦耕地的数量、质量，应比建新占用耕地的数量有增加、质量有提高。再如，挂钩

① 已经经过若干次修改，现为国土资发［2008］138号文件。

试点通过下达城乡建设用地增减挂钩周转指标进行,挂钩周转指标专项用于控制项目区内建新地块的规模,同时作为拆旧地块整理复垦耕地面积的标准,且不得作为年度新增建设用地计划指标使用。挂钩周转指标应在规定时间内用拆旧地块整理复垦的耕地面积归还,面积不得少于下达的挂钩周转指标。进一步,要求挂钩试点工作实行行政区域和项目区双层管理,以项目区为主体组织实施。项目区应在试点市、县行政辖区内设置,优先考虑城乡结合部地区;项目区内建新和拆旧地块要相对接近,便于实施和管理,并避让基本农田。同时,试点市、县国土资源部门应按照"总量控制、封闭运行、定期考核、到期归还"的原则,制定建立挂钩周转指标管理台账,对挂钩周转指标的下达、使用和归还进行全程监管。试点省级国土资源部门每年还应依据指标归还计划,对各试点市、县挂钩周转指标归还情况进行考核验收。

城乡建设用地增减挂钩政策的核心目的一方面是保证耕地数量不减少,另一方面,也要保证满足经济持续增长对于土地资源的需求。挂钩政策实施规定特别强调先在拆旧区把农村建设用地转化成耕地,再在城市新增建设用地,做到先造地后用地,对耕地保护力度更大、保护效果更好。同时,由于挂钩政策在实施中并不允许具体地块的农村集体建设用地直接上市交易,而是首先通过农村土地综合整理创造出用于挂钩的指标,也就是先增加了耕地,再在指标落地时与具体的建设地块相对应,因此,挂钩指标的方法能够较好地与政府规划进行结合。城乡建设用地增减挂钩政策与农村土地综合整理的有效结合,在城乡建设用地总量不增加同时,不仅能够保护耕地,确保耕地总量不减少、质量不降低,还有效地促进了农村土地节约集约利用,有利于农村闲置土地资源依法有序退出,在解决农村建设用地浪费问题的同时,优化了城乡土地资源配置。

2. 土地综合整理、土地增减挂钩与耕地保护

没有与城乡建设用地增减挂钩政策结合的农村土地综合整理制度虽然帮助农民增加了一定数量的耕地,但是,农民无法分享城市巨大的建设用地出让收入,这对于农民而言是不公平的。在城乡收入差距日益拉大的今天,有必要通过土地管理政策的改进,通过挂钩政策与农村土地综合整理相结合,使农民在放弃集体建设用地的同时,分享经济发展中城市土地增值收益。土地综合整理,特别是农村集体建设用地整理如果能够与城乡建设用地挂钩政策相结合,在集体建设用地减少情况下,土地以挂钩指标形式在城郊地区增加城市建设用地数量,可以实现农村集体建设用地的远距离、大范围置换,与此同时,如果在挂钩指标出让收入中允许农民和农村参与分享,则对于提升农村,特别是偏远地区的土地价值,促进农民增收和改善农村生产生活条件会产生重要的作用,甚至成为有效解决我国农村和农民将土地资源转化为可以流动的资本,有效推

动农村和农民财富积累的核心力量。

事实上,在国土部发布的《城乡建设用地增减挂钩试点管理办法》规定中,对于项目区中的土地征收补偿等方面有一定的说明。例如,要求项目区选点布局应当举行听证、论证,充分吸收当地农民和公众意见,严禁违背农民意愿,大拆大建;要求涉及集体土地征收的,要实行告知、听证和确认,对集体和农民妥善给予补偿和安置;还特别规定"建新地块实行有偿供地所得收益要用于项目区内农村和基础设施建设,并按照城市反哺农村、工业反哺农业的要求,优先用于支持农村集体发展生产和农民改善生活条件"。但是,这些规定更多的是针对项目建新区,对于项目拆旧区的农民补偿标准和方法仍没有更多的涉及,更没有具体的执行细则。虽然在集体建设用地国家征收后的招拍挂出让收入中,政府也规定了诸如新增建设用地有偿使用费和耕地开垦费等部分会用于农村的土地开发整理,但是,挂钩项目执行时,偏远地区的拆旧区农民不仅需要对集体建设用地进行复垦耕地,往往还需要拆迁房屋,搬迁集中居住。因此,挂钩政策有必要明确城市土地增值收益的一部分直接用于补偿拆旧区农民的拆迁和新建房屋,甚至应当将挂钩指标收入的主体部分都返还农民和农村。因为不仅城郊建新区农民放弃了农村耕地,偏远地区拆旧区的农民也放弃了集体建设用地,才换得城市发展的土地。如果挂钩政策的收入能这样向中国农村和农民倾斜,则这部分收入有可能成为改变农村和农民面貌的重要资金源泉,也由此创造出农民保护耕地和实现国家粮食安全的真实基础。

3. *城乡建设用地增减挂钩方式的政策局限性*

城乡建设用地增减挂钩政策由于是将农村拆旧区与城郊建新区捆绑,由此产生诸多问题。不仅挂钩指标不具备标准化条件,而且挂钩指标落地存在很大困难,致使交易难以进行和推广。重庆现行的方法是不指明挂钩指标集体落地地块,而是要求指标购买者与其他开发商一起竞买政府拍卖的具体地块土地。已经有挂钩指标的一方只是在拍得具体地块后不需要缴纳新增建设用地有偿使用费和耕地开垦费。显然,挂钩指标对于指标购买方吸引力有限。但是,如果挂钩指标已经指明了具体的建新地块,那么指标拍卖价格的高低可能主要取决于建新地块的位置,指标价格就没有统一的标准。在这种情况下,位置好的建新区挂钩的指标价格高,但这部分溢价应当是建新区位置的价格,所以其中指标收入的一部分应当返还建新区,用于拆迁补偿等。为了更为公正地进行偏远地区农民和城郊地区农民利益分配,可以采取农村土地分级的方法解决位置指标价格的问题,将拆旧区按照位置划分农村土地级别,例如,假设五级是更偏远农村土地,五级土地补偿的最高价格由政府规定,挂钩在好地段的建新区指标中只有这部分是返还农村的,其他部分则归属建新区。但是,这样指明了集体落地位置的挂钩指标引起的价格形成和收益分享问题会很大，造成挂钩指标与指标之间没有可比性，也使挂钩指标失去了市场交易所要求的标准化票据的性质。

进一步，由于重庆农村土地交易所是我国农村集体建设用地市场建设的关键步骤，在农村建设用地的市场化和集约化刚刚起步的现在，农村土地交易的制度建设及其政策配套还面临诸多需要解决的问题，这些问题涉及土地交易的各个环节和方面。例如，在集体建设用地复垦耕地环节，如何确保土地被复垦成为耕地，使挂钩指标数量与新增耕地数量能够真实一致。为了做到这一点，也为了防止扭曲利益分配关系，重庆土地复垦的工作是由国土局专门成立的农村土地开发整理有限公司进行的，并未允许农民或其他社会主体参与复垦。但是，积极探索土地综合整理市场化，将多种资金引入土地开发整理事业，加快土地整理进度，加大土地整理规模还需要进行深入研究。更进一步，即使是将挂钩指标收益主要用于反哺农村，农民与农村集体经济组织之间的比例分配也难以清晰界定，在实际执行中有可能最终还是通过村民决议等形式分配。另一方面，在交易所上市交易的挂钩指标实际是由诸多不同性质的地块综合整理而形成的指标，指标背后构成的土地有的是宅基地，有的甚至是并非集体建设用地的荒地，土地来源不同，整理成本也很不相同，在这种情况下，指标交易后收益的分配并非是可以简单处理的。在定价机制方面，集体建设用地基准价格的确定实际上很难有较好的参照。由于农村集体建设用地市场刚刚起步，城市土地定级估价办法直接套用并不合理。还有，挂钩指标在落地时允许冲抵新增建设用地土地有偿使用费和耕地开垦费，国有土地征收和招拍挂过程的税费项目已经比较清晰，但集体建设用地交易的税费项目怎样收取并没有清晰的政策。

二、以农村土地交易所形式建设全国性占补平衡指标交易市场[①]

我们从第六章中的对于城乡建设用地增减挂钩政策的讨论中可以看到，作为挂钩政策实施的创新内容，重庆建立了农村土地交易所，在土地交易所直接交易农村集体建设用地挂钩指标。而由于挂钩指标交易机制存在的一些问题可能导致其很难有效地在全国推广并形成全国性的指标交易市场。但是，挂钩指标交易问题的存在并不代表建立农村土地交易所进行土地指标交易没有意义，相反，建立农村土地交易所进行土地指标交易意义非常重大。这里关键的

① 这里讨论的占补平衡指标限制在以农村集体建设用地复垦耕地的范畴。

问题是要解决现今在我国农村集体建设用地还无法直接进行市场交易的前提下，土地交易所交易的商品是什么？我们认为，农村土地交易所除了进行农村土地承包权流转之外，应当直接交易经过农村土地综合整理获得的耕地占补平衡指标。经过有效规划，农村拆迁和复垦与新村建设的位置和面积就能够基本确定，新增集体建设用地的数量，同时也是新增耕地的数量也就基本确定。新增建设用地复垦耕地后经过验收，按照土地的位置和质量等条件进行一定的折扣计算就形成所谓的占补平衡指标。

由于占补平衡指标的获得环节是单纯地进行农村土地综合整治，不像挂钩政策下那样将农村土地综合整治与城市征地拆迁和指标落地相互关联。因此，只要在农村土地综合整治方面把握好耕地复垦验收的环节，充分保证复垦耕地的数量和质量，占补平衡指标就有条件成为标准化的票据而进行交易。进一步，由于国家征地时往往是将城郊农村耕地征收为城市建设用地，所以偏远地区农村土地复垦最好是使用集体建设用地，如果以农用地整治则新增耕地还必须结合农用地转用指标，才能够将农用地转变为集体建设用地。农用地转用指标的稀缺性导致了偏远地区集体建设用地使用程序更简单，成本也更低。因此，可以将农村集体建设用地整治从土地综合整治中剥离出来，专门列为农村集体建设用地整治，并以此为基础形成占补平衡指标进行交易。

需要特别强调的是，占补平衡指标并不代表农村建设用地所有权，所以并不会出现农民失去土地的问题。占补平衡指标交易是市场化的。进入农村土地交易所购买占补平衡指标的主体可以是任何经济主体，包括政府、公司和个人。指标出售人是农村集体经济组织。通过建立农村土地交易所进行耕地占补平衡指标的公开竞价交易，能够更充分地吸引指标交易的买方和卖方进入市场，形成更有效的价格形成和价格发现机制，充分挖掘偏远农村集体建设用地的市场价值，促进我国农村土地资源的有效配置和利用；同时，在农村土地交易所进行占补平衡指标交易，农村集体建设用地可以通过指标的形式进入市场，这能够更好地推动我国土地二元产权结构下同地同权同价的城乡一体化土地市场的形成。

根据我国《土地管理法》，农村土地由农村集体所有。偏远地区农村通过土地综合整理和耕地复垦，形成了城市建设所需要的占补平衡指标，这些占补平衡指标的形成实际上代表着农民将拥有的集体建设用地置换为耕地。虽然置换后农民集体在土地面积拥有数量上并没有改变，但是，耕地和建设用地出现的土地用途差异代表着经济利益的巨大差别，其本质相当于对于偏远农村集体建设用地进行国有化征收。偏远地区农民放弃了农村建设用地权利，也就放弃了未来可能存在的巨大经济利益，而这个过程是不可逆的，即已经复垦的耕地未来几乎不可能再改变成为建设用地。在现行的这种置换中,政府基本上都没有向偏远地区农民提示存在这样的利益差异,而由此获得了占补平衡指标和征收城市周边农村耕地进行建设的用地权利,以国有土地拍卖方式转变为政府巨额土地出让收入。

既然我国土地法规定农村土地由农民集体所有,那么进行农村土地综合整理耕地复垦后形成的占补平衡指标就应当同样归农民所有。如果承认这些占补平衡指标应当归农民所有,那么国家要得到这些指标,就应当支付相应的对价。但是,如果由国家收购这些占补平衡指标,由于政府与农民之间谈判力量的巨大悬殊,就无法保证交易的公平性;为了更好地显示偏远地区农村创造的占补平衡指标的价值,也同样是为了更好地显示在“占补平衡”政策下偏远地区农村土地的价值,我们建议采取市场化的方法,即通过在农村土地交易所交易占补平衡指标,以更好地配置和利用不可复制的农村土地资源。只有获得占补平衡指标,政府才能够有权利在城市周边进一步征收农民耕地进行城市建设,最终实现城市超额土地价值,这一事实就成为农村占补平衡指标市场建设的价值基础。

占补平衡指标交易是市场化的,进入农村土地交易所购买占补平衡指标的主体可以是任何经济主体,包括政府、公司和个人。当然,主要的购买主体是那些希望在城市进行土地开发的企业和房地产商,而指标出售方是农村集体经济组织。这样,偏远地区农村土地所有者和城市土地开发主体直接交易占补平衡指标,使偏远地区农民所拥有的建设用地第一次具有了资本的性质,能够获得增值的市场价值,有效实现了偏远地区农村土地的资本化。这不仅真正落实了土地法规定的农村土地农民所有的政策,打破了现行土地开发制度下完全由政府垄断土地征收和出让的情形,也使得偏远地区农村通过土地资本化获得了农村规模化的发展资金。如果这笔资金获得后再转而进入投资领域,发展偏远地区农村的农业产业,甚至可以期待这些地区的农民以土地自我创造经济发展的机会。进一步值得提出的是,虽然现行的土地制度明确规定政府土地出让收入中包括新增建设用地有偿使用费和耕地开垦费等部分都要再返还给农村或进行转移支付,但是这种方法无疑地增加了交易主体,提高了交易成本和费用。

占补平衡指标市场交易将在根本上保证城市建设用地增加的同时,农村耕地数量并不减少,实现我国耕地的动态总量平衡。在现行的国有化征地与国有土地出让制度下,偏远地区的农民通过土地综合整理获得的收入非常有限,进而耕地保护的主动性和自觉性也很有限。但是,如果偏远地区的农民通过整理农村土地获得的占补平衡指标能够在农村土地交易所进行出售,这些农民得以最大限度地分享我国经济高速增长时期城市化带来的超额土地增值收益,那么会使得农村土地综合整理和耕地保护真正能够成为农民的自觉行为，最大限度地保证农村耕地总量的不减少。同时，通过占补平衡指标交易市场的建设，偏远农村农民主动进行农村土地综合整理，也改变了现行的政府主导的农村土地综合整理的行政方式，能够更好地对接城市土地征收和出让制度。

为了切实落实占补平衡的耕地保护效果，也为了保证占补平衡指标市场的正常运行，我们建议学习重庆市政府的做法，除公益性用地使用国家下达指标之外，城市经营性用地都不再下达国家计划指标[①]，要求参与竞拍的城市国有土地使用权购买人必须先在农村土地交易所购买"占补平衡指标"，才有资格参加城市国有土地拍卖，以显现偏远农村集体建设用地的市场价值，保证占补平衡指标交易市场的正常运行。当然，要真正全面实现城市开发商必须持有农民占补平衡指标才能够购买国有土地使用权，必然需要设置一定的过渡期。

应当说与占补平衡指标交易市场建设相结合的农村土地综合整理不是单纯的土地综合整理，而是农村土地全面综合整理和开发，是将农村的耕地复垦工作和新农村建设等全部放在一起综合考虑而形成的我国农村土地综合规划与使用，也是占补平衡指标交易市场得以建设的基础。在所有的相关工作中，核心存在两个链条，第一个链条是具体的土地综合整理和开发工作如何进行得更好，新农村建设如何能够在资金保证的前提下有效展开；第二个链条是资金链条，即土地整理初始资金的来源渠道设计和后续占补平衡指标出售价格以及指标收入分配安排。

三、占补平衡指标全国交易市场与现行国有土地出让市场之间的关系

建立专门的市场化的占补平衡指标交易市场，并没有根本改变政府在城市周边进行土地国有征收并进行使用权出让的传统体制，而是在很大程度上对这一传统体制进行了修正。它是将现行制度下的土地国有征收并出让的传统市场的交易环节进行分离，分别建立两个土地交易市场，一个仍然是城郊农村集体建设用地国有征收并出让市场，另一个是偏远农村集体建设用地/占补平衡指标交易市场。

建立专门的市场化的占补平衡指标交易市场后，占补平衡指标交易市场将现行的国有土地使用权出让招拍挂市场的一部分分离出来，偏远地域农民集体

① 为了保证集体建设用地国有征收出让方式对交易所下的集体建设用地市场不产生冲击，重庆国土部门已经专门出台文件，要求重庆主城区包括房产开发在内的经营性用地，今后将不再下达国家计划指标，只能使用地票；而国家批准的指标只用于工业、公共设施、教育卫生等事业性用地和扩大内需项目。

建设用地通过占补平衡指标交易市场独立交易,从而能够清晰地显示出偏远农村集体建设用地的市场价值;而城郊位置的农村集体建设用地进行国有土地征收,土地使用权价值则由国有土地出让市场招拍挂。这样,在中国城市化进程下,农民特别是偏远地区的农民分享国家土地增值收益方面有了较好的分配方法。通过这种剥离和分立,一方面做实了农村集体建设用地所有权属于农民的法律,以占补平衡指标方式为农民所有的农村集体建设用地出让建立了准直接交易市场;另一方面则提供了偏远农村的农民以市场化的价格直接分享中国城市化进程中的土地增值收益的可能。

占补平衡指标交易市场的存在会引起现行国有土地出让价格内容的调整。在土地出让市场由单纯的国有土地出让市场分立为占补平衡指标下的偏远农村集体建设用地准直接出让市场和城郊征地后国有土地出让市场这样两个市场后,原来的国有土地招拍挂价格所包含的内容也将发生变化。如果不涉及"七通一平"和拆迁等费用,主要关注于国有土地使用权出让的价格和税费,则原来广义的国有土地出让金就不仅包含了单纯的国有土地规定期限的使用权出让金①,还包含了耕地开垦费、新增建设用地有偿使用费以及耕地占用税②、城镇土地使用税③、土地增值税④和契税⑤等。建立占补平衡指标交易市场后,在一定意义上,耕地开垦费和新增建设用地有偿使用费就不需要在国有土地出让时征收了,而改在占补平衡指标交易中征收。此外,占补平衡指标交易价格中的内容还应当类比于国有土地出让中的土地税费内容,设计土地增值税等税费项目作为国家的收入部分。进一步,占补平衡指标价格中还应当包含农民拆迁和新村建设安置的费用,而不需要再像现行土地出让体制中的那样将耕地开垦费的部分用于进行农民拆迁安置。需要清楚说明的是,新增建设用地有偿使用费⑥和土地出让金⑦是不同的含义,新增建设用地有偿使用费是在市/县人民政府取得新增建设用地时由市/县政府缴纳的,而土地出让金则是国有土地使

---

① 向国家支付的获得规定时期国有土地使用权的代价。

② 但没有包括林地和草地等土地。

③ 一般现在大城市每平方米1.5—30元。

④ 增值部分的30%—60%。

⑤ 3%—5%,所有权发生转移时对不动产课征。

⑥ "凡土地利用总体规划确定的城市(含建制镇)建设用地范围内分批次农用地转用中的新增建设用地,建设用地范围外单独选址按有关规定应实行土地有偿使用的建设项目中新增建设用地,均应按财综字117号文件规定的定额标准,缴纳土地有偿使用费。根据财预字584号文件规定,土地有偿使用费由取得新增建设用地的市、县人民政府财政部门负责缴纳。"参见《国土资源部关于加强新增建设用地土地有偿使用费收缴管理工作的通知》,国土资发[2000]124号。

⑦ "市、县人民政府依法取得新增建设用地后,对应当以出让等有偿方式取得国有土地的建设单位有偿提供土地,收取土地出让金或租金。"参见《国土资源部关于加强新增建设用地土地有偿使用费收缴管理工作的通知》,国土资发[2000]124号。

用权出让时由土地使用权受让人缴纳的。但是,土地出让金中应当包含新增建设用地有偿使用费。新增建设用地有偿使用费是专项用于农村耕地保护的费用[①]。

四、前瞻性的科学规划对于占补平衡指标交易市场建设的意义

农村前瞻性的科学规划是全国性占补平衡指标交易市场建设的第一步,也是市场正常运行的必然要求。全国性占补平衡指标交易市场建设需要建立在最大限度地结合城乡一体化发展和新农村建设的土地规划基础上的。能够有多少占补平衡指标进入市场进行交易取决于全国农村能够真正复垦耕地的数量,而这个数量的多少取决于农村土地规划。

我国现行的土地利用总体规划是在1996年编制并实施的。经过十几年的高速经济发展,工业化和城市化进程已经在很大程度上改变了我国土地的利用格局,十几年前对于土地用途的认识已经远远不能代表未来我国土地利用的需求和经济发展的需要,特别是农村土地利用规划更是难以反映我国农村和农业产业结构调整的实际情况[②]。因此,全国性占补平衡指标交易市场的建设首先需要做到规划先行。事实上,在城乡一体化发展和新农村建设的推动下,很多地方已经形成了更加系统而有效的城乡一体化规划理念和方法。例如,2009年10月,武汉市发布了《武汉市新农村建设空间规划》,计划用10年时间,以统筹城乡一体化发展为核心,本着远城区逐步实施工业企业向园区集中、农业用地向规模经营集中、农民居住向中心村镇集中、生产生活服务和社会事务向新型社区集中的原则,建设具有武汉特色的"富裕、和谐、秀美"的新农村[③]。再如,成都和重庆等地都在积极推进城乡一体化统筹发展战略。当然,这些大中型城市的周边农村规划可能并不完全适合落后地区农村的发展,但是,积极借鉴城市规划的经验和方法却是非常必要的。

农村整理的新增耕地虽然形成了占补平衡指标,但是,复垦的耕地几乎不可能再改变为农村集体建设用地,偏远地区农村占补平衡指标的转让意味着这些农村集体建设用地的减少是不可逆的。经过全面的土地综合整理,以后很难再像现在这样一次性创造出大量的占补平衡指标进行出让,可以说此次占补平

---

① "土地有偿使用费纳入国家基金预算,专项用于耕地开发,为土地开发整理开辟了稳定的资金来源。"参见《国土资源部关于加强新增建设用地土地有偿使用费收缴管理工作的通知》,国土资发[2000]124号。

② 2008年1月,国家已经启动全国土地利用总体规划纲要修编工作。

③ 《武汉制定新农村建设规划,农民向中心村镇集中》,http://news.sohu.com/20091027/。

衡指标交易市场建设中规划先行的意义不仅在于它决定着农村未来相当一段时间内的农民生活、生产方式与品质，而且代表了弥足珍贵的农村依靠土地获得规模性资金的机会。因此，需要充分认识此次农村规划的意义，最大限度地结合我国城乡一体化发展和新农村建设，前瞻性地对农村未来居民生活区、产业聚居区和耕地区等土地利用进行科学规划。只有建立有效的农村规划机制，政府承担起规划的责任，重视引进城市规划人力资源和规划方法，充分认识到城乡一体化统筹发展的步伐会逐步加快，才能够把偏远地区农村的规划工作做好；也只有在规划中确定了农村每块土地的具体用途，才能够更清楚地了解全国性占补平衡指标可以交易的数量和规模。因此，可以说此次规划的含义并不仅仅是农村土地综合整理的规划，而是农村土地综合整理结合城乡一体化和社会主义新农村建设，以及农业产业化发展同步推行的我国现代农村发展用地规划。

在农村前瞻性科学规划的基础上，如果能够有效结合规划和城市土地分级的方法，将农村不同区域的土地也进行相应的分级，则偏远地区农村拆迁补偿的确定至少有了一定的依据。

五、以反向融资机制解决农村土地综合整理的初始资金来源

目前阶段，国土部要求耕地复垦后经过验收方可获得占补平衡指标。这样要求当然有利于保证耕地复垦，但是，这样一来，指标产生之前就需要进行拆迁和复垦工作。由于偏远地区农村没有更多的外来资金投入，现行的土地综合整治、拆迁和复垦工作所需要的资金主要由政府投入[①]，而主要依靠政府投入进行拆迁和复垦，其资金来源显然是不充分的，更无法谈及充分的农村新村建设资金的来源[②]。但是，我们看到的事实是，如果像重庆的政策一样，将占补平衡指标拍卖收入扣除成本后都作为农村拆迁补偿和农村建设资金返还农村，农村拆迁补偿和土地复垦甚至新村建设资金都可能是有一定保障的；也就是说，如果能够采取占补平衡指标拍卖收入返还农村的政策，城市化没有惠及的偏远农村拆迁和耕地复垦，在资金方面并非没有来源，只是要等到占补平衡指标拍卖后才能获得。这里唯一的问题是占补平衡指标拍卖收入的获得时间与农村拆迁和复垦时间是相反的。以此推断为基础，则只需要进行一定的反向融资机制设计，通过金融创新就能够解决这样的农村土地综合整理和新农村建设资金的投入和获

---

① 现行耕地开垦资金主要是国有土地出让金中的耕地开垦费等。

② 虽然国家通过纵向资金渠道为新农村建设投入相当规模的资金，但是农村新村建设仍旧存在巨大资金缺口。

得的时间反差问题，从而就可以更好地促进偏远农村的土地整理和新村建设。

为此，我们设计了这样的方案：以耕地复垦前占补平衡指标作为银行质押获得贷款，以耕地复垦后占补平衡指标进入市场后的交易额偿还银行贷款。因为农村土地所有权属于村集体，理论上讲占补平衡指标所有权属于农村集体经济组织。为了解决农村土地综合整理和新农村建设资金投入和收益获得时间反差的问题，建议设计双层占补平衡指标体系作为融资机制，一个是以耕地复垦前土地规划进行深度折扣给出的复垦前占补平衡指标数量，另一个是耕地复垦后经过验收产生的实际占补平衡指标数量。复垦前占补平衡指标是在规划确定后可能的复垦耕地数量，按照一定的比例将可能的耕地复垦数量折算成占补平衡指标数量，政府在这个阶段就将复垦前占补平衡指标发放给相应的农村集体经济组织，但是，明确规定复垦前占补平衡指标不允许进行市场交易，而是要与农村集体土地所有权证书一起在银行进行抵押，获得土地综合整理和新农村建设的基础性贷款资金①。银行贷款数量的评估基础是政府规定的占补平衡指标拍卖的保护价②。这个价格一方面作为政府认定的占补平衡指标拍卖底价，如果拍卖价格低于这个价格，则政府土地储备中心将其收购进行储存；另一个方面的作用就是作为银行对复垦前指标进行抵押贷款的依据。

事实上，如何保证农民在获得贷款后仍然有积极性进行耕地复垦行为具有较大的挑战。例如，按照政策，农村旧村拆迁进行耕地复垦后才可以进行新村建设，但是，如果旧村拆迁，农民临时居住的问题很难解决，所以更为人性化的方法是先建设新村，但是，新村建设后有可能农民不愿意进行旧村拆迁并复垦，而这时建设资金又已经通过银行贷款的方式提前获得，这会将银行资金置于风险的位置。要保证农民将复垦前占补平衡指标进行抵押获得贷款后，仍然有充分的积极性进行土地综合整理耕地复垦等活动，并尽可能降低银行贷款风险，一方面可以通过政策明确要求复垦前占补平衡指标凭证没有权利进入市场出售，同时要做到复垦前占补平衡指标进行银行贷款的资金比例大大小于实际的占补平衡指标交易获得的资金；另一方面，将银行贷款分解到农民个人名下，而不是到村集体的名下，从而使得农民个体更加关心耕地复垦后占补平衡指标的交易收入。

农村集体经济组织获得贷款资金，按照一定的程序组织拆迁和耕地复垦③。只有在耕地复垦验收后，农村集体经济组织才能够获得复垦后的占补平衡指标。这时可以要求村集体首先需要在银行办理复垦前占补平衡指标抵押转换

① 政府现行的各种纵向补助资金可以作为配套资金。

② 参见本部分后面有关占补平衡指标价格的讨论。

③ 参见本部分后面有关土地整理和耕地复垦的讨论。

为复垦后占补平衡指标抵押的手续，经过银行签字盖章步骤后，才可以提交农村土地交易所申请占补平衡指标的拍卖。由于占补平衡指标是办理了银行抵押的，因此，占补平衡指标的拍卖收入在扣除相关成本后，收入分配的第一顺序人就是银行。为了进一步降低银行贷款风险，可以采取贷款银行与指标资金托管银行为同一银行和银行专项账户直接划转的方法来强制农村集体经济组织偿还贷款。

抵押贷款偿还的资金来源是未来占补平衡指标拍卖后的收入。由于土地复垦和农村拆迁、新村建设等方面需要资金的数量很大，占补平衡指标拍卖收入的规模也不会很小，因此，为了更加广泛地动员社会资金参与，建议银行在对复垦前以占补平衡指标为抵押进行贷款后，对贷款进行资产证券化，将这些贷款按照一定的标准组成资产池，发行以复垦前占补平衡指标的未来收入作为抵押的农村土地债券。

六、学习城市房地产开发经验进行农村土地整理和耕地复垦及验收

按照前面的设计，规划后就可以通过耕地复垦前占补平衡指标抵押获得一定的银行贷款，这笔资金也就成为农村拆迁、耕地复垦以及新村建设的基本资金来源。也正是由于此次规划是将城乡一体化发展和新农村建设一并纳入规划考虑因素，因此，此时的农村土地综合整治已经不仅是传统意义上的农村土地综合整治，而是农村土地的综合整理与开发。为了更好地实现农村土地综合整理与开发的效果，有必要积极鼓励参与城市土地开发的规划和开发主体，特别是城市房地产开发公司进入农村土地综合整理和开发领域，像鼓励家电企业进行家电下乡活动那样，鼓励城市房地产公司进入农村土地整理和房地产开发建设市场，从而将城市房地产公司积累的城市开发经验更好地移植到农村土地开发建设中来。建议与城市土地开发相比照，将农村土地开发分为一级土地开发和二级土地开发，通过招标形式进行农村土地综合整理项目建设，并在有条件的地方进行城市化水、电等基础设施建设。所有的农村土地综合整理和开发活动都可以视为农村一级土地开发和二级土地开发工作。一般的，一级土地开发是通过拆迁和基础设施建设，将“生地”变为“熟地”；而农村的耕地复垦，同样大量地涉及拆迁和基础设施建设，将无法耕种的“生地”变为可以耕种的“熟地”。农村土地基础性综合整理与开发，包括耕地复垦都可以视为农村一级土地开发的阶段，而农村新村建设则是农村土地二级开发阶段。

因为经过了土地国有征收的环节，而且一级土地开发涉及拆迁补偿和基础

设施建设,在现有的法律制度还不完善的条件下,以单个企业名义为主体实施开发是困难的。因此,城市一级土地开发市场以政府为主,故一级土地开发项目的市场化程度不高。即使在现今的农村土地综合整理工作中,也主要采取的是政府推动的形式,土地整理项目的市场化程度也不高。事实上,由于土地所有权属于村集体,农村土地综合整理和开发中村集体是土地整理开发的权利人。[①] 为了保证农村土地综合整理的市场化建设,建议从开始就要求农村土地综合整理项目一律采取招投标的方法,通过市场竞争,以市场的价格发现机制获得市场化的土地整理价格[②],也可更为有效地培育农村房地产市场的成长。

为保证耕地复垦的数量和质量,在验收手续上,可以比照城市一级土地开发和二级房地产开发的验收程序,除了不同层级的政府验收环节,还可以引入工程监理,并需要增加农村集体经济组织验收签字盖章的环节[③]。这些集体经济组织是耕地的所有者和使用者,耕地复垦情况如何最关系到他们的切身利益,他们对于耕地复垦是否达到应有的数量和质量最有发言权,也最关心。

七、占补平衡指标交易价格形成和指标有效期

占补平衡指标的价格是多少?这个问题实际上政府也难以回答,最好的方法仍然是通过建立指标交易市场,充分发挥市场的价格发现功能。显然,在指标市场建设方面,越是能够将单一省份指标交易市场扩展至全国性的指标交易市场,指标市场的价格发现功能就越充分;进一步,农村规划工作越充分,占补平衡指标供应规模和速度越清晰,指标市场的价格发现功能也越充分;同时,越是允许土地所有者和土地开发人直接进入市场进行交易,而不以政府作为交易主体,市场的价格发现功能越充分。

为了有效调控农村和城市土地开发的速度和规模,为了防止占补平衡指标交易价格的大起大落,同时,也为了保证占补平衡指标前期获得的银行贷款能够安全偿还,与城市土地建设设立政府土地储备制度类似,应当有必要建设政府占补平衡指标储备制度,并设置政府关于占补平衡指标的保护价格。例如,将现行的各省国土厅的土地储备中心作为各省占补平衡指标的政府储备中心。在指标市场价格低于保护价格的时候,政府土地储备中心进行收购;而在指标价格很高的时候,储备中心也通过出让指标来平抑价格,保证土地占补平衡指

① 好在这里的拆迁补偿是以一个村为主体,各个村民的原始情况互相比较了解。一方面主要要依靠互相的监督保证公平,另一方面是依靠政府制定农村土地等级制度作为补偿基本依据。

② 可以借鉴河南省新乡市招标方法:为了体现公开、公平、公正原则,河南省新乡市对当地农村土地整理项目进行公开招标。

③ 农民自己进行耕地复垦的情况除外。

标价格具有一定的合理空间。政府设置的占补平衡指标保护价格制定的依据包括各地不同时期农村土地综合整理的成本估算、不同地区占补平衡指标产生的时间估算和指标落地时间要求等因素,而且占补平衡指标保护价格至少不低于新增建设用地使用费和耕地开垦费之和①。

如果政府难以以农村土地整理成本为基础估算指标保护价的水平,不妨采取以市场价格为基础确定指标保护价。例如,以前一季度或半年期间,占补平衡指标的市场平均价格或指数化的方式作为指标保护价的确定基础。实际上,如果能够学习城市土地分级的方法②,在有效规划的基础上,对于农村土地进行分级,也对于占补平衡指标价格形成,特别是对于政府估算占补平衡指标的保护价格有一定的支持③。如果占补平衡指标价格中包含了土地整治、农民拆迁和新村建设等内容,在各省农村有效动员的情况下,可以预计距离城市越远的偏僻农村、土地整治成本越低的农村对于指标价格的要求越低,而城市地价越高的城市开发商购买指标所愿意支付的价格越高,市场价格就在这样的各种力量的较量中形成。随着农村和城市土地整理成本和拆迁成本的日渐提高,指标价格也会呈现逐步上升的趋势。以编制指标价格指数作为指标后来的保护价确定的依据是动态的,可能会更好地符合指标价值的实际内涵。

占补平衡指标价格与占补平衡指标落地时间之间应当存在一定的关系。占补平衡指标交易的目的是为了实现耕地保护和农民分享土地增值收益,政府对于指标交易会有一定的政策要求,包括指标在一定的时间内落地等。例如,重庆规定"地票"在购买后一年内必须落地,进入城市土地实际开发阶段。因此,占补平衡指标市场在一定程度上有些类似于股票市场上的权证,有规定的行权时间。但是,占补平衡指标在规定落地的时间终结时并不会像权证那样失去价值,而是可以通过政府强收储方式实现价值。在这里的制度设计方面,占补平衡指标在前期还存在银行贷款,需要考虑后续贷款偿还的问题,而且指标背后是实际增加的农村耕地和城市建设用地价值。当然,如果规定了指标落地的时间,也同时意味着要求政府在城市国有土地出让速度方面与占补平衡指标相衔接,以保证交易后的占补平衡指标能够通过国有土地拍卖供给在规定的时间实现落地,这也意味着对于城市规划与农村规划有效衔接的要求,也要求城市国有土地出让信息能够更加透明和及时。

---

① 由于各省的情况不同,其占补平衡指标保护价格不同。

② 依照《城镇土地估价规程》(GB/T 18508-2001),"基准地价是指在城镇规划区范围内,对现状利用条件下不同级别或不同均质地域的土地,按照商业、居住、工业等用途,分别评估确定的某一估价期日内法定最高年限土地使用权区域的平均价格。"

③ 农村土地分级有助于农村土地资源评价、土地资产评估、土地利用规划研究以及土地占补平衡指标价格的确定。

作为占补平衡指标初始所有人——农村集体经济组织来说,有可能出现指标的市场价格较低,村集体不愿意出售的情况。对于这一问题,有必要要求出售指标的时期。在该时间里,村集体有权利在农村土地交易所留存指标不出售。但是,经过这个时期,就必须按照指标保护价或按照这个时期的指标市场最高价或平均价格出售给政府指标储备中心。因为指标出售背后还涉及银行贷款偿还的问题,不能够允许指标长期滞留不进行交易。另一方面,如果要求开发商购买国有土地时必须先行购买占补平衡指标,那么必然存在占补平衡指标转让的二级市场[①]。

八、占补平衡指标收益分配应当向农民个体倾斜

建议占补平衡指标收益的分配向农民倾斜,通过设立各类资金专项账户,保证资金的有效使用。在这里,需要进一步明晰占补平衡指标收益分配中的农村集体经济组织、农民个体和政府之间的关系。让我们首先明确政府的角色和位置。如果占补平衡指标交易采取市场化交易,理论上讲政府则不应当是市场的交易主体,而是市场交易规则的制定者和维护方,这才是市场经济下的政府的职能归位。但是,我国土地市场与其他市场情况有所不同,我们国家选择的土地市场是政府主导型的市场。农村一级土地市场整理开发和占补平衡指标交易,可能有必要建立政府占补平衡指标储备制度,并通过政府参与占补平衡指标交易,平抑指标价格,这些都表明政府也将是市场的重要参与方。另外,占补平衡指标市场作为农村集体建设用地指标交易市场,政府需要建立农村占补平衡指标交易的税收制度,可以借鉴现有的城市土地一级和二级市场税费征收,甚至可以以占补平衡指标交易市场作为开端,尝试建立我国土地增值税制度,从税收的角度获得占补平衡指标交易收入的分享。

占补平衡指标交易收入扣除正常的支出后的剩余应当返还农村[②],由农民和农村集体组织享有。这是由法律上规定的农村土地农民集体所有决定的。因此,理论上农民集体经济组织或村委会有权利获得占补平衡指标收入[③]。但是,占补平衡指标收入分配的主体和规则却值得在农民个体和农村集体经济组

① 但是,占补平衡指标应当是有时间的。

② 这里正常支出应当包括偿还银行贷款,支付农村土地综合整理和耕地复垦项目资金,以及政府税收等。

③ 《土地管理法》第十条规定农民集体所有的土地依法属于村农民集体所有的,由村集体经济组织或者村民委员会经营、管理;已经分别属于村内两个以上农村集体经济组织的农民集体所有的,由村内各该农村集体经济组织或者村民小组经营、管理;已经属于乡(镇)农民集体所有的,由乡(镇)农村集体经济组织经营、管理。

织之间进行进一步的讨论,这不仅是由于农村集体组织显然存在土地所有权人虚置的问题,而且是由于很多农村集体经济组织的作用在现实中日益下降,尤其是农村土地确权后,有可能形成农村集体经济组织进一步虚置的情况,即虽然村集体拥有农村土地所有权,实际上并没有决定的权利,所有的土地权利在确权的情况下都必须通过农民个体进行决定。因此,农村土地整理和开发,特别是占补平衡指标交易和指标出售收入怎样进行分配就不得不考虑农村集体经济组织存在的这些问题。我们建议遵循农村未来的发展趋势,在条件允许的地区尽可能建立直接以农民个体为主的农村占补平衡指标的收入分配制度。进一步,通过采取设置各类专项账户的方法,由国家确定各个专项账户所占占补平衡指标收入的比例,以保证农民个体真正分享到农村土地资本化收益。这些专项账户至少包括农民旧房拆迁补偿个人账户、农民新房建设补助资金个人账户、农民社保个人账户、农民医疗个人账户;其他的专项账户还包括农村集体经济发展专用账户和农村基础设施建设资金补充专项账户以及耕地保护基金专项账户。

由于有了占补平衡指标拍卖收入下资金回归的支持,农村土地整理和耕地复垦与农民拆迁补偿和新村建设都可以学习城市补偿和开发经验进行各种方法设计。例如,对于农民拆迁,农民不仅可以得到一定的补偿和补助,而且还可以选择拆迁货币补偿或新村房子补偿等方法[①]。在拆迁补偿数量和补偿方法方面,如果能够有效结合规划和城市土地分级的方法,将农村不同区域的土地也进行相应的分级,则补偿确定至少有了一定的依据。

全国性占补平衡指标交易由于涉及不同省份的不同参与方和不同性质的土地,其交易模式、定价方式和利益分配等问题都会非常复杂。但是,毋庸置疑的是,开发农村土地资源是农村和农民分享国家经济发展中利益分配的最好途径,也是未来中国农民和农村实现养老保障和医疗保障,进行城乡统筹发展的核心资本。建设全国性占补平衡指标交易市场,跨省进行土地“占补平衡”将更为有效地促进全国范围内土地资源的配置和利用,也会更好地激发农民集约节约使用土地、复垦耕地和保护耕地的积极性,在城市和农村,农民、农村集体经济组织和用地企业之间实现共同发展的共赢局面。同时,在占补平衡指标市场交易的基础上,如果有可能进一步探索发展我国农村建设用地直接交易的市场建设,并逐步与城市建设用地市场融合,则将共同构成我国二元土地产权制度下城乡统一的土地交易市场。

① 这时如果允许农民新村房屋作为商品房出售,就形成所谓的小产权房问题。

第七章　我国城乡金融资本市场的统筹发展*

一、我国乡村非正式金融的正式化

（一）我国非正式金融的产生、发展与原因

发展中国家农村金融普遍存在正式金融与非正式金融的“分割”与“共存”现象（Hoff and Stiglitz，1993；Mohieldin and Wright，2000）。一方面，正式金融以其规模、机制等优势可能会排斥非正式金融的生存，非正式金融则可能因其信息、成本等优势而占领一部分正式金融的服务领域。另一方面，正式金融将给非正式金融的运作发挥一定的示范作用，非正式金融又会在正式金融供给不足时发挥一定的弥补作用。在我国，影响非正式金融产生、发展的因素主要有两方面。

1. 制度因素

综观非正式金融的产生、发展历程，金融制度变迁及其形成的农村资金外流，可以说是非正式金融产生、发展的制度因素。新中国成立后，我国建立社会主义国家，逐步对私有制经济进行改造。到1956年年底，先后完成了对农业、资本主义工商业和手工业的社会主义改造，标志着我国把生产资料私有制转变为社会主义生产资料公有制，初步建立了社会主义的基本制度。此后近二十年的经济发展过程中，我国实行高度集中、高度垄断的计划经济体制。与基本经济制度相适应，我国金融体制全面结束了中华人民共和国成立前银行、保险、证券等多种金融机构并存的金融体系，建立了大一统金融

---

* 本章执笔人为杨德平。朱善利对本章结构作了调整。

体制。中国人民银行是全国唯一合法的金融机构，全面履行银行、保险等金融机构的职能。私有制经济被消灭，股份制经济不复存在，证券类金融机构自然失去了存在基础。大一统金融体制作为高度集中的计划经济体制的必然产物，奠定了我国改革开放后金融制度变迁的内生基础。

1978年，十一届三中全会胜利召开，我国果断停止阶级斗争的错误指导方针，以经济建设为中心成为党和国家最主要的工作重心，全面探索改革开放的发展道路，改革大一统金融体制成为必然选择。1979年，中国农业银行、中国银行先后从中国人民银行分离出来，成为专业性质的国有银行机构，中国人民保险公司全面恢复国内业务，其中中国农业银行专门负责农业贷款，在我国乡镇一级逐步建立基层营业网点；中国银行则全面经营外汇业务，并担任外汇管理职能，在地市一级成立分支机构，在经济相对发达县份设立营业网点。1982年，中国人民建设银行重新恢复营业，专门负责基础设施贷款、设备更新改造贷款等方面的职能，在县级普遍设立了分支机构。1984年，我国最大的专业银行——中国工商银行正式组建，全面负责工商业贷款。1987年，新中国第一家全国性股份制商业银行——交通银行正式成立。至此，五大国有银行机构全部建立，成为我国商业银行业的支柱。

上述制度安排，实质是大一统金融体制的延续，这导致各银行业金融机构普遍采用总分式组织机构，而没有改变高度集中、高度垄断的金融体制现状，为农业支持工业、乡村哺育城市提供了便利，导致落后地区、农村地区信用资金进一步流失。从表7-1中我们可以看出，改革开放30年以来，农村存贷比除在1984—1993年这10年间略大于1之外，其余20年均小于1，这说明农村金融剩余存在严重外流现象，农村金融仍然事实上扮演着为工业化提供金融资源的角色。从图7-1中我们可以看出：一是农村存贷比在改革开放30年间呈整体向下倾斜趋势，这说明农村金融剩余外流不断恶化；二是农村存贷比曲线在1993—1997年有一次陡峭的"跳跃"，这表明农村金融剩余急剧外流；三是1993年至今的存贷比曲线呈明显的持续、向下倾斜趋势，不再是此前的波动起伏，表明在此阶段出现了长期、持续、严重的外流现象，至2008年降至历史最低点，即0.48（这说明农村存款有一半多没有保留在农村而是被转移到了城市）。

表 7-1　1978—2008 年中国农村存贷比情况表

年份	农村存款(亿元)	农村贷款(亿元)	农村存贷比
1978	174.86	155.90	0.892
1979	226.23	179.58	0.794
1980	286.91	249.67	0.870
1981	344.04	280.99	0.817
1982	416.94	322.88	0.774
1983	509.96	378.68	0.508
1984	669.02	691.29	1.033
1985	764.20	782.90	1.024
1986	1 018.90	1 096.10	1.076
1987	1 292.70	1 419.60	1.098
1988	1 480.50	1 687.90	1.140
1989	1 746.00	1 955.20	1.120
1990	2 234.70	2 412.80	1.080
1991	2 966.30	2 976.00	1.003
1992	3 816.10	3 868.50	1.014
1993	4 649.80	4 839.10	1.041
1994	5 879.20	4 644.50	0.790
1995	7 391.80	3 019.10	0.408
1996	9 034.60	7 123.00	0.788
1997	10 665.20	8 368.40	0.785
1998	12 189.00	10 024.20	0.822
1999	13 343.60	10 953.70	0.821
2000	14 998.20	10 949.80	0.730
2001	16 904.70	12 124.50	0.717
2002	19 170.04	13 696.84	0.714
2003	23 076.01	16 072.90	0.697
2004	26 292.47	17 912.30	0.681
2005	30 810.15	19 431.69	0.631
2006	36 219.14	19 430.20	0.536
2007	42 333.71	22 541.95	0.532
2008	51 953.20	25 083.09	0.483

资料来源:根据历年《中国金融年鉴》整理。

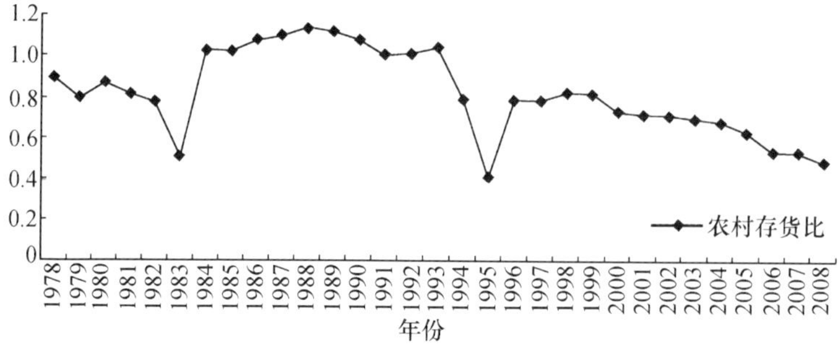

图 7-1　1978—2008 年中国农村存贷比变化图

2. 需求因素

从供求关系角度而言,乡镇经济、个体经济等非公有制经济的发展壮大及其客观存在的金融需求缺口,可以说是非正式金融产生、发展的需求因素。20世纪 80 年代中期,我国经济体制改革突破了把计划经济同商品经济相对立的传统观念,明确认识到社会主义计划经济是在公有制基础上有计划的商品经济,允许各种非公有制经济存在。乡镇经济、个体经济、合作经济、外资经济等非公经济成为国民经济的重要组成部分。与高度集中的公有制形成鲜明对比的是,非公经济大多分布在基层及农村地区,它们需要基层金融、农村金融提供资金服务与支持。然而,风险较大、流动性强、资产较少是非公经济主要特点,因此很难获得正规金融支持。

与需求相对应的是,随着以农村家庭承包责任制为主的农村经济制度不断巩固,农村生产力得到极大解放,农户手中集聚了大量资金;农村金融服务的缺失使农户不得不寻求更好的投资渠道,这成为各种民间金融、地下金融、草根金融重要的资金来源,为各种非公经济提供了大量的资金支持。

(二)我国非正式金融监管政策的调整演变

20 世纪 80 年代初期,为了推进非公经济的发展,我国曾经允许个人开办钱庄等金融机构,温州的方兴、乐成钱庄就是在这一背景下诞生的。1986 年,国务院颁布《银行管理条例》明确规定个人不得设立银行或者其他金融机构,不得经营金融业务。《银行管理条例》的相关规定直接导致民间资本从事金融业务的破产,各种民间资本转入地下经营金融业务。1998 年 7 月,国务院颁布《非法金融机构和非法金融业务活动取缔办法》,首次提出了“变相吸收公众存款”概念,设置“未经依法批准,以任何名义向社会不特定对象进行的非法集资”兜底条款,扩展了监管部门权限空间,将监管权力边界的集资重新纳入到监管框架内。1999 年 1 月,国务院发布 3 号文件,正式宣布全国统一取缔农村合作基金会。

2002 年 1 月,中国人民银行再次颁布《关于取缔地下钱庄及打击高利贷行为的通知》,专门取缔农村地区民间信用活跃、高利贷现象突出的私人钱庄。

(三) 我国非正式金融的生存状态——以温州民间金融为例

党的十四大明确提出发展市场经济,为私营经济发展扫清了障碍,私营经济成长为我国国民经济重要的支柱。20 世纪 90 年代,我国处于计划经济向市场经济转轨的关键时期,行政管制经济与市场经济存在重重冲突,政府与市场边界不清,私营经济发展形成的巨大资金需求缺口为农村民间金融留下极大的生存空间。农村合作基金、私人钱庄、合会、民间集资等各种民间金融获得第二次成长的机会。1998 年整顿金融秩序,金融监管部门再一次取缔民间金融,但是并不能完全消除民间金融的存在。民间金融"整而不倒",往往出现死灰复燃的现象。显而易见,取缔民间金融发展不是一种很好的办法,民间金融发展关键在于培育多元化的农村金融服务体系,合理引导民间金融并使其合法化,才能促进农村经济金融可持续发展。温州民间金融可以说是我国农村非正式金融生存状态的典型代表。

20 世纪 80 年代,温州民间经济迅速发展起来,成为温州国民经济最重要的组成部分。以非公经济为代表的温州模式成为全国各地推动非公经济发展的典型模式。钱庄、典当、抬会、排会等各种各样的民间金融先后出现,为非公经济的发展提供了多样化、特色化金融服务。以下详述各种民间金融形式。

钱庄。温州钱庄起源于银钱兑换,历史较长。在民国时期,钱庄遍布温州各县,是当地最重要的金融机构。钱庄成立了钱业公会行业组织,是我国较早成立的金融同业公会的金融业组织。新中国成立后,随着私有制经济的消灭,钱庄纷纷停业或者被合并。改革开放后,温州非公经济迅速成长并壮大,钱庄这一古老的信贷融资金融机构又陆续恢复。1984 年,方兴钱庄在温州苍南钱库镇正式挂牌,成为中国内地第一家私人挂牌营业的金融机构。钱庄通过入股方式集聚资金,主要经营存款、贷款业务。1986 年国务院颁布《银行管理条例》,中国人民银行率先批准温州成为我国利率市场化改革的试验区,形成银行、信用社、钱庄共同竞争的局面。面对各种正规金融的竞争压力,钱庄相继退出竞争舞台。从 20 世纪 90 年代开始,温州地上钱庄开始向地下高利贷钱庄转变,历经变革,但仍然顽强生存下来,成为温州民间金融的重要组成部分。

典当。典当作为一种银行信用和商业信用相结合的古老融资模式,是以财物作为抵押取得信用资金,定期支付本金和贷款利息的融资模式。温州典当历史可追溯至宋代,晚清发展到最高峰。新中国成立后,典当被认为是一种剥削手段,被官方正式取缔。1988 年,温州典当行业重新营业,当年开业的典当行有

34家,普遍采用股份制的组织结构。典当的质押物有金银首饰品、家用电器、机动车辆、商品、物资等动产以及房屋等不动产。经过三十多年的发展,温州典当行业出现了繁荣发展的局面,在此基础上,还衍生了寄售行等融资模式。

抬会、排会。温州民间借贷大多以会的形式存在,与相对正规的钱庄、典当等准金融机构相比较,是典型的民间高利贷金融机构。20世纪80年代,温州出现了抬会、排会、聚会、标会、压会、退会等各种以会的形式存在的民间借贷组织,其中以抬会、排会最为出名。抬会在温州有上千年历史,是基于地域、亲缘信任而组成的民间借贷行为。随着温州民营经济快速发展,其从正规融资渠道获得资金支持比较困难,于是抬会、排会的信贷交易就出现了。它是几个人之间相互出资组成互助性质的会,成员之间需要使用钱的付给其他成员高于银行的利息。温州乐清是抬会的发源地,其发展到高峰时,几乎每个家庭都涉入不同的抬会组织。抬会作为一种民间高利贷融资模式,经历了不同的风波,但仍表现出顽强的生命力,这种融资模式一直持续到现在。

温州民间金融可以说是我国农村非正式金融发展的缩影。这种民间金融机构的存在有利有弊,一方面,其经营者凭借较高信誉获得资金借贷者信任,而贷款对象则主要集中在生产领域、消费领域,贷款利率实行浮动制,门槛较低,相对手续简单。另一方面,它缺少正规金融监管,风险较大,部分民间金融出现金融投机诈骗。近两年来,出现了各种以钱炒钱的投机现象,导致产业空心化的出现,对地方金融秩序造成了严重冲击。

(四)我国非正式金融正式化的路径选择

1. 非正式金融的功能与缺陷

(1) 非正式金融的功能。非正式金融内生于传统农业,具有信息、成本、担保等优势,与传统农村、农户耦合,只要二元经济转换没有完成、传统农业依然存在,它必然客观存在。非正规金融存在于正规金融体制之外,它能够顽强生存下来,主要得益于民间金融具有正规金融所不具备的优势。民间金融资金借贷利率完全实现了市场化,能够体现风险收益相匹配原则;资金借贷的手续简单,相关费用较低,能够快捷迅速地满足农户、中小企业的资金需求;资金使用灵活,不受限制,比较能够适应中小企业的经营特点;资金借贷主要依靠借款人之间的相互信任,是建立在血缘、地缘基础上的信用融资,大多不需要抵押担保,契合大多农户、中小企业缺少抵质押担保财产的现实状况。

(2) 非正式金融的缺陷。我们还要看到随着二元经济的不断转换、传统农业向现代农业不断发展、农村劳动力向城市大规模转移,建立在血缘、地缘关系上的社会信用资本必然逐渐减少,非正式金融因其信贷规模、交易对象、交易范围有限及监管难度、金融风险较高的内在属性，将使其既难以满足“交易范围扩大”后的农村微观金融需求，又难以满足传统农业改造、农业现代化推进等农村宏观金融需求。就现阶段而言，非正式金融存在多重制度缺陷：民间金融大多游离于体制之外，其经营范围不受任何限制，导致部分民间金融机构出现以钱炒钱的现象，加剧了民间金融的脆弱性；民间金融规模相对较小，抵抗金融风险的能力有限，随着经济周期的波动，其风险头寸进一步暴露出来，民间金融风险的出现成为不可避免的现象；民间金融经营不规范，出现暴利引资、寻隙投机、放高利贷、隐蔽行动等活动，一旦出现资金链断裂，携款潜逃事件将可能发生，给金融稳定和社会稳定造成极大危害。

2. *非正式金融正式化的路径选择*

民间金融对于我国农村经济发展可谓是一把“双刃剑”。一方面，民间金融解决了农村地区农户、中小企业融资难、融资贵的问题，促进了农村地区经济社会的快速发展；另一方面，由于农户、中小企业是低收益、高风险的客户群体，从而决定了民间金融受自然条件制约，农户、中小企业还款能力难有稳定的保障。特别是在经济落后、自然条件较差的地区，农村非正规金融组织凭借高利率运行，进一步加剧了这些地方贫富差距两极分化。因此，在坚持发展农村正式金融的同时，在有效监管、风险防范前提下，可以也应当给予非正式金融适当的承认与扶持，合理引导民间金融向正式化方向发展，以形成优势互补局面，以便解决农业发展与新农村建设融资难问题，推进二元经济转换，并最终实现非正式金融与正式金融的最终融合。

二、我国乡村银行的发展实践

（一）国外乡村银行的发展与经验

1. *发展历程*

为了探索乡村正规金融发展，1976 年，“穷人银行之父”尤努斯选择在孟加拉国正式建立乡村银行，它是世界上第一家专为贫困者服务的金融机构，其主要特点为：专门以最贫困农户特别是贫困家庭中的妇女作为贷款对象，以五人小组联保或者互保形式代替担保，提供无抵押和担保人的信用贷款；贷款金额为小额短期贷款，贷款偿还方式为周期还款，整贷零还，同时按贷款额的一定比例收取费用作为小组基金和强制储蓄作为风险基金；贷款发放后由执行小组会议和中心会议负责检查资金使用以及归还情况。

孟加拉国自乡村银行成立以来，已经累计发放贷款 82.6 亿美元，其中 73.4 亿美元已经完全收回。由于乡村银行出现的贷款风险较小，从 1995 开始已经能够独立运转。在2008年6月至2009年7月，乡村银行一共发放贷款10.6亿美元，月均发放贷款额度为8 800万美元。根据相关调查资料显示，获得乡村银行贷款的人中有68%已经脱离贫困，每年大约有5%的借贷人脱离贫困①。经过三十多年的正式运行，孟加拉国乡村银行模式获得显著成效，成为世界各国推动农村金融发展的典范，并被复制到全球各地。

此外，韩国在推进工业化过程中，在农村地区建立了农业协同组合、城镇银行、自立村庄基金、地方银行、新农村金库等地方性质的农村信贷服务体系。马来西亚作为相对开放的新兴工业化国家，非常注重分类别、多层次的金融体系建设，马来西亚联合银行、马来西亚发展银行、马来西亚工业银行、果为贸易银行、结开银行专门为中小企业提供金融服务，乡村银行、小额信贷银行等小微型金融机构主要为农户提供贷款。

2. 主要经验

（1）构建分层有序的小微金融机构。因为农村经济没有城市经济的聚集效应，所以国外农村金融发展充分结合农业特色，构建乡村银行、贸易银行、农业基金、小额信贷银行等分层有序的金融服务体系。

（2）主要提供无抵质押担保信用融资。农村信用贷款的对象主要是农户或者农业中小企业，可以用于抵质押担保的财产数量有限，信用贷款成为主要的融资渠道。乡村银行、农业合作社、小额信贷银行、农业基金、自立村庄基金等金融机构主要凭借对贷款人的信任或者联保互保的形式提供资金支持。

（3）主要针对农村金融薄弱领域提供信贷支持。孟加拉国乡村银行主要对最贫困农户特别是贫困家庭中的妇女提供贷款支持。马来西亚分别成立了专门针对中小企业和农户贷款的小微金融机构。针对农村薄弱领域提供信贷资金支持，有利于农村金融制度的培育。

（4）建立相应的金融管理模式。孟加拉国乡村银行主要依靠由银行的执行小组会议和中心会议制度实施自发性监管。韩国、马来西亚等新兴市场国家则通过加强地方性金融管理，实现金融资源配置。

（二）我国乡村银行的产生与发展

1. 产生与发展的背景和原因

考量乡村银行的产生与发展，必须将其置于我国二元经济转换的宏观背景下进行研究，必须将其作为我国农村金融改革发展的一环进行认识。我国是世

① 《孟加拉国乡村银行调查（下）》，http://www.chuandong.com/publish/report，2009年12月29日访问。

界上最大的发展中国家,二元经济是经济的本质特征,实现二元经济转换是关系全局的长期历史任务,而二元经济转换实质是工农业之间或城乡之间的资源转移,并归根结底会以资金形态表现出来。作为资金动员、转移、配置的重要中介,农村金融既与城市金融一体化内生决定于二元经济转换过程,又是存在于二元经济转换过程的特有经济范畴。二元经济转换决定了改革开放以来我国农村金融改革的路径选择,也决定了乡村银行的产生、发展。整体而言,适应于这一背景,1978 年至今的我国农村金融改革,经历了"供给主导的机构自身改革"和"需求主导的微观功能改革"两个阶段。乡村银行的出现,是供给主导的机构自身改革难以走通而转求需求主导的微观功能改革的逻辑要求与基本内涵之一。

(1) 供给主导的机构自身改革(1978—2004 年)。改革开放后,第一,农村生产力、生产关系获得极大解放,但整体水平仍然较低,农村金融具有明显的休·T. 帕特里克所说的供给主导特征。第二,二元经济转换与市场经济转型实行历史性交汇,农村金融自身的历史包袱消化、治理结构完善等,使市场化成为提高农村金融微观效率、重构体制机制的最优化选择。第三,工业化特别是国有企业改革资金的刚性需求,以及国民收入分配比重向居民的倾斜,导致国家客观需要控制金融体系,抑制农村金融需求,以实现农业金融剩余向工业领域特别是国有企业的转移。这些因素决定了我国农村金融发展按照供给主导的机构自身改革路径予以展开,集中表现为:一是侧重管理体制改革,主要表现为农村信用合作社先后由中国农业银行管理、由中国人民银行托管,交由地方政府负责、组建县联社和省联社;二是不断进行职能范围调整,主要表现为中国农业发展银行新设及业务范围的频繁调整;三是注重体制机制重建,主要表现为农村信用社进行股份制、股份合作制和完善合作制改革,中国农业银行股改上市,中国邮政储蓄银行成立并商业化。

供给主导的机构自身改革,基本目标是扩大农村金融机构网点覆盖面、增加农村金融供给,促进财务状况好转、不良贷款下降、可持续能力提升,核心内容是机构的增设调整以及对既有机构管理体制、治理结构的改革完善。但这种方式的改革存在明显的缺陷:第一,脱离客观、具体的经济金融环境安排农村金融改革,忽视农村金融需求,导致农村金融与"三农"问题的关联性、匹配性不强;第二,没有从农村金融需求出发来整体设计并系统推进农村金融的制度安排与改革完善,比如中国农业银行上市、农村信用社改革、中国农业发展银行改革分头单独推进,农村信用社改革频繁出台 96 方案、02 方案、03 方案、04 方案,形成"顾此失彼"甚至"推倒重来"的局面,缺乏系统、整体的设计与协调;第三,在二元经济结构约束条件下,过分推崇农村金融的商业化,虽在一定程度上提升了金融机构自身的可持续发展能力，但又客观上导致了农村金融资源的持续、大量外流。据笔者统计，1993 年 12 月《国务院关于金融体制改革的决定》颁布后，1994 年当年农业贷款增长率即出现了改革开放后的首次负增长，1994—2009 年 16 年中农业贷款占总贷款比的平均值为 5.06%，比 1978—1993 年 16 年 6.96% 的平均值低近两个百分点。

（2）需求主导的微观功能改革（2005 年至今）。众所周知，进入 21 世纪后，我国农村金融发展呈现出新的特征：一方面，随着农业产值比重、劳动力比重下降，农民人数减少、城镇人口增加，以及城市居民农产品消费比重下降，国家财政实力的显著增强，工业反哺农业、城市支持乡村的“社会容忍度”增加，在工业、城市领域客观形成了一定的可以支持农业、农村的“金融剩余”，这可以说是农村金融发展供给层面的“历史性”突破；另一方面，随着统筹城乡发展观念的树立、扩大内需战略的实施，龙头企业、农村专业合作组织获得发展，传统农户开始向市场化农户转化，农村劳动力向城市持续转移，农村金融呈现需求主体多元化、主体需求多元化的特征。这可以说是农村金融发展需求层面的“历史性”突破。

在上述供求关系的决定下，同时在孟加拉国乡村银行成功模式影响下，我国农村金融按照需求主导的微观功能改革路径不断推进，主要表现如下。一是强调通过农村金融实现资金支持农村。2006 年，中国银监会调整放宽了农村地区银行业金融机构准入政策；2008 年，中央一号文件又提出扩大和创新抵押担保机制，中国银监会批准设立“只贷不存”的小额贷款公司；十七届三中全会提出，要引导更多信贷资金和社会资金投向农村；2009 年，中央一号文件提出，鼓励县域内银行业金融机构新吸收存款主要用于当地发放贷款等。二是强调按照农村金融需求特点进行农村金融的改革、布局。2005 年，中央一号文件提出要结合农村金融需求特点加快构建农村金融体系，并探索建立更加贴合农民和农村需要的小额信贷组织，此后，小额信贷组织、微型金融在我国获得较快发展。

2. 产生与发展的历程

为了弥补正规金融机构市场化改革所留下的金融空白，2005 年以来，中国银监会推动村镇银行、贷款公司和农村资金互助社等新型农村金融机构来开展试点。经过几年运行，小额贷款公司、村镇银行等小微型金融机构已经成为我国金融业的重要补充，成为我国农村金融创新的主要推动者。

小额贷款公司。小额贷款公司是我国目前主要小微型金融机构，主要由自然人、企业法人以及社会组织投资设立，为不吸收公众存款，经营小额贷款业务的有限责任公司或股份有限公司。与银行相比，小额贷款公司更为便捷、迅速，符合中小企业、个体工商户的资金需求；与民间借贷相比，小额贷款更加规范、贷款利息可双方协商。小额贷款公司坚持“小额、分散”的放贷原则，贷款利率上限不得超过国家有关部门规定，下限为中国人民银行公布的贷款基准利率的0.9倍，具体浮动幅度按照市场原则自主确定，主要为“三农”经济和小微企业提供资金支持。截止到2011年11月末，全国小额贷款公司数量突破4 000家，达到4 144家，从业人员达到4.4万人，成为我国农村金融发展的重要推动者。①

村镇银行。村镇银行是经中国银监会批准的一级法人机构，它可由境内外金融机构、境内非金融机构企业法人、境内自然人出资设立，主要为农民、农业和农村经济发展提供金融服务。村镇银行作为小微型银行机构，可以吸收公众存款，发放短期、中期和长期贷款，办理国内结算、票据承兑与贴现、同业拆借、银行卡业务，还可代理政策性银行、商业银行和保险公司、证券公司等金融机构的业务。② 2007年3月，我国首批村镇银行在国内6个首批试点省诞生。经过5年发展，截止到2011年5月末，全国共组建536家村镇银行。

3. 客观评估

以乡村银行建设为重要内涵的、以需求主导的农村金融微观功能改革，主要目标在于通过小额信贷、微型金融及相关制度安排，满足农户金融需求，引导资金回流农村，解决农村金融非农、脱农问题。但乡村银行建设及其相关改革仍然存在诸多缺陷，主要表现为：

（1）小额信贷公司融资能力有限。小额信贷组织、微型金融等乡村银行主要对应满足农户小额、短期的基本金融需求，无法充分满足农村基础设施建设、农业结构调整、农业产业链延伸、传统农业现代化改造等大额、长期的金融需求。而后者在促进农村经济发展、农业现代化进程中具有重要的战略性位置。

（2）不能有效解决农村金融的需求缺口。小额信贷公司、村镇银行成为我国农村金融的重要补充，较好地弥补了乡镇一级金融机构的缺失。然而，从总体上看，农村小微金融机构远远不能满足我国农村金融发展的需求。我国领土辽阔，有374个县级市、1 636个县（自治县、旗、自治旗、特区和林区）以及852个市辖区，全国乡镇总数为37 334个。小额信贷公司、村镇银行对于农村金融发展无异于“杯水车薪”，农村金融与农村经济发展不一致，加剧了民间金融的脆弱性。2011年以来，随着国际经济形势的变化以及我国实行紧缩性货币政策，我国部分地区地方金融机构以及民间借贷市场的金融风险逐步暴露出来。基于友情、亲情的温州民间融资模式变得不堪一击；鄂尔多斯、包头、郑州等地的民间借贷市场表现异常，高息化、危害化、全民化倾向严重。担保公司、租赁

① 中国小额信贷机构联席会，http://www.guopeiwang.com/Article，2012年1月10日访问。

② 百度百科，http://baike.baidu.com/view，村镇银行。

公司、典当行等地方准金融机构成为民间金融、地下金融的主要推动者，给当地社会稳定及金融安全带来严重的影响。

（3）发展受到体制机制制约。小额信贷公司是我国广大农村的新兴金融机构，但是它的发展受到各种制度的约束。小额信贷公司只能凭借自身的资金提供信贷支持，不能向社会筹集资金，限制了其信贷资金发放能力。小额信贷公司在资金出现紧张状况时，只能向银行申请不超过注册资本一定比例的贷款，当信贷资金出现紧张的时候，银行根本不可能向小额信贷公司提供信用支持。同时，小额信贷公司在公司治理、风险管理等方面存在严重缺陷，要转变为乡村银行存在重重困难。

乡村银行与小额信贷公司相比较，是能够吸收存款的小微型金融机构。然而，乡村银行的发展同样受到制约，中国银监会要求成立乡村银行需国有银行出资入股比例达20%，这导致国有银行没有足够的实力在全国大规模设立乡村银行，大大限制了乡村银行的发展。同时，很多国有银行对于成立乡村银行并不十分感兴趣，这主要是农村信贷资金的风险较大，收益较低，在利率没有市场化的前提下，国有银行投资的回报较低。

（4）金融监管难以到位，蕴涵潜在金融风险。在我国农村地区，普遍存在金融监管机构缺失的问题，中国银监会只在经济相对发达的县份成立分支机构，中国保监会只在地区一级设立分支机构，人民银行是唯一的金融管理机构，但并不履行金融监管的职能。随着农村地区金融机构的快速发展，“一行三会”管理体制难以实现对农村地区金融的充分、有效监管，小额信贷公司、农业基金、乡村银行以及各种游离于体制之外的金融机构急需加强管理，以切实防范风险。

（三）促进乡村银行发展壮大的对策措施

我们应当结合二元经济发展实际，站在统筹城乡金融资本市场发展的高度，准确分析现阶段我国乡村银行发展的薄弱环节，学习借鉴孟加拉等国乡村银行的发展经验，进一步采取措施来促进乡村银行的发展壮大。

（1）构建多层次农村金融服务体系。目前，小额信贷公司、乡村银行是我国农村地区新兴金融机构，但是远远不能满足农村经济社会发展的需求。在当前，大力推动农村金融改革创新，要求我们：一是放低小额信贷公司、乡村银行、农业基金等小微金融机构市场准入的标准，增加农村地区金融机构的服务数量，满足农业特色化、产业化的金融服务需求，形成良好的竞争局面；二是鼓励乡村银行扩大经营规模，在风险可控的前提下实现经营范围地理上的延伸；三是合理引导地下金融经营阳光化、规范化，参与入股组建农村金融机构。

(2) 制定农村金融发展的优惠政策。农业的基础性、弱质性特点,决定了农村金融发展需要提供优惠政策支持:一是要制定税收优惠政策,减轻小微金融机构的运行成本,增加盈利能力;二是要制定农村地区利率市场化改革政策,实现农村地区金融风险与收益相匹配,满足资金借贷双方的投融资需求;三是要建立财政资金补贴政策,形成财政资金对风险贷款的补偿机制,充分发挥财政资金的杠杆功能,撬动更多民间资金支持农村经济发展。

(3) 加强地方金融管理。由于目前我国金融监管的制度约束,难以较好发挥对农村金融机构的管理、优化农村金融资源配置,结果形成农村地区金融压抑与金融脆弱的交叠存在,一定程度上加大了农村金融风险,因此进一步完善地方金融管理迫在眉睫。

(4) 建立农村金融风险分担机构。农村经济的特点决定农村金融发展需要建立合理的风险分担机制:一是充分发挥担保机构的担保功能,对信用贷款提供担保;二是充分利用政策性农业保险、商业保险的保险功能,实现保险与金融的融合;三是通过借款人之间互保或者联保的方式,实现借款人之间贷款风险的分散。

三、统筹城乡金融资本市场发展

(一) 城乡金融资本市场不平衡的二元经济背景

1. 新中国成立后至改革开放前

新中国成立后至改革开放前,我国重工业获得突破性发展,这与我国推行"重工业优先的赶超型发展战略"密不可分。在推行这一战略的过程中,重工业资本高度密集所需的大量"资本积累"是通过积聚农业剩余而获取的。从历史上看,资本主义国家筹集工业化资金,或者依靠残酷的原始积累、掠夺农民,或者对外掠夺殖民地,或者二者同时推进。但对社会主义新中国来说,我们既不能走发达国家对外掠夺的老路,在当时的特殊时代背景下也不可能通过外资来补充国内资本的不足,而只能走通过农业为工业化提供剩余、做贡献的路子。

这条路子是通过以下制度安排实现的:在农村,国家通过以统购统销为核心的流通体制和以合作化为载体的组织体制,提取除农民口粮的全部农业剩余,以保证处于起步阶段的城市工业获得稳定、廉价的原材料和食品供给;在城市,国家以计划体制的内部分配,通过低工资和消费品配给的方式来获得工人的剩余价值,并转化为国有工业扩大再生产的投入。这种赶超型发展战略"催生"的城乡分割的二元经济体制,有效实现了从农业中提取工业化所需的资本积累,较好解决了工业化初期资本积累不足与有效需求不足的历史性难题,从而使得我国能够在较低的国民收入水平上获得较高的工业化水平，在较短时间内建立起完整独立的民族工业体系。但是，这一战略可以说是以牺牲农业为代价的，表现为经济总量快速增长的同时，城乡二元经济结构的固化。这首先表现为农村剩余劳动力并没有伴随工业化而持续向工业领域转移，这主要是因为重工业是资金密集型产业，对劳动力吸纳能力有限；其次表现为对农业过分抽取，农业生产增长较慢、农民生活水平提高较缓。根据相关测算，1953 年起我国经济重心就从农业部门转移到了非农业部门，农业部门总产值占 GDP 比重下降为 45.9%，但农业部门劳动力占全社会劳动力的比重却高达 83.1%，这充分说明农村剩余劳动力转移严重滞后。此后，这一现象也始终难以扭转，至 1978 年农业部门总产值占 GDP 的比重虽然已经下降到了 28.1%，但农业部门劳动力占全社会劳动力比重却仍然高达 70.5%。

2. 改革开放后

改革开放开创了中国的新纪元。如果说这个时期二元经济转换的量的规定性是中国经济总量的持续快速增长，质的规定性则在于经济二元性的波动反复。我们将这一历史时期大致分为四个阶段：

1978—1984 年，二元性相对弱化阶段。新中国农业在经历了 1950—1952 年的复兴和短暂增长之后，便陷入缓慢发展甚至停滞状态，农业成为国民经济发展的“瓶颈”。人民公社的解体、家庭联产承包责任制的实行、乡镇企业的迅速崛起标志着农村改革的兴起和农村制度的创新。这使得农民取得了新中国成立以来任何时期都无法比拟的经济实惠，极大地调动了农民生产的积极性和创造性，农业因此亦获得超常规发展。在此阶段，城乡收入差距缩小，二元经济结构相对弱化，经济二元性有所降低。

1984—1996 年，二元性波动反复阶段。从 1984 年开始，中国经济改革重点由农村转向城市，市场化改革不断推进，城市经济体制改革在两个层次上逐步推进：第一个层次是国有企业改革，第二个层次是促进非国有经济的发展，使得城市经济连续数年高速增长。在此期间，虽然有乡镇企业异军突起，1992 年后农村剩余劳动力转移，但由于在这一时期农产品价格持续走低，加上各种加在农民身上的税费增多，农民收入增长放缓，城乡差距扩大。

1996—2002 年，二元性加剧强化阶段。一方面，为应对金融危机的影响，解决通货紧缩和城市下岗失业人员激增等经济社会问题，宏观调控部门加大了对城市经济的扶持力度，社会保障制度明显向城市倾斜。另一方面，随着全球买方市场的到来，我国农产品出口困难，农民增收渠道收窄，加之 1998 年发生的大范围的洪涝灾害，使得农业发展徘徊不前，农民收入增长缓慢；而且随着国有企业效益滑坡，大量工人下岗导致失业和隐蔽性失业人员增多，加之农村非农产业发展放缓,农村剩余劳动力向外转移吸收的空间也有所收窄。

2002 年至今,二元性弱化但并不明显。随着市场经济体制的不断完善,中国成为"世界工厂",农村剩余劳动力在这个阶段持续大规模转移。与此同时,取消"农业税"等政策措施出台,农村经济获得进一步发展。但是,鉴于中国"三农"问题的极端复杂性,农村地区大量贫困人口仍然存在、农村基础设施建设仍然薄弱、农业投入比重仍然较低等原因使得中国农村经济与城市经济的差别仍然较大,经济二元性虽然有所弱化但并不明显。

(二) 城乡金融资本市场不平衡的形成、演变

1. 新中国成立后至改革开放前

在新中国成立后我国二元经济转换的特殊背景下,在重工业优先的赶超型发展战略下,国家通过建立高度集中的金融体制和金融从属财政的财政主导型融资体制,以计划手段把有限的农村资金优先安排到重工业部门,实现资金配置与发展战略的统一衔接。这种将农村剩余向城市转移的资源配置方式实质是城乡金融资本市场"二元分割"的初期的特殊表现形式,它内生于新中国成立后我国二元经济转换的特殊背景下,内生于高度集中的计划经济体制和重工业优先增长的发展战略之中。

为此,新中国成立后我国城乡金融发展呈现出一种独特的状态。第一,在基本否定金融在经济发展中的核心作用的计划经济条件下,人们往往把金融作为财政的出纳、会计簿记部门和部分财政资金的信用支持部门。从金融发展角度而言,这是一种特定历史阶段的金融抑制现象,即通过财政依附型的金融制度安排,确保重工业发展所需的资金,实质是城乡金融资本市场分割的萌芽状态。第二,在否定计划经济体制下金融作用的同时,又在一定程度上借助金融杠杆作用,支持农村经济的发展。可以说,在这个阶段,一方面农村金融通过特殊的财政依附的"无形"的表现形态,以完成将农村剩余转移到工业领域的历史任务;另一方面又通过"有形"的农村金融安排,以保留一部分农村剩余支持农村经济发展。

这种城乡金融资本市场的分割状态,集中表现在农村金融发展的一波三折。一方面,1955 年 3 月,国务院批准中国人民银行成立中国农业银行,作为中国人民银行的一个直辖行,主要是吸收储蓄和存款,向生产合作组织、个体农民办理财政支农拨款和农业长期、短期贷款,而其他农村金融业务仍由中国人民银行办理。1957 年 4 月,中国农业银行与中国人民银行合并,在中国人民银行内部设一个农村信贷工作部。1960 年 9 月,中央决定对国民经济进行"调整、巩固、充实、提高",金融系统开始纠正整顿。1962 年 10 月,中共中央、国务院又在

《关于建立中国农业银行统一国家支持农业资金的决定》中,要求从上而下地建立中国农业银行,统一管理原来由财政部门直接拨付的各项支援农业资金和由中国人民银行办理的各项农业贷款,并统一领导农村信用合作工作。1965 年 12 月,中国农业银行第三次被撤销。另一方面,1950—1955 年,农村信用社试办、铺开,但也出现了资金不足、制度不健全、财务混乱等问题。1955 年 9 月开始对农村信用社进行整顿和调整合并。1958 年,国家把农村基层财政、银行等机构及其业务管理权限,根据"两放、三统、一包"原则,下放到人民公社,并与农村信用社合并组建成人民公社信用部。1969—1977 年,全国银行系统成为财政部领导下的业务部门,银行信贷计划、货币发行等工作须经财政部讨论,并报国务院决定,这个时期农村金融主要由中国人民银行的农村信贷和农村信用社业务组成。

2. 改革开放后

改革开放后,中国一直在实现两大历史潮流的交汇——二元经济转换和市场经济转型。在此过程中,中国经济总量持续保持高速增长,但二元经济转换却波动起伏。在此背景下,国家通过城乡金融资本市场的"二元化",在将一部分农村金融剩余保留在农村支持"三农"的同时,又将一部分农村金融剩余持续向工业领域转移,连同工业金融剩余一起满足国有企业、工业化的资金需求。这种城乡金融资本市场的不平衡状态,以城市金融的"繁荣"与农村金融的"抑制"为基本特征,大致经历了三个阶段:

1978—1983 年。这个阶段既是中国农村经济体制改革期,也是农村金融恢复重构期。其一,1979 年 2 月,中国农业银行第四次恢复成立,并形成集合作制金融、财政拨款管理、商业信贷业务于一体的特殊形态。其二,1981 年 3 月,中国农业银行总行对农村信用社体制进行改革,试行营业所与农村信用社合署办公,所社联营。截至 1982 年年底,全国信用分社和信用站达到 33 万多个,这些网点办理农村社员存、贷款业务,但几乎没有自己独立的发展空间,"官办"色彩浓厚。其三,1982 年 2 月,国务院对农业保险业务作出重大调整,中国人民保险公司恢复办理农业保险业务。但是在这个阶段,由于农业保险仅仅停留在试办阶段,开展业务的范围亦有限,故远远不能满足农业生产和农村发展的需要。

1984—1995 年。其一,随着中国经济改革重心由农村转向城市,城市金融获得迅速扩张,国有专业银行规模不断扩大。随着国有专业银行之间开展竞争,各家银行开始将其分支机构延伸至农村,一方面从农村吸收存款,另一方面又为当时"异军突起"的乡镇企业提供贷款。其二,农村信用社改革推进。1986 年前后,县级联社逐渐组建,对信用社履行管理、指导、调剂职能。1987 年对农村信用社信贷资金实行以存定贷、多存多贷、自求平衡制度。但由于种种原因,改革基本上都不到位。其三，1986 年在部分城市试办邮政储蓄业务并成立邮政储汇局，邮政储蓄开始遍布全国，抽走农村大量储蓄。其四，1994 年中国农业发展银行成立。此外，在此阶段存在过农村合作基金会的迅猛发展、风险显现甚至小规模挤兑风波以及此后的整顿查处、农产品期货市场的创建等。

1996 年至今。其一，国有商业银行在农村市场收缩。包括中国农业银行在内的国有商业银行逐步收缩县及县以下机构，特别是中国农业银行实行股改上市，业务向大城市、大企业、大项目集中倾斜，加上邮政储蓄银行成立等“抽水机”效应的推波助澜，导致农村金融抑制与城市金融发达的二元金融分割日趋明显。其二，在经过分支机构增设、人员增加后，中国农业发展银行收购资金管理难以做到封闭运行，并且通过其向中国人民银行的再贷款渠道直接倒逼中国人民银行增发货币从而推高通货膨胀，1998 年 3 月，国务院决定将其承担的农业综合开发、扶贫等业务划转回有关商业银行，由其专司粮棉油收购资金的封闭管理职能，农业政策性金融业务有所萎缩；2002 年后国务院又对其业务进行调整，中国农业发展银行形成政策性、准政策性和商业性业务并存的局面。其三，《关于农村金融体制改革的决定》颁布后，国务院成立农村金融体制改革协调小组，农村信用社改革再次被提上议事日程。此后农村信用社最终逐步实行了以商业化为主导的改革。其四，1997 年国家开始对农村合作基金会进行全面整顿，1999 年统一取缔农村合作基金会，2002 年取缔地下钱庄、打击高利贷行为，从而在整体上对非正式金融采取打压、限制措施。其五，1996 年中国人民保险公司开始商业化，全国农业保险发展进一步放缓。经营农业保险业务的商业保险公司仅有两家（另一家为中华联合财产保险公司），且经营的农业保险种类仅限于种植业和养殖业。

（三）统筹城乡金融资本市场发展的对策思路

我国当前和将来较长时期的二元经济转换将处于工业反哺农业、城市支持农村的阶段。这个特殊历史阶段的质的规定性，决定了我们应当按照“统筹城乡发展”的要求，根据“十二五”规划纲要提出的“在工业化、城镇化深入发展中同步推进农业现代化，完善以工促农、以城带乡长效机制”的要求，统筹城乡金融资本市场发展：一是现存的农村金融机构要首先发挥支持农村的作用，将农村金融剩余全部配置到农村；二是现存农村金融机构要与城市金融机构一起，将一部分城市金融剩余转移到农村（如通过发行政策性金融债将部分城市金融剩余转移到农村等）；三是一部分城市金融要在国家政策的强制下直接将一部分城市金融剩余投放到农村，从而形成资金来源城市化、资金运用农村化机制，保证资金反哺农业。为此，我们应当做好以下几个方面的改革。

1. 强制城市商业金融"反哺"农村

商业性金融的本质在于逐利性，我们必须在这一假设的基础上安排商业性金融支持农村经济的相应制度。为此我们要有相应的制度、政策进行激励、约束，引导甚至强制商业性金融向"三农"融资。一是借鉴美国《社区再投资法》，在我国出台类似法律，通过立法形式将商业银行推入农村金融市场，使在县域范围内开展业务的金融机构，在一定县域内吸收的资金再投资到县域的部分能够保持一个合理比例，迫使商业银行增加对县域经济的信贷投放。二是要建立以贴息为主要表现形式的导向机制，由财政对商业银行发放的农业贷款进行贴息；或是由中央财政和地方出资成立各种由国家信用兜底的担保公司，为商业银行发放的农业贷款提供担保，以解决其"后顾之忧"。对邮政储蓄银行也应作类似安排。

2. 实行差异化金融政策

农村金融与城市金融相比较而言，投资风险大，时间长，收益较低，许多正规金融不愿意提供资金支持。农村金融的特殊性决定了农村金融发展需要政府提供差异化的政策支持，只有在市场准入、信贷支持、绩效考核以及风险容忍度等方面提供差异化的政策支持，才能满足农村经济社会发展的需要，促进农村金融的创新。

3. 放松农村金融市场准入

经过三十多年的改革开放，我国广大农村地区已经聚集了一定数量的财富，成为民间金融主要的资金来源。由于正规金融的市场准入存在严格限制以及县域金融存在高度金融压抑，巨大的民间资金不得不寻找收益更高的投资回报。推动农村金融改革创新，需要降低正规金融市场准入门槛，拓宽民间金融市场准入领域，进一步规范、引导民间金融发展。

4. 促进非正式金融正式化

在坚持发展正式金融的同时，在有效监管、风险防范前提下，应给予非正式金融适当承认与扶持，引导私人钱庄、民间金融合会等民间金融组织从"地下"走向"地上"，向规范化、合法化、机构化金融转变。首先，政府要降低金融准入门槛，允许那些股东人数、资本金、经营者资格及其他条件达到法律规定者，由金融合会、私人钱庄注册转变为股份制或股份合作制金融企业，成为正规农村民间金融机构；其次，要规范民间自由借贷行为，在监控成本极大的情况下，要通过制定健全的交易合同示范文本、重点打击高利贷行为、增强农户风险防范意识等行之有效的方法促进其规范运作；最后，在农村信用社改革中大胆创新，引进民间资本，把创建民营银行和农村信用社改革结合起来。

5. 促进乡村银行发展壮大

乡村银行的本质与功能，在于其服务范围能对应满足农户中的低收入者的金融需求。根据上述本质特征，应参照孟加拉等国的经验做法，在现有基础上进一步发展乡村银行，有效满足农村低收入者的金融需求，提供“适应性”农村金融功能服务。

6. 探索多样化的农村金融组织形式

解决农村金融长期以来的“欠账”、统筹城乡金融资本市场发展，要求我们进一步加大探索农村金融组织形式的力度，以提供有效的金融服务。但是，这一探索又必须考虑到我农村经济社会的特殊性和农村金融需求的多样性。为此，我们在农村金融发展上不能“一刀切”，而需要结合各地的经济社会发展水平、资源、文化等方面的实际情况，“因地制宜”地发展农业投资公司、农业产业基金、农贷担保公司等农村金融服务机构，形成多样化、特色化的金融服务体系。

（1）农业投资公司。农业投资公司是创新型非银行农村金融服务的重要组织形式，主要以“公司加农户”的产业运营模式，推进农业适度规模经营。要建立合理税费制度和社会化服务体系，拓展风险信贷、私人风险资金、微型贷款以及担保开发等投资渠道，增加农产品加工企业获得信贷机会，实现金融、公司与农户共同发展，达到金融服务农业、农户、农村的目的。

（2）农业产业基金。推动农业产业化、规模化发展需要充分利用风险投资基金组织，对特色产业、优势产业进行孵化。要通过农业产业投资基金吸收分散资金，投向农业生产领域、流通领域，促进农业规模化生产，然后通过资本市场、产权交易市场实现资金退出，实现农业科技项目、农业产业化、农村市场体系、农村信息技术推广等方面的整合，促进农业投资机制的根本性转变。

（3）农贷担保公司。农村金融贷款风险较大、坏账多，大多数商业银行不愿意介入。农村信贷资金投入需要建立农业贷款风险补偿机制和农业贷款风险分担机制，以防范和化解农村金融风险。成立农贷担保公司，是建立相关补偿机制和分担机制的重要途径。

第八章　要素市场统一与要素所得税的合理安排*

一、统一的要素市场要求有统一和稳定的要素所得税制度

市场要素配置主要是通过价格进行。价格反映了各要素的稀缺状况和它们各自的贡献率。同一要素的不同能力或者禀赋，比如土地的不同肥力、不同位置（或者人的不同能力、资本的不同报酬）应当有不同的市场价格，对不同土地价格的税收（或者对不同劳动力工资的税收、资本的不同报酬的税收），会干预不同土地（或者不同能力的劳动力、不同使用方向的资本）的使用程度和使用方向。税收影响了要素价格，因而影响了其市场配置。

在某一种要素市场内，如果没有统一的税收，人们在各个税收管辖内进行配置，部分要素的功能就没有得到发挥，将他们放到一个统一的市场内，所有的要素的能力就会发挥出来。因此将某一种要素所得税在全国范围内统一起来，这一种要素内部的各个不同部分就能在全国进行配置，并且达到边际替代率相等，从而达到效率最大化；将所有要素的所得税各自在全国范围内统一起来，某一种要素内部的各个不同部分，比如肥沃土地或者贫瘠土地，以及不同要素之间，比如贫瘠土地增加了资本投入，就能在全国进行配置，并且达到边际替代率相等，从而达到效率最大化。

---

* 本章执笔人为吕旺实。朱善利对本章结构作了调整。

要素所得税不仅需要统一,还需要稳定。稳定的要素所得税能保证各种要素在市场上有长期稳定的边际替代率。如果是多变的、动荡的税收制度,人们在要素配置的时候,就没有办法进行长期预测和长期投资,比如说,资本就不敢进行长期投资、土地不能做长期利用安排、人员就没有学习某种技能的动力。因此将某一种要素所得税稳定下来,就会使得这一种要素内部的各个不同部分在相当长的时间段内进行配置,并且达到边际替代率相等,从而达到效率最大化;将所有要素的所得税各自在长时期内稳定下来,某一种要素内部的各个不同部分,比如肥沃土地或者贫瘠土地利用就会长期化;将不同要素税收稳定下来,人们就会进行长期投资,比如在贫瘠土地增加了资本投入,就能达到长时期内的边际替代率相等,从而达到效率最大化。

总之,统一和稳定的所得税带来要素总体效益最大化,因为只有这样,一种要素内部、各个要素之间,在全国范围内、在长期时段内,才能达到边际替代率相等,带来要素配置效益最大化。

二、劳动报酬所得税收的改革历程、目前的问题和改革设想

劳动报酬所得税主要就是以个人在一定时期内取得的收入为对象征收的税收,称为个人所得税。它有如下功能:第一个功能是取得财政收入;第二个功能是调节社会成员之间收入的差距。这主要因为:个人所得税有零税率级,即起征点以下免征的考虑;个人所得税在很多国家都实行综合课税的原则,所谓综合课税就是把个人所有的收入加总,然后扣除一些必要的费用和支出后按适用的税率计税;个人所得税都有适当的生计和负担费用扣除。个人所得税是世界各国普遍征收的税种。

我国个人所得税的发展经历了如下几个时期。第一,个人所得税开创时期。中国个人所得税从国民党时期就有立法,但是并未得到有效的实施。20 世纪 50 年代个人非农业所得,以工商所得税率征收。1950 年国家颁布的《全国税政实施要则》中有“薪给报酬所得税”,但一直没有开征。1960 年正式开征个人所得税。1980 年 9 月 10 日全国五届人大通过颁布了《中华人民共和国个人所得税法》,税率为 5%—45% 七级累进征收。主要征收对象是外国人,中国人达不到这个水平。1986 年 9 月 25 日国务院颁布了《中华人民共和国个人收入调节税暂行条例》,税率为 20%—60% 五级超额累进(1987 年实施)。与此相关的,还有一个《城乡个体工商户所得税》,税率为 7%—60% 十级超额累进。第二,改革规范发展时期。1993 年 10 月 31 日修正公布的《中华人民共和国个人所得税法》合并了原来的个人所得税、收入调节税、个体工商户所得税。当时,

它作为地方税种,收入全部归地方。第三,调整和迅速发展时期。2003 年 10 月十六届三中全会通过的《中共中央关于完善社会主义市场经济体制若干问题的决定》,要求按照简税制、宽税基、低税率、严征管的原则,稳步推进税收改革。1993 年个人所得税法规定,工资薪金所得费用减除标准为每月 800 元,经过听证等程序后,2005 年 10 月,十届全国人大常委会审议通过了国务院关于调整个人所得税工薪所得费用减除标准的议案①,决定将工薪所得费用扣除标准提高至每月 1 600 元,从 2006 年 1 月 1 日开始施行,2007 年 12 月 23 日,十届全国人大常委会又将其提高至每月 2 000 元,2011 年标准又有提高。

2011 年全年,按照财政部网站提供的数据,全国个人所得税税收为 6 054 亿元,比 2010 年增加 1 217 亿元,增长 25.2%。个人所得税税收收入占全部税收收入的 5.8%。2011 年 8 月,全国人大常委会通过决议提高个人所得税工薪所得费用减除费用标准,从 2011 年 9 月 1 日起,我国个人所得税工薪所得费用减除费用标准由每月 2 000 元提高到 3 500 元。时任财政部发言人称:“减除费用标准由 2 000 元提高到 3 500 元,纳税人数将由现在的约 8 400 万人减至约 2 400 万人,这将大幅度减轻中低收入纳税群体负担。”

个人所得税在市场经济国家是众多税种中的一项主要税种。我国个人所得税近年来发展较快,但是还存在以下一些问题。第一,分类为主的所得税不能实现税收公平。我国目前的所得税是分类为主的所得税,所谓分类征收,就是对不同来源所得采用不同的征收标准和办法,未就个人全年各项应税所得综合计税,违背了量能负担和纵向公平的原则。第二,征收时间不统一,难以实现保证公平。征税时间标准按年、月、次征收的都有,会造成所得来源多、综合收入高的纳税人少纳、甚至不纳税(每次都不足纳税标准)现象发生;也有造成一年内仅有一次不太高的收入,却要纳税的状况。第三,扣除规定混乱,容易偷漏。税率有比例、累进之分,费用扣除亦有定额和比例之分,且另有减征和加减区别,易造成纳税人分月所得,享受多次扣除费用或将收入化整为零,而免于起征等种种避税、逃税行为的发生,导致国家税收收入的流失。第四,最大的问题是没有客观细致的生计扣除。没有考虑到家庭抚养人口的多少,老人、病人的多少等而进行有区别地扣除,而是统一的一个扣除标准,带来人为的不公平。

针对个人所得税存在的问题,我们提出如下改革设想。

第一,改革分类税为主为综合和分类征税相结合的模式。对不同来源所得采用同一的征收标准,其主要办法就是综合所得税,即就个人全年各项应税所得综合计税。在现行的分类基础上,第一阶段改革实行综合为主、分类为辅的

---

① 《中华人民共和国个人所得税法修正案(草案)》。

模式。将工薪、经营、劳务报酬、财产租赁并为综合征税项目,实行月度扣缴、年度结算的制度,如果某些月有收入,缴纳了个人所得税,但是,全年收入在扣除42 000 元(3 500 元 ×12)后不足以缴税,则退还已缴纳的个人所得税。将稿酬、特许的利息股息红利、财产转让、偶然所得仍归入分类征收项目,实行源泉扣缴、双向申报制度。

第二,细化费用和其他扣除。国际上通行分五类,为取得所得的生产成本、个人基本扣除、抚养扣除、个人特许扣除与鼓励性或再分配扣除,其中生产成本扣除体现纯收入原则,二、三类是生计费扣除,四类为照顾纳税人特殊开支需要,五类是国家为鼓励纳税人按一定方向使用其所得而给予的优惠扣除。我国目前扣除较简单,未考虑改革开放以来地区之间、家庭、人与人之间收入差异的扣除方式,都扣除 3 500 元,可以另外规定一些扣除项,比如抚养子女人数,有老人、残障者等,可以扣除多一些。另外,我国个人所得税在收入的成本扣除、个人基本扣除之上,加上抚养扣除、个人特许(特殊病人医疗费用)之外,还应当有鼓励性(公益事业捐款等)扣除。

第三,改革关于纳税人的认定标准和纳税人范围的划定方面。其一,我国还采用居住时间标准,即无居所但居住满 365 天的属于居民纳税人,这与英国规定的六个月和日本不受纳税年度和日历年度限制的累续一年即需纳税的规定范围又要缩小。随着我国加入 WTO,我国应当向国际标准看齐,将认定时间标准由 1 年改为 183 天,拓宽纳税范围。其二,现行税法名义上规定对居民和非居民纳税人均需征税,但事实上对占人口 70% 的从事农、林、牧、渔个人并未征收,虽然为贯彻减轻农民负担原则,大多数人属于法定免税范围,但仍有相当一部分高收入农户被排除在外。

第四,税率设计。综合征收的部分仍然保留累进制,但是起征点要提高,累进率不要过急。分类的部分仍然实行比例税率。税率税级不仅有“月”规定,也要有“年”规定(见下面“月交年结”)。

第五,建立个人所得税的纳税申报制度。继续实行我国现行的按月按次申报的办法,但是应当一年进行总结算,某月的交纳要与一年总交纳结合起来,这种方法可以称为“月交年结”制度。建立纳税人和支付所得的单位“双向申报”的制度,建立起组织及单位申报和个人申报的交叉稽核体系。还必须在税法上明确法律责任和处置措施,建立起相应的执法手段,才能保证个人所得税税款的及时入库。

三、资本利得税收的改革历程、目前的问题和改革设想

资本利得所得主要包括利息所得、红利所得、企业经营盈利所得三种,我们

这里主要介绍和研究企业税收的改革历程、目前的问题和改革设想。

企业所得税就是用累进的或比例的税率、以企业(法人)的纯收益作为税基进行课征的税收,被称之为企业(公司)所得税或法人所得税。企业所得税课征的对象是净所得或纯收益,这一点与个人所得税的立法原则相同。它首先有筹集财政收入的功能,企业所得税在各国家的财政收入中占有5%—10%的收入份额。其次有调节分配的功能,有些国家企业所得税采用累进税率。我国企业所得税发展改革历程如下。

第一,形成和初步运行阶段。1980年和1981年,为适应对外开放的需要,我国相继建立了中外合资经营企业所得税、外国企业所得税和个人所得税。1984年国务院发布了《中华人民共和国国营企业所得税条例(草案)》和《国营企业调节税征收办法》,开征了国营企业所得税和调节税。1985年和1986年国务院又重新发布开征了集体企业所税、城乡个体工商户所得税,1987年1月1日起开征个人收入调节税。国务院于1988年6月发布了《私营企业所得税暂行条例》。当时,我国已有九个所得税类型的企业所得税税种。

第二,规范和合并阶段阶。1993年12月,国家将另外七个所得税合并为两个。一个是企业所得税,另一个是外商投资企业和外国企业所得税。这两个税种的课征制度,既有许多相同或基本相同之处,又有许多大的差别。差别突出表现是外资企业在应税所得计算、适用税率、减免税等方面都享有特别的优惠待遇,但是内资企业没有。但是相同的方面也很多,其一,在计征对象、成本费用核算上基本统一;其二,除了外资企业外,内资企业所得税适用税率都统一起来了。

国务院决定自2000年1月1日起,对个人独资、合伙企业停止征收企业所得税,其投资者的生产经营所得,比照个体工商户的生产经营所得征收个人所得税,以减小内外资企业在缴纳所得税税前列支制度上的差异,提高内资企业的计税工资标准,扩大内资企业用于特定捐赠支出的扣除比例,达到公平税负,解决个人独资、合伙企业重复征收所得税的问题。

第三,统一内外资企业所得税阶段。党的十六届三中全会确立了"统一各类企业税收制度"的精神,2004年2月,财政部会同有关部门在深入调查研究和广泛征求意见的基础上,形成了内、外资企业所得税"两法合并"的改革方案:内外资企业适用统一的企业所得税法,实行法人税制;统一并适当降低企业所得税税率,将法定税率由33%降至25%;统一和规范税前扣除办法及标准;统一税收优惠政策,建立"产业优惠为主,区域优惠为辅"新的税收优惠体系;对新税法公布前已设立的老企业实行一定期限的税收优惠过渡措施。2006年8月23日,国务院第147次常务会议讨论通过了《中华人民共和国企业所得税法(草案)》。2007年3月16日,全国人大十届五次会议审议通过了《中华人民共和国企业所得税法》。为了确保企业所得税法的顺利实施,2007 年 11 月 28 日国务院第 197 次常务会议通过了《中华人民共和国企业所得税法实施条例(草案)》。同时,财税部门根据企业所得税法及实施条例的规定,研究制定了税收优惠目录、过渡优惠办法等若干配套的政策措施。随着 2008 年 1 月 1 日该法的正式施行,我国结束了企业所得税法律制度内、外资企业分立的局面。这项改革是我国税制现代化建设进程中的一件大事,是我国社会主义市场经济制度走向成熟的重要标志之一。

2010 年企业所得税税收为 16 760 亿元,占全部财政收入的 16.2%,比上年增加 3 917 亿元,增长 30.5%。这个增幅是很大的,主要是由于 2010 年企业经营状况较好,也由于通货膨胀,2011 年企业利润总体增长较快,带动企业所得税增加。

企业所得税目前还不尽完善,存在问题如下。一是虽然内、外资企业所得税税收统一,但是在扣减成本、减免税等方面还没有充分体现市场经济条件下公平竞争的原则,在不同所有制经济之间,内、外资企业之间和不同地区之间,税收的某些环节还存在差异,造成税收负担各不相同,不利于公平竞争和经济的健康协调发展。二是现行税制在一定程度上仍然存在重复征税问题,影响国内产品竞争能力的提高,不利于促进扩大投资和企业的技术进步。三是税收优惠政策偏多,政策目标之间缺乏协调,也不尽规范,特别是地方自行出台优惠政策,既影响收入,又造成不公平竞争,有碍经济健康发展。

企业所得税改革的建议包括以下几点:其一,实现内、外资完全统一,在成本扣除和优惠政策方面实现统一;其二,处置好企业所得税与分配红利后个人所得税的关系问题;其三,减少优惠,目前各类企业的优惠项目太多,有地区优惠、行业优惠、新技术优惠、新办企业优惠、不同类型企业优惠等,最可行的办法是取消大部分优惠;其四,统一降低税率。

四、土地房地产税收的改革历程和目前的问题

在我国的不断改革进程中,土地、房地产、资源等生产要素的所得需要缴纳税收,其实是广义的要素所得税。我国土地房产税的发展改革历程如下。

第一,各类土地和财产税的建立和修订。一是房产税。1986 年 9 月 15 日,国务院发布《中华人民共和国房产税暂行条例》,自同年 10 月 1 日起施行。二是车船使用税,1986 年 9 月 15 日国务院发布《中华人民共和国车船使用税暂行条例》,自同年 10 月 1 日起施行。三是土地使用税。1988 年 9 月 27 日,国务院发布《中华人民共和国城镇土地使用税暂行条例》,自同年 11 月 1 日起施行。上述三个税收条例至今仍在施行,但是有修订。2007 年国务院对《城镇土地使

用税暂行条例》进行了修订。调整了城镇土地使用税税额幅度;将征收范围扩大到外资企业。四是土地增值税。通过开征此税,适当调节房地产交易中的过高利润。此税在房地产的交易环节对交易收入的增值部分进行征收。房地产增值额为纳税人转让房地产所取得的收入减去规定的扣除项目以后的余额。此税按照房地产增值税额超过扣除项目金额的比例实行超额累进税率,税率从30%—60%不等。五是耕地占用税。国务院1987年颁布实施的《中华人民共和国耕地占用税暂行条例》,对合理利用土地资源、保护农用耕地起到了积极的作用。1993年、2007年国务院对《耕地占用税暂行条例》又进行了修订。修订内容包括提高税额标准、将外资企业纳入耕地占用税的征收范围等内容。新的耕地占用税暂行条例于2008年1月1日实施至今。

第二,房产税的开征和目前现状。1986年9月15日,国务院正式发布了《中华人民共和国房产税暂行条例》,并从当年10月1日开始实施。但是,这里的房产税是以经营性房地产为征收对象,或者说居民个人房地产不在征收范围之内。为了加强对房地产的宏观调控,促进房地产市场的健康发展,国务院在2011年1月27日决定,同意在部分城市进行对个人住房征收房产税改革试点,具体征收办法先由试点省、自治区、直辖市自行制定。此后,重庆成为国内首个对存量住房开征个人住房房产税的城市。自2011年1月28日起,对独栋商品房、新购高档住房,在重庆市同时无户籍、无企业、无工作的个人新购的第二套(含)以上普通住房,开始征收个人住房房产税,个人住房房产税税率为0.5%、1%、1.2%三档。随后上海市政府发布公告,对上海居民家庭新购第二套及以上住房,或非上海居民家庭的新购住房,开征房产税。

由于我国房地产市场起步比较晚,房地产税收制度更加不完善。第一,目前还处于试点阶段。就试点来说,仅仅对二套以上房产等征收;从目前试点的动态来看,还在不断地提高每套房价的标准,将来会只有很少一部分房地产缴税。第二,从地域范围来说,仅仅只有重庆、上海等少数城市试点,全国并没有普遍征收。

改革的趋势和方向是明确的,即需要将房产税确立为一个普遍征收的税种。但是,需要解决如下问题。第一,有没有一个免征点?是将二套房产以前为免征点还是将人均60平方米作为免征点?成年子女如何定标准,结婚还是没有结婚?第二,如何对待非本地户籍居民?目前是非本地居民“歧视”政策,这种政策要不要改革?第三,税率的高低问题等。在我国房地产税的改革将需要一个相当长的时间才能完成。

另外车船使用税、城市土地使用税、土地增值税和耕地占用税也要改革,这里不再赘述。

五、中央与地方在促进统一要素市场方面财政职能的协调

（一）不同级次政府财政承担的主要功能不同

财政有多种功能，各级政府侧重点不同。国民经济发展和调控的功能在中央政府和中央财政。从全局出发，对国土全面开发和布局的功能在中央政府，省市县政府是具体实施单位；从宏观经济结构出发，对产业、行业、城市、全国交通等规划，是中央政府的基本功能，省市县政府是下一级具体实施单位；对宏观总量进行调控，中央政府主要通过财政、税收、金融、综合管理政策比如土地政策、环境政策、进出口政策等来完成，地方只是被调控的对象。中央财政要为中央政府以上这些职责提供财政支持。

全局性的公共服务功能在中央政府，比如统一国防、外交、国家干线交通、国家统一法律的监督和实施等，这些公共服务具有非排他性和非拥挤性特点，因此应由中央政府承担。但是，公共服务的功能具体实施主要在省市县。大部分人民日常公共服务项目，比如治安、公共交通、垃圾、下水道、消防等，都应当在地方。这些服务只有区域的排他性、部分的排他性，有的甚至是拥挤性的，因此需要采取收费等方法进行管理。有些服务，例如基础教育、基础研究、公共卫生、收入与养老保障等属于中央和地方政府共担责任。地方政府接近老百姓，受老百姓委托，是直接提供公共服务的主体。市县财政要为以上服务提供支持，基本公共服务财力不足的地方，要得到上级财政的支持。

经济越发达的国家，社会保障“统筹”的政府级次就越高，很多发达国家的社会保险是由中央政府来管理的，有的国家甚至在地方设外派机构来实施。我们国家的社会保险统筹和发放的级次很低，最早在国有企业内部，然后统筹到市县，20 世纪 90 年代以后提出统筹到省市，现在只有很少部分实现了“省级统筹”，中央承担部分调节各地在社会保障方面“财力差距”的任务，20 世纪 90 年代以来，中央政府先后补助了落后地区城镇职工退休金的不足、农村合作医疗、城镇居民医疗保险、农民养老保险等。

（二）促进、保护、调节统一要素市场是中央与地方财政共同的职责

制定统一的法规制度的职责在中央政府。中央政府要制定关于人员流转的法律，解决户籍问题、地区歧视问题、劳动保护等问题；中央政府要制定有关最低工资法规、社会保险金法规、个人所得税法规等问题；中央政府还要制定关于资金、企业经营、土地、房地产流转等相关的法律，会计、所得税、地区差异政策等。

具体执行保护和调节要素市场各种法规的职责在市县。消除户籍歧视、劳动者保护法规的实施、工资政策实施、社会保险金缴纳、个人所得税缴纳等问题

必须在各地方进行管理;企业经营、土地、房地产流转等相关的实施,会计、企业所得税等政策的实施以及具体、日常管理的职责在市县。市县财政既是各种相关法规的执行者,也受有关法规的保护和约束。

(三)各级财政共同努力,促进要素流动和市场配置

人是所有要素中最活的要素。人口流动对于经济发展至关重要。但是我国的户籍制度限制了人的流动,因此首要任务是要改革有关户籍的相关制度。要以"先内容后形式"的方式消除户籍制度约束,中央政府要有统一的法规和政策,监督地方实施。人员的全国流动和配置必然涉及户籍问题,户籍问题涉及地方财政的各个方面:就业、所得税、社会保障税费、福利补助、社会保险支付等[①]。从财政的这些具体内容出发,逐条逐步地改革这些内容,户籍制度就会"先内容后形式"地消失。我们已经改革掉了居住地歧视,外地人可到本地居住;但是我们没有完全消灭就业歧视,外地人可以到本地就业,但是仍然有一些限制;工资支付已经不区分户籍,但是社会保险、福利政策等还有户籍歧视。将这些不足的地方逐步进行改进,就可以从内容上解决歧视性问题,最终从形式上解决户籍问题。

中央政府要制定对不同户籍人员平等对待的相关法规,特别是与财政有关的法规,比如就业法、劳动保护法、社会保险法、社会福利法,要求各地平等对待不同户籍的本地工作人员。地方政府执行相关法律,争取更多的人员来本地就业,提高本地经济的竞争力。

资本流动对于经济发展同样重要。要改进地方财政内有关企业投资的相关制度,以"公平竞争"的方式维护资本市场的秩序,中央政府和财政要改进相关法律和政策,同时监督地方实施。我国资本市场上存在如下不平等现象。第一,内、外资企业的地位和相关财税待遇不平等。改革开放以来,各地政府招商引资的积极性很大,正因为如此,我国吸引了大量外资。统计年鉴报告1979—2009年实际利用外资是11416.2亿美元。2010年是1088.2亿美元,2011年比上年又增加11.7%左右,达1177.0亿美元。我国各级政府为外资提供了优厚的环境和优惠的政策:低价利用土地、厂房、劳动力,实行税收优惠甚至完全免征所得税等,以吸引这些企业进入。但是我国国内企业却因为享受不到这些优惠而处于不利的地位。必须要改革这些不合理的制度。[②] 第二,国有、民营企业不平等。我国国有企业处于垄断和优势地位,垄断着特殊的行业和资源,而民营企业没有这些优势,因此处于不利的地位。[③] 第三,大、小企业不平等。私营小型

① 高爱雄,"刍议城乡户籍制度调整与经济发展关系",《商业时代》,2011年第23期。

② 沈木珠,"中国外资优惠制度利弊分析与重构探究",杭州普法网。

③ "降低外资待遇不如善待内资",网易网站,财经独家评论,财经博站第90期。

企业和个体工商户的经营环境恶劣，资金来源短缺，需要与黑道、红道打交道，政府保护不够，还经常缴纳各种税费。[①]

统一内资、外资、国有、民营、大企业、小企业、微型企业与财政有关的政策，甚至特别照顾中小企业，是我国未来改革的重点之一。应当改变目前的外资“超国民待遇”、国有企业“优等国民待遇”、中小企业“差国民待遇”的状况，将优惠重点放到中小企业上来。

这个改革的任务在中央与地方政府进行如下分配：中央制定统一的政策，将优惠政策向中小企业倾斜，包括在流转税、所得税、贷款、雇用人员标准、社会保障、技术推广和转让等各方面给予照顾。省市政府负责督促市县政府来实行这些政策，并且进行部分微调；市县政府要落实这些政策，特别是对中小企业的政策。

土地市场的建立与完善也需要财政政策的配合。要继续改进地方政府有关土地和房地产的相关制度，规范并维护土地和房地产市场，中央政府要有统一的法规和政策，同时监督地方实施。

第一，土地财政的局面要得到改变。目前地方财政主导的土地出让，使地方政府不仅得到税收，而且还得到土地出让金。土地出让带来的财政税收和出让金收入在一些地方占财政收入的很高比重。据国务院发展研究中心的一份调研报告显示，在一些地方，土地直接税收及城市扩张带来的间接税收占地方预算内收入的40%，而土地出让金净收入占政府预算外收入的60%以上[②]。具体情况见表8-1所示。

表8-1　地方财政收入与土地使用权出让收入情况表　（单位：亿元）

年份	地方财政收入	土地出让收入	土地出让金	契税估算值	城镇土地使用税	耕地占用税	土地出让金/三税(倍数)	三税/全国财政收入(%)
2001	7 803.30	—	1 295.89	23.71	66.15	38.33	10.11	0.78
2002	8 515.00	—	2 416.79	44.23	76.83	57.34	13.55	0.94
2003	9 849.98	—	5 421.00	99.20	91.57	89.90	19.31	1.29
2004	11 893.37	—	6 412.00	117.34	106.23	120.09	18.66	1.30
2005	15 100.76	—	5 884.00	107.68	137.34	141.85	15.21	1.22
2006	18 303.58	—	7 676.89	140.49	176.81	171.12	15.72	1.26
2007	23 572.62	—	11 947.95	218.65	385.49	185.04	15.14	1.54
2008	28 649.79	—	9 600.00	175.68	816.90	314.41	7.35	2.13
2009	32 602.59	14 239.70	12 732.96	233.01	920.98	633.07	7.13	2.61
2010	40 613.04	30 108.93	28 197.70	516.02	1 004.01	888.64	11.71	2.90

注：土地出让收入计提国有土地收益基金收入、农业土地开发资金收入，并扣除新增建设用地有偿使用费后，可得到土地出让金；2008年及以前各年没有统计数据。

资料来源：吕旺实、王美桃，“资源和资产连续升值是财政收入‘超速’增长的重要原因”，《经济研究参考》，2012年第32期。

---

① 白天亮，“如何看待中小企业困难”，《人民日报》，2011年12月14日。

② 周涛等，“房价飙升背后的行政力量”，《经济观察报》，2006年5月28日。

前国家总理温家宝分别在2011年12月27日和2012年1月16日讲话和撰文指出,“任何人都没有权利剥夺农民土地权”。中央政府和中央财政要制定相关财政和税收政策,对剥夺农民土地然后出让得到的收入有相应的处置措施。应当在地方政府中实行责任制,处罚侵占农民土地的行为,确保农民的土地承包权。应当将过多的土地出让金调剂到贫困地区,减少出让土地的行为。

第二,房地产的过度投机要得到抑制。在新房交易价值中,虽然土地受让时缴纳过部分税费,但还须再次全额计征相关税收。按照现有税法规定,房地产商作为土地受让方,在购买土地时,已经支付过相关税费,如契税、耕地占用税或者城镇土地使用税、土地增值税等。房屋销售交易达成后,房地产商还须以房屋销售收入为计税依据全额缴纳营业税、城建税、教育费附加、印花税、契税、所得税,按增值额缴纳土地增值税。这些税收共同贡献了财政收入的快速增长。依据房地产开发企业经营统计数据,新房交易所贡献的税金及附加对经济形势变化敏感,约占财政收入的3.5%—4%。房屋升值(提价)越大,税收收入越大,因此地方政府不仅有加大房地产业发展的利益驱动,而且也希望房价上升。

表8-2　2001—2010年重点监测城市房屋销售对财政收入的贡献

年份	商品房价(元/m²)	房地产增长率(%)	房屋销售面积(万平方米)	以2005年为基准价,销售量增加贡献的财政收入(亿元)	占财政收入比(%)	房价上涨贡献的财政收入(亿元)	占财政收入的比(%)
2001	2 170	—	—	—		—	
2002	2 250	3.69	—	—		—	
2003	2 359	4.84	—	—		—	
2004	2 778	17.76	—	—		—	
2005	3 168	14.04	—	—		—	
2006	3 367	6.28	61 857.1	1 959.6	5.1	2 082.5	5.4
2007	3 864	14.76	77 354.7	2 450.6	4.8	2 988.7	5.8
2008	3 877	0.34	65 969.8	2 089.9	3.4	2 557.4	4.2
2009	4 695	21.10	94 755.0	3 001.8	4.4	4 448.4	6.5
2010	5 029	7.11	104 764.7	3 318.9	4.0	5 268.3	6.3
2011估算	5 474	8.85	97 738.9	3 096.4	3.2	5 349.9	5.5

资料来源:吕旺实、王美桃,“资源和资产连续升值是财政收入‘超速’增长的重要原因”,《经济研究参考》,2012年第32期。

中央政府与地方政府在发展房地产业、提高人民生活的目标方面是一致的,但是在增加土地出让、房屋销售价格的目标上是不一致的。从宏观经济、经济结构和可持续发展的角度,中央政府希望房地产业能够稳步发展,价格平稳,因此中央政府应当抑制房地产的过度投资和投机，抑制房地产价格上涨。自2006年以来，国务院先后发布了多个指示，被分别称之为“国四条”、“国十一条”、“国八条”，对于房地产业的调控起到了一定作用。

但是，对房地产业调控的关键是房产税，中央应当在地方试点的基础上尽快制定全国统一的房产税法规，通过在各地方财政的具体实施，来达到调控房地产市场的目的。

第九章 财政体制改革与社会保障制度完善*

一、从吃饭财政与建设财政转向公共财政体制的途径与措施

吃饭财政和建设财政是对我国改革开放以前财政特征的基本描述。我国经济转型既是从计划经济体制向市场经济体制转轨的过程,也是从吃饭财政与建设财政向公共财政转轨的过程。

(一)转向公共财政的必要性

1. 公共财政能够承认不同所有制经济平等共存,并且为之服务

三十多年的改革开放使中国逐步由计划经济体制转型为市场经济。计划经济下国家消灭了私有产权。市场经济下国家承认私有产权,私有、集体所有、国有制度并存。财政要平等地对待不同经济成分。市场经济的前提是要素、产品或者财富分属于不同的所有者。他们都是社会经济的必要的组成部分,因此,公共财政的法律规定性要求在税收和支出政策上对他们一视同仁,平等对待不同的所有者。

不仅如此,公共财政尊重所有权和私人财产,它的一切运行原则是建立在承认不同所有者的权利神圣不可侵犯的基础之上的。与此同时,财政在处理私人产权与公共利益的矛盾时,已经形成一套完整的规则:财政只有为了公共利益、且通过法律程序才能占有私人财产;为了公共利益占有个别人的财产,必须给予补偿。财

---

* 本章执笔人为吕旺实。朱善利对本章结构作了调整。

政在正常的税收之外,必须以一个独立的商品及服务购买者的身份出现在市场上,平等地与任何对象进行交换。公共财政以市场经济为基础,市场是配置资源的基础,只有市场失灵的地方财政才用“公共”的形式来处理有关事务。

2. 公共财政弥补市场缺陷,同时增加了管理和服务功能

公共财政的重要职能是在私人产品之外,提供公共产品和服务。看起来公共产品与私人产品之间有一个成本利益的比较,这里包含了一个逻辑前提,就是承认私有产品在市场上的合法性和优先性,即人们通常选择这种经济模式:私人生产要素通过市场配置生产出产品,由私人提供给市场,这个模式能获得最大的经济效益。但是在私人无法提供或者提供产品的成本过高时,由政府配置生产要素提供公共产品,就是有利的和有效率的模式。私人产品和公共产品之间有一个边际成本利益比较。

尽管历史上政府和财政都具备一定的服务和管理功能,但是没有现代政府这样大。由于现代社会中,村社、家族、家庭原来承担的很多功能都严重退化了,其中的一部分交给了政府,政府的服务功能因而扩大了,政府,从而财政就有了提供公共安全、公共秩序、契约保护、公共设施、社会保障和经济发展等服务功能。当然,现代社会又发现了财政和政府管理过多之后的一些问题,提倡非政府组织服务或者第三方服务,这需要另行讨论。

公共财政还发挥着生产和发展的功能。随着人们共同需要的增加,政府除了提供越来越多的公共服务以外,需要支持公共生产性开发的领域、范围和事项也在增加,比如财政提供越来越多的资金参与航空、航天、原子能等基础理论研究和相关技术开发。此外,从国土开发和地区发展的角度看,政府的规划和管理,同时财政提供资金的支持也是重要的。最后,财政走出计划经济的模式以后,它肩负起用它的收支手段直接和间接调节宏观经济总量和产业结构的任务。

公共财政还发挥着收入分配的调节作用。这一点简单地从财政收支的规模中就能看出来。各历史时期财政收支的规模不同,但是只有到了现代社会以后,财政收支的规模才急剧膨胀起来。美国南北战争以前和以后那段时期,联邦财政收入占 GDP 的比重为 5% 左右,现在这个比例在联邦一级就要占到 30% 左右,在全国要占到 40%,北欧一些国家全部财政收支占到 GDP 的比重要达到 50% 左右。这一部分钱除了用于提供公共服务以外,还要向贫穷的人、老年人等进行转移支付。另外从财政收入方面看,财政也有收入调节功能,部分税收是对特定对象征收的,如财产税、遗产税、消费税等,社会中部分人要多交税;部分税收是累进的,比如个人所得税、企业所得税,富人要多交一些。

（二）转向公共财政已经采取的政策措施

1. 分步骤地改革计划经济模式，建立市场经济制度

改革的第一步：允许“计划外生产”和“价格双轨制”。当时农业产品如粮食、棉花等都有生产计划。在计划数量之内的产品，国家统一收购，有一个较低的计划价格。这个计划落实到每个生产队，如果实际生产超过这个计划数量，叫做超计划产量，仍然是国家统购，它的价格较高。不允许有任何私人买卖农产品。工业生产也一样，计划内的产品，价格较低，计划外的产品，即超过计划的部分，价格要高一些，这样刺激人们生产的积极性。超计划的产品仍然由国家收购，不允许市场流通。

由于计划外的产品没有计划销售渠道，因此有些超计划的产品就成为库存，要求企业自找销路。由于乡镇企业的存在，它们没有计划的资金和物资，就想方设法去购买这些产品，这些产品自然就有了市场价。由于大量的计划外产品的存在和销售，国家开始承认这一现象，允许这部分产品在市场销售。由此出现了两种市场价格。国家后来承认这种现象，称之为价格双轨制。国家要求企业必须完成计划内指标，然后才能生产计划外产品。

改革的第二步：放开价格管制。国家有步骤地放开计划管制的价格，称之为价格并轨。先将日用品价格放开，比如毛巾、鞋帽、肥皂等；然后将部分电器产品价格放开；接着将机器设备价格放开；最后将钢材、煤炭、水泥价格放开。放开价格管理，等于承认市场的作用，企业的生产与流通的市场渠道打开了。

改革的第三步：取消计划和相关行政机构。计划被取消时机成熟了，将企业推向市场。后来，将各主管企业的部门取消，如轻工部、纺织工业部、一机部、二机部等，部分改为行业协会。

2. 逐步改革国家财政模式，建立公共财政制度

（1）建立适应市场经济的国家对企业管理体制。在明确了我国是社会主义初级阶段，多种所有制成分并存，除国有经济之外，还有私人、个体等民营经济成分、外国资本这个基本前提之后，对国营经济进行了如下改革。1978—1984 年，进行了放权让利的改革，先后实行了“企业基金”、“利润留成”、“以税代利”等改革，特别是将原来企业所有利润上交财政改为部分以税的形式上交财政，部分以利润留成的形式留在企业。1984—1992 年，又进行了政企分开的改革，实行承包责任制；1992—1998 年，实行了现代企业制度改革，颁布了《中华人民共和国公司法》，企业有了独立的利益，开始称为独立的法人。1998—2003 年，实行了企业与行政脱钩，军队、武警、政法、部委不再管企业。2003 年以来，

开始实行真正的国有资本管理改革,现在国有资本管理向金融领域进军。将国有企业改造成适应社会主义市场经济的有独立自主权的组织,要经过一个长期探索的过程,有各种矛盾,改革经过反复,现在还没有完全完成。

我国民营经济,私人资本、个体企业在改革中有很大的发展,到2010年年底,全国登记注册的私营企业数目800多万户,个体私营企业从业人员超过1.8亿人。外资、港澳台资企业有7.6万家,从业人员有2500万以上。

(2) 建立适应市场经济的税收制度。改掉旧的税制,使之成为符合市场经济的、与国际上发达国家经济接轨的新税制。1983年以前,我国的税收主体是以产品税为主的流转税,产品税是比例税率的税,各种产品的税率不同,从烟叶的60%到某些工业品种间环节税的6%,没有企业所得税,企业的利润原则上要全部上交。1983年、1984年分别进行了两次"利改税",将企业上交利润改为征收所得税,以后所得税逐步完善,形成了现在的企业所得税。1984年开始实行增值税,代替产品税,1994年进一步扩大征收范围,现在已经成为主体税种;增值税目前正在向服务领域内扩展。1980年实行个人所得税,主要是对在华的外国人征收,以后经过不断改造,形成了目前普遍征收的个人所得税。

目前我国已经有了完整的税收体系,包括如下几个类别:流转税类的增值税、消费税、营业税、关税;所得税类的个人所得税、企业所得税;资源税类的资源税;财产税类的房产税、城市地产税、城镇土地使用税、车船税等;行为税类的城市建设维护税、耕地占用税、印花税等(参看表9-1)。

表9-1　2010年"全国财政"税收结构和税收收入情况表　(单位:亿元)

项目	预算数	决算数	决算比上年增长(%)
税收收入	65 002.34	73 210.79	23.0
国内增值税	20 466.67	21 093.48	14.1
国内消费税	5 241.00	6 071.55	27.5
进口货物增值税、消费税	8 070.00	10 490.64	35.7
出口货物退增值税、消费税	-7 070.00	-7 327.31	130.0
营业税	10 040.00	11 157.91	23.8
企业所得税	12 411.00	12 843.54	11.3
个人所得税	4 236.67	4 837.27	22.5
资源税	375.00	417.57	23.5
城市维护建设税	1 710.00	1 887.11	22.2
房产税	890.00	894.07	11.2

（续表）

项目	预算数	决算数	决算比上年增长(%)
印花税	961.00	1 040.34	15.9
其中:证券交易印花税	531.96	544.16	6.6
城镇土地使用税	1 020.00	1 004.01	9.0
土地增值税	795.00	1 278.29	77.6
车船税	205.00	241.62	29.5
船舶吨税	25.00	26.63	11.9
车辆购置税	1 338.00	1 792.59	54.0
关税	1 580.00	2 027.83	36.7
耕地占用税	700.00	888.64	40.4
契税	1 920.00	2 464.85	42.1
烟叶税	88.00	78.36	-3.0
其他税收		1.80	

资料来源:财政部网站。

税制改革的主体部分已经完成,已经建立基本上适应市场经济的、有利于要素市场配置的税收体系,基本上与国际接轨。因为经济发展快,税收收入也是连年超速增长。但是税收制度还需要调整和改进,特别是财产税、遗产税、所得税方面,税收管理也要加强。

(3) 给地方更大的自主权,建立新的中央与省市及地方的财政分配制度。处理好中央集中统一与省市等各级政府的财政关系,既涉及它们各自的法律地位问题,又要考虑调动地方积极性问题。这包括建立中央与省市政府之间的分税制以及转移支付制度。这项改革的各个阶段都取得了明显进步和显著成果,改革经过了以下几个阶段。

第一阶段:1980—1993 年,为给省市放权(包括给企业放权让利)阶段。国务院于 1980 年 2 月颁发了《关于实行"划分收支、分级包干"的财政管理体制的暂行规定》(国发[1980]33 号),决定从 1980 年起实行财政体制改革。从此开始了调整中央与地方财政关系的改革。"划分收支、分级包干"的办法,一般称之为"分灶吃饭"体制。1985 年起继续改革,实行了"划分税种、核定收支、分级包干"的财政管理体制,划分了中央财政固定收入、地方财政固定收入、中央和地方财政共享收入;同时,按照隶属关系,划分各级财政支出:中央财政支出、地方财政支出、对于不宜实行包干的专项支出,如特大自然灾害救济费,由中央财政专案拨款,不列入地方财政支出包干范围。对于各省市,区分发达地区和不发达地区,分别实行上解、分成、补助的政策。

第二阶段,1988—1993 年。1988 年 7 月,国务院发布了《关于地方实行财政包干办法的决定》,要求从 1988 年开始实行地方包干,对前期财政体制进行了改进:全国 39 个省、自治区、直辖市和计划单列市,37 个分别实行不同形式的包干办法:"收入递增包干"、"总额分成"、"总额分成加增长分成"、"上解额递增包干"、"定额上解"、"定额补助"。每种形式都是通过中央与各省市谈判后确定的。省市财政包干时间从 1987 年到 1993 年①。

第三阶段:1994 年至今,为中央与省市分税制改革和转移支付制度的改革阶段。

1994 年实行分税制改革,重点是按照市场经济的要求规范中央和地方的税收关系。将维护国家利益、实施宏观调控所必需的税种划分为中央税;把与经济发展直接相关的税种划分为中央与地方共享税;同时,也把适合地方征管的税种划分为地方税。1994 年文件规定,中央固定税收有 8 种,地方固定税收有 18 种,中央与地方共享税有 3 种。与此同时,实行中央向地方的转移支付制度(参看表 9-2)。

表 9-2　2010 年"地方财政"各项税收收入以及转移支付数量表（单位:亿元)

项目	预算数	决算数	决算数比上年增长(%)
一、税收收入	29 019.34	32 701.49	25.0
国内增值税	5 116.67	5 196.27	13.8
营业税	9 850.00	11 004.57	24.4
企业所得税	4 350.00	5 048.30	28.9
个人所得税	1 694.67	1 934.30	22.2
资源税	375.00	417.57	23.5
城市维护建设税	1 570.00	1 736.27	22.3
房产税	890.00	894.07	11.2
印花税	445.00	512.52	27.3
其中:证券交易印花税	15.96	16.34	6.5
城镇土地使用税	1 020.00	1 004.01	9.0
土地增值税	795.00	1 278.29	77.6
车船税	20.00	241.62	29.5
耕地占用税	700.00	888.64	40.4
契税	1 920.00	2 464.85	42.1
烟叶税	88.00	78.36	-3.0
其他税收		1.78	-63.4

① 谢旭人,《中国财政与改革开放三十年》,中国财经出版社,2008 年。

（续表）

项目	预算数	决算数	决算数比上年增长(%)
二、非税收入	6 850.66	7 911.55	22.8
专项收入	1 540.00	1 742.71	23.3
行政事业性收费	2 130.00	2 600.37	32.8
罚没收入	1 030.00	1 042.85	11.1
其他收入	2 150.66	2 525.62	18.3
地方本级收入	35 870.00	40 613.04	24.6
中央税收返还和转移支付	30 611.00	32 341.09	13.2
地方公共财政收入	66 481.00	72 954.13	19.3

资料来源:财政部网站。

3. 建立纠正、调节、弥补市场经济不足的社会保障和支出制度

(1) 完善社会救助制度。社会救助是国家通过财政支出,给予那些因自然灾害或其他经济社会原因而无法维持基本生活的公民以资金或者直接物质帮助,以保障其基本生活,它是社会保护的“最后一道安全网”,在有效解决城乡贫困问题、调节收入分配差距、维护社会和谐稳定、促进经济社会协调发展方面起着重要作用。在原来民政救助的基础上,经过多年改革,我国已基本建立起以城乡最低生活保障、农村五保供养、自然灾害救济等基本生活救助为基础的社会救助制度体系。

第一,城市居民最低生活保障。1997 年国务院下发了《关于在全国建立城市居民最低生活保障制度的通知》,决定在全国建立城市居民最低生活保障制度。1999 年国务院颁布了《城市居民最低生活保障条例》,进一步规范了城市居民最低生活保障制度。最低生活保障制度的保障对象是家庭人均收入低于当地最低生活保障标准的非农业户口城市居民。城市居民最低生活保障标准,按照当地维持城市居民基本生活所必需的衣、食、住费用,并适当考虑水、电、燃煤(燃气)费用以及未成年人的义务教育费用确定。

第二,农村最低生活保障制度。在原来民政农村居民救济的基础上,我国现在较发达地区探索出建立农村最低生活保障制度。2007 年国务院下发了《国务院关于在全国建立农村最低生活保障制度的通知》,提出通过在全国范围建立农村最低生活保障制度,将符合条件的农村贫困人口全部纳入保障范围,稳定、持久、有效地解决全国农村贫困人口温饱问题。各级财政积极调整支出结构,加大了资金投入力度。

第三,农村五保供养制度。20 世纪 50 年代我国建立了农村五保供养制度,对无劳动能力、无生活来源、无法定扶养义务人员实行保吃、保穿、保住、保医、

保葬(未成年人保教)。1994年,国务院《农村五保供养工作条例》明确规定,五保供养经费明确由“村提留或乡统筹费”中列支。2006年,农村税费改革提留减少之后,国务院颁布了新修订的《农村五保供养工作条例》,规定由政府、集体和社会三方责任共担五保供养资金,实现了五保供养由农村集体福利事业向公共财政保障为主的转变。

第四,自然灾害救济制度。1950年,我国成立了中央救灾委员会和中国人民救灾总会,通过的《中国人民救灾总会章程》确立了“生产自救,节约度荒,群众互助,以工代赈,并辅之以必要的救济”的救灾工作方针,这个方针和有关政策,在那个时代的灾害救济中发挥了重要作用。2005年,根据《国务院办公厅关于印发国家自然灾害救助应急预案的函》,要求增加救灾中的财政支出,各级财政部门建立了应急拨款制度。2003年、2006年、2007年,中央财政三次调整灾民生活救助项目和标准,特别是中央财政安排自然灾害生活救助支出大幅度增加。

(2) 建立社会保险制度。第一,养老保险制度。20世纪80年代中期,我国开始对企业职工的养老制度进行改革,实行企业职工养老保险的社会统筹。1997年7月,国务院发布了《关于建立统一的企业职工基本养老保险制度的决定》,规范了企业和职工缴纳基本养老保险费的比例,统一了基本养老金计发办法。1998年8月,国务院出台了《国务院关于实行企业职工基本养老保险省级统筹和行业统筹移交地方管理有关问题的通知》,11家原实行行业统筹的企业基本养老保险于1998年9月正式移交地方管理。2000年国务院下发了《国务院关于印发完善城镇社会保障体系试点方案的通知》(国发[2000]42号)。自2001年起,在辽宁省进行城镇社会保障体系改革试点,2004年将试点扩大到吉林、黑龙江。2005年,在试点的基础上,国务院出台了《关于完善企业职工基本养老保险制度的决定》,对企业职工基本养老保险制度进行改革和完善,主要内容包括:扩大基本养老保险覆盖范围;改革基本养老金计发办法,将个人账户的规模统一由本人缴费工资的11%调整为8%,单位缴费比例一般为企业职工工资总额的20%左右;相应调整基本养老金计发办法。2007年,国务院批准在江苏省部分地区、浙江省开展做实个人账户试点。对做实个人账户试点的中西部地区,中央财政给予适当补助。2008年又进行了提高基本养老保险统筹层次改革。财政部与劳动保障部共同下发了《关于推进企业职工基本养老保险省级统筹有关问题的通知》,制定了省级统筹标准,积极指导各地推进省级统筹工作,截至2012年,已有北京等14个省份实现了省级统筹。

第二,医疗保险制度。20世纪80年代以来,职工医疗保险制度在不断地进行改革,在总结经验的基础上,国务院于1998年12月下发了《关于建立城镇职工基本医疗保险制度的决定》,城镇职工缴纳基本医疗保险费,享受医疗保险支付。2007 年 7 月,国务院下发了《关于开展城镇居民基本医疗保险试点的指导意见》的文件,提出从 2007 年 10 月 1 日起,开展城镇居民基本医疗保险试点,到 2010 年在全国全面建立城镇居民基本医疗保险制度。城镇居民基本医疗保险以家庭缴费为主,政府给予适当补助,重点用于解决大病医疗费用。对试点城市的参保居民,政府每年按不低于人均 40 元的标准给予补助,其中,中央财政对中西部地区按照人均 20 元给予补助。在此基础上,中央和地方财政再对低保对象、重度残疾等特殊群体安排补助,帮助他们缴费参保。从 2008 年起,将各级财政的补助标准从每人每年 40 元提高到每人每年 80 元,其中,中央财政对中西部地区给予人均 40 元补助,困难地区可分步到位。按照国发[2007]20 号确定的补助标准,2007 年从第四季度开始试点,中央财政对 88 个试点城市安排下达普惠制补助资金 2.26 亿元、城市医疗救助资金 5 991 万元,共 2.86 亿元。

第三,新型农村合作医疗。2002 年中央决定建立新型农村合作医疗制度,中共中央、国务院下发了《关于进一步加强农村卫生工作的决定》,对加强农村卫生工作做出了全面部署,其中提出要建立以大病统筹为主的新型农村合作医疗制度,以解决农村存在的比较严峻的因病致贫和因病返贫问题。

新型农村合作医疗(简称新农合)制度有如下特点:新农合首先是农民之间的互助共济,个人要缴纳费用;但是集体和国家要给予资助。按照 2003 年国务院文件的规定,中央财政、地方财政、农民个人分别按照每人每年 10 元的标准筹集资金。从 2006 年起,中央财政对中西部地区参加新农合的农民由每人每年补助 10 元提高到 20 元,地方财政也相应增加 10 元。从 2008 年开始,各级财政对参合农民的补助标准提高到每人每年 80 元。其中中央对西部地区补助标准提高到每人每年 40 元,地方增加的资金,主要由省市级财政承担,尽量减轻困难县市的负担。农民个人缴费标准也由目前的每人每年 10 元提高到 20 元。截至 2011 年年底,我国的新农合制度已经全部覆盖了我国农业地区,参合农民 8 亿多,农民参合率为 96%。

第四,其他保险制度。一是工伤保险制度。1993 年开始进行试点,2003 年国务院颁布了《工伤保险条例》,明确规定,工伤保险费由单位缴纳,职工个人不缴纳工伤保险费。工伤保险费实行行业差别费率和行业内费率档次。二是生育保险制度。生育保险因国务院未做统一规定,目前已有一些地区建立实施,生育保险费的提取比例由当地人民政府根据生育人数、生育津贴和生育医疗费等项费用确定,并可根据费用支出情况适时调整,但最高不超过工资总额的 1%。三是失业保险制度。这是由国家立法并强制实施的一种社会保障制度。

20 世纪 80 年代中期,国务院颁布了《国营企业职工待业保险暂行规定》,我国开始恢复建立失业保险制度。1999 年,国务院颁布《失业保险条例》,实现了失业保险由救助模式向保险模式的转变。

(3) 建立以人为本、重视民生的财政支出制度。1978—1997 年是向市场经济体制转变的改革阶段。1978 年 12 月党的十一届三中全会决定将全党工作的重心转移到经济建设上去,并开始对财政管理体制、税收制度、价格体制、国有企业财务体制进行改革。1984 年中央在十二届三中全会《关于经济体制改革的决定》中,将我国经济体制改革之初的“计划经济为主,市场调节为辅”的模式,修正为“有计划的商品经济”,强调“必须自觉依据和运用价值规律”。“要确立国家与全民所有制企业之间的正确关系,扩大企业自主权”。1992 年,党的十四大明确提出我国经济体制改革的目标是建立社会主义市场经济体制,使市场在国家宏观调控下对资源配置起基础性作用。十四届三中全会上通过的《中共中央关于建立社会主义市场经济体制若干问题的决议》指出:“政府运用经济手段、法律手段和必要的行政手段管理国民经济,不直接干预企业的生产经营活动。”1997 年十五大报告进一步指出:“要按照社会主义市场经济的要求,转变政府职能,实现政企分开,把企业生产经营管理的权力切实交给企业。”

1998 年至今是建立重视民生的公共财政制度,实践确立科学发展观的阶段。随着重视民生的政策方针提出,政府财政开始向“公共财政”模式转变。1998 年全国财政工作会议正式提出,要“积极创造条件,逐步建立公共财政基本框架”,为社会主义市场经济提供公共服务和必要的保障。胡锦涛总书记在 2003 年十六届三中全会第二次全体会议上提出了科学发展观,党的十七大报告对科学发展观的含义又进行了更加全面的阐述,提出要坚持以发展为第一要务,坚持以人为本的重要理念,从此财政工作进入了以科学发展观为导向的支出结构调整。

经过 10 年多的调整,财政支出的主体结构已经向民生转移。到 2010 年,教育支出占全国财政支出的 14.0%,主要用于支付各类公办学校教师工资、正常运转经费、建设经费,完善农村义务教育经费保障机制;医疗卫生支出占全国财政支出的 5.3%,主要用于支持实施新型农村合作医疗和城镇居民基本医疗保险等制度改革,扩大改革范围、提高补助标准方面;社会保障和就业支出占全国财政支出的 10.2%,主要用于支持落实更加积极的就业政策,推进以工代赈,鼓励企业吸纳下岗失业人员,促进高校毕业生就业,对返乡农民工实施特别职业培训计划,逐步扩大新型农村社会养老保险试点覆盖面,全国城市和农村低保对象分别达到 2 311 万人和 5 228 万人,基本实现应保尽保;住房保障支出占全国财政支出的 2.6%,主要用于支持保障性安居工程建设,推进保障性住房建设和棚户区改造，加快推进农村危房改造和游牧民定居工程支出；农林水事务支出占全国财政支出的9.0%；文化体育支出占全国财政支出的1.7%；等等。加上地震多年救灾等特别支出，以上支出占财政总支出的64%，其余的为国防外交行政管理等支出（见表9-3）。

表9-3　2010年全国公共财政支出中有关民生的支出

支出项	支出量（亿元）	比上年增长（%）	占总支出比重（%）
教育支出	12 550.02	20.2	14.0
医疗卫生支出	4 804.18	20.0	5.2
社会保障和就业支出	9 130.62	20.0	10.2
住房保障支出	2 376.88	31.8	2.6
农林水事务支出	8 129.58	21.0	9.0
文化体育支出	1 542.70	10.7	1.7
交通运输支出	5 488.47	18.1	6.1
城乡社区事务支出	5 987.38	21.4	6.7
环境保护支出	2 441.98	26.3	2.7
地震灾后恢复重建支出	1 132.54	3.6	1.3
国土气象等事务支出	1 330.39	32.7	1.5
粮油物资储备管理事务支出	1 171.96	-9.5	1.3
商业服务业等事务支出	1 413.14	53.0	1.6
合计			63.9

资料来源：财政部网站。

二、覆盖全社会的社会保障制度的设计

（一）我国现代社会保障制度应当包括三部分内容

社会保障是指现代社会中保障人民基本生活条件的一种制度，一般来讲，它主要指现代社会救助、社会保险和狭义的社会福利三部分。

第一，社会保险。社会保险是在国会立法的基础上，由国家组织实施的、发放保险金与交纳保费挂钩的、国家承担最终义务的保险行为。它借鉴了商业保险的一些方法，但是，它本质上还是以公共财政的原则运作。

第二，社会救助。社会救助是政府一项传统的职能，在封建社会就存在。现代资本主义国家在原来社会救济的基础上发展起现代社会保险制度，原来国家执行的一些救济项目被社会保险所替代，但是，仍然还有一些存在下来了。现代社会救济或救助成为社会保险以外的国家保障人民生活必要的社会保障

内容,社会保险与社会救助共同组成现代社会的社会保障主体。

第三,狭义的社会福利。在社会保障的范围内,还有一些上述两类之外的国家支出资助项目,比如小学生午餐费、大学生贷款、免费接种疫苗等项目,这些可以称之为狭义的社会福利。但是在有些较发达国家,有些社会保险和救助的内容已经被扩充,不仅保障了基本生活,而且提供一定的享乐的条件,变为福利性的措施。

(二)设计覆盖全社会的社会保障制度的总体框架

首先要建立覆盖全社会的国家救济制度的基本框架,涉及以下三方面。

第一,国家救济应当从综合救助向分类救助发展。原来是低水平的一般综合救助,现在应发展为分类详细救助,它们包括:其一,灾害救助,主要是自然灾害;其二,生活救助,提供日常必需的费用;其三,教育救助,提供课本、餐费以及必需品,从而使低收入者子女可以得到教育;其四,住宅救助,帮助无力支付租金或无法修建住所的人有居所居住;其五,医药救助,对于无力支付医药费的贫困病人给予扶助;其他还有生育救助、就业救助、葬祭救助等。

第二,国家救济由国家制定标准,各地可以根据当地物价和条件调整标准,并且报国务院批准。目前我国在农村地区主要实行的是综合救济,贫困救济的标准目前还比较低,2011 年一些地区有所提高,比如,广州市萝岗区成立以来,四次提高农村低保救济标准,2006 年 150 元,2007 年 200 元,2009 年 10 月前是 250 元,从 2009 年 10 月起,农村低保标准从 250 元提高到 300 元。城市居民的低保标准也在不断提高,上述萝岗区城市居民低保救济标准目前已经达到 650 元。城市已经开始有分类救助,比如失业培训、廉租房、大病补助等[①]。

第三,国家救济的资金供给主要在地方,中央可以给予补助。对于落后地区,中央一直给予资金支持,转移支付占当地财政支出的比重很大。这其中的问题是没有将转移支付细化,将转移支付与各个支出项(比如国家救济的分项)联系起来,今后要进行改革。

其次要建立覆盖全社会的社会保险制度的基本框架。为此,要打破目前四种被分割的社会保险。

第一种,城市户口城镇职工社会保险。缴纳“五险一金”,包括:养老保险(单位缴纳 20%,其中 17% 划入统筹基金,3% 划入个人账户,个人缴纳 8%,全部划入个人账户);医疗保险制度(单位缴纳 10%,其中 9% 划入统筹基金,1% 划入个人账户,个人缴纳 2%,全部划入个人账户,另加 3 元大病统筹,有最低起

① 资料来源:广州市民政局网站,http://www.gzmz.gov.cn/。

征点,在2 236—11 178元之间征收);失业保险(单位缴纳1.5%,个人缴纳0.5%);工伤保险根据单位被划分的行业范围来确定工伤费率,有0.5%、1%、2%三档,个人不交;生育保险(城镇职工单位缴纳0.8%);另外还有住房公积金。城市户籍的职工才享有中央的制度优惠。

第二种,外地户口城镇职工在城市就业社会保险。与第一种大致相同,但是没有住房公积金,生育险也有差别。

第三种,城市就业的农村劳动力在城市就业社会保险。农村劳动力可以参加城镇居民社会保险(缴纳养老、医疗、失业和工伤保险),起征基数是最低的,养老和失业工资基数是800元,医保和工伤工资基数是2 236元,参保人员可以持有“医保蓝本”。

第四种,城市的外地农民工的社会保险。对于外地农民工,不强制、凭自愿缴纳养老保险和医疗保险,但是大部分人缴纳的意愿不强烈。在有关部门要求下,他们中的部分人只交医保(大病统筹)和工伤保险;医保缴费工资基数2 236元,缴纳比例1%,全部单位交,个人交3元,实际上是补充医疗保险和大病统筹,农民工没有“医保蓝本”。

将农民工社会保险纳入城镇职工社会保险之内,是打破保险制度分割的关键途径,我们做如下设想。其一,农民工要参加城镇居民职工社会养老保险。2010年10月通过的《中华人民共和国社会保险法》,要求农民工缴纳社会保险,要求建立起“平等和统一”的社会保险缴费和统一账户。农民工应当逐步地与城镇职工同工同酬,同样支付社会保险税,同样享受养老、医疗等保险金。其二,农民工如果在城镇工作一定年限之后,应当享受与城镇居民相同的社会公共服务。农民工能参加城镇居民社会救济和低收入保障,比如“城市低保”。农民工也能参加城镇居民住房保障,比如城市居民住房保障政策中的廉租房、经济适用房、两限房、住房公积金。农民工也能参加城镇居民(非职工)医疗保险。农民工也能参加城镇居民社会养老保险。

(三)覆盖全社会的社会保障制度——从二元模式向统一模式转变的设想

经过不懈的努力,我们已经取得城乡“二元覆盖”的成就。目前的社会保障制度内已经包括了社会救助、社会保险和狭义的社会福利三部分内容。在城镇,我们有较为完整的保障体系;在农村,经过多年的努力,我们先后已经建立了农村社会养老(正在试点)、农村新型合作医疗、农村宅基地政策、农村土地承包和低保障、农村贫困救济、农村灾难救助等制度。也就是说,农村社会保障体系已经基本建立起来了。

虽然农民的养老保险正在试点和推广,缴纳和补偿的水平都较低,新型农村合作医疗的医疗保险的标准低,其他救济和福利等水平也较低,不过无论如何,我们已经建立起这个保护体系,这是一个伟大的成就。

但是很明显,社会保障分为城市和农村两个部分,这两部分之间的差异也是很明显的。这是一个二元的社会保障结构。我们需要从“二元覆盖”走向“统一覆盖”。

我们追求的理论上的要素最佳配置设想就是减少市场以外的配置干扰,力求达到税收、社会保障等制度的统一。“二元覆盖”不是理想状态,不利于劳动力要素的自由转移和配置,特别不利于劳动力从农村向城镇转移,因此也影响了其他要素,比如资金、技术、土地等的最佳配置。

但是,二元社会保障体制将是一个较长时期内存在的现象,不可能一步统一。我们必须研究在这种条件下社会保障从“二元覆盖”走向“统一覆盖”的途径。

使社会保障走向“统一覆盖”的一条重要途径是逐步提高农村保障水平。目前首先要进行的工作是将农村养老保险试点范围扩大到全国,将农村新型合作医疗的医疗保险标准提高,再将农村的救济标准提高。2011 年城市人口首次超过了农村人口,随着城市化水平的提高,城镇人口的增加,农村人口的减少,提高农村人口社会保障标准的条件也越来越成熟。社会保障统一的条件会逐步成熟。

使社会保障走向“统一覆盖”的另一重要途径是让农民工享受城市职工和居民的待遇。我们很难让长期住在和生活在农村的人享受城镇水平的社会保障,但是对于那些长期在城市务工的农民工来说,他们应当和有条件享受城镇职工和居民的社会保障待遇。由于户籍、劳动保险、社会福利政策等限制,目前农民工只能在城市打工,不能在城市享受廉租房等福利,不能缴纳同样的社会保险金和享受同样的退休和医疗等保险。打破二元社会保障制度的突破点在农民工,首先要执行 2010 年通过的《中华人民共和国社会保险法》,给予他们同等待遇。若由农村转入的劳动者每年有 10% 的比例与原来的城镇职工一样享受社会保障,就能以较快速度增加城镇社会保障的份额,为最终打破目前的二元结构做出贡献(如表 9-4 所示)。

城乡要素市场的统一、农村劳动生产率的提高与城乡社会保障制度的统一是互相推动和影响的。农村逐步提高社会保障水平,城镇接纳更多的农民工,最终社会保障制度统一的条件就会成熟,它的统一,也将为劳动力和其他要素在全国的统一配置提供条件,提高生产率,反过来又会促进城乡社会保障制度健康的发展。

表 9-4 农民工目前从新社会保险立法中获得了新权限

农村社会保障	迁徙和迁移的农民工	城市社会保障
(农民工转回来的养老等保险) 农村社会养老(正在试点) 农村新型合作医疗 农村宅基地政策 农村土地承包和低保障 农村贫困救济 农村灾难救助 (逐步提高农村保障水平)	(1) 迁移入城镇的农民工 ——允许参加城镇职工基本保险,享受城镇居民有关福利 (2) 迁徙回农村的农民工 ——立法上,可以将在城镇缴纳的基本养老保险等转回当地,他们应有比农村保险更高的待遇 (二元差距缩小,最终达到统一)	城镇职工养老、医疗等基本保险 城镇居民社会养老保险 城镇居民医疗保险 城镇居民住房保障 城镇居民低收入保障 城镇居民贫困救济 城镇居民灾害救济 (城镇更多接纳农民工)

注:部分内容据 2010 年 10 月通过的《中华人民共和国社会保险法》整理编写。

案例分析

案例一　转型中的重庆市农户经济社会情况*

一、引　言

随着市场化改革的深入、工业化与城镇化的加快，我国城乡社会经济状况都发生了很大变化。针对城乡经济社会变化的现实，不少地区为了实现城乡一体化发展的目标，开展了城乡统筹的实践。2007 年 6 月，国务院批准重庆与成都两市为统筹城乡综合配套改革试验区。重庆是国家确定的唯一省级统筹试验区。为了了解重庆实施城乡统筹后农村的经济社会发展状况，我们课题组在重庆农村展开了深入调查。调研的目的是通过重庆的案例分析，了解中国经济转型过程中农户经济社会状况，尤其是西部地区农户的经济社会状况，探讨城乡统筹所面临的问题与对策。

调研组于 2010 年 1 月、2 月间，采取随机的方法，选取了重庆市北碚、垫江、巴南、铜梁、开县五个经济社会发展差异性明显的区县进行《重庆农村经济社会调查》问卷调研，组织培训百余名协访员，历时 1 个多月，深入一百多个村庄对数千家农户进行了专项问卷调查。经过问卷的回收整理，合计收回问卷 2 000 余份，其中有效问卷 1 503 份①。

---

* 本章执笔人是朱善利、朱启兵、孙宁。蒋承、李缨、叶芹、贺伟等人参与了重庆调查与数据收集，并参加了课题的讨论。中共重庆市北碚区区委常委、区委办公室主任戴富金，原垫江县委侯宗权副书记等地方领导为重庆调研提供了大力支持与帮助，笔者深表感谢。

① 问卷的是否有效以问卷的完成情况以及问卷相应数据是否真实作为基本判断方法。在删掉未回答家庭人口数量（变量代码：A3）、户主基本信息（如年龄、性别、主营行业等）以及家庭居住地（变量代码：B1）之后，只剩下 1 503 份问卷。其中各区县有效样本数量分别为：开县 329 份，巴南 221 份，北碚 214 份，垫江 386 份，铜梁 353 份，合计 1 503 份。即调查问卷样本中包含了开县、巴南、北碚、垫江、铜梁五个区县 1 503 户农户的基本信息情况。

有效问卷记录了包括五个区县68个村庄共计1 503家农户在就业、人力资本水平、户主健康状况、家户农业生产与农村土地利用、农村金融、户主社会保障水平等方面的情况,此外,作为重要的制度特征,调查问卷还专门设计了农户所在行政村的具体问题。这次调研的结果比较全面地反映了作为城乡统筹综合试验区的重庆市辖区内农户正在发生的社会经济变迁情况。调查的问题涉及以下几个方面。

第一,农户基本情况。包括的内容有以下几个方面。家庭基本情况,主要有:家庭人口(含外出务工人员)以及共同吃住的人口(区分这两种不同的家庭人口是为了了解农户外出打工情况)、家庭各个成员的性别、年龄,家庭成员从事的职业(所在行业)。户主基本情况,主要有:居住地、婚姻状况、健康状况、受教育状况、家庭成员的户籍以及户籍变动状况、户主配偶受教育状况、户主父母受教育状况、户主已就业子女受教育状况等。户主以及配偶的工作经历,分为有工作(指从事任何有报酬的工作,但不包括在自己家从事的农业劳动)和无工作两种情况。对于有工作的户主及其配偶,涉及的主要问题有:所从事工作的类型(行业),性质(所有制),周工作时间,月工资,工作所在地,工作环境(是否接触有害物质),以往工作的历史(工作类型、性质、工资、工作年限、放弃原工作的原因),对工作的主观评价(报酬的合理性评价、幸福感)。对于无工作的户主及其配偶,涉及的问题有:当年是否从事农业生产、没有工作的原因、是否在寻找工作、从事农业生产的时间等。户主及其配偶是否有第二职业,第二职业的类型、性质、工作时间、收入。家庭住宅状况(面积、权属),用途(居住、租赁、商业用途)等。土地和农业收支情况,主要有:经营种植业情况(成本与收益),经营养殖业情况(成本与收入),外出务工情况(时间投入与收入),家庭总收入以及收入构成(种植业、养殖业、务工收入)。

第二,土地承包经营状况。主要有:土地承包情况(面积)以及承包权调整情况,土地经营方式(承包、租赁、入股、反包),土地抛荒状况,土地征用以及补偿情况。

第三,农村劳动力非农产业就业情况。主要有:农民在非农产业就业的比例、所从事工作的类型、所从事行业的性质、工作单位的性质以及农村劳动力在非农产业从业的薪酬、劳动合同签订情况等。

第四,农户借贷情况。主要有:借贷期限,借贷利率,借款来源(正规金融或非正规金融),借贷条件(是否需要担保、抵押),借贷用途,农户借款需求以及需求满足情况等。

第五,农户社会保障情况。主要有:收入保障、住房保障,养老保障等。

以下我们根据调研获得的数据和材料就上述五个方面展开分析。

二、农户基本情况

(一) 家庭人口与年龄基本情况

家庭规模:在 1 503 个有效样本中,最小家庭规模为 1 人,最大为 22 人,家庭人口平均规模为 4.13 人/户。家庭成员数在 2—6 人的比例最高,共计 1 381 户,约占到样本总数 92%。其中人口规模在 4 人左右的家庭数量最多,共计 438 户,占比 29.3%。样本家庭规模分布如图 1 所示。

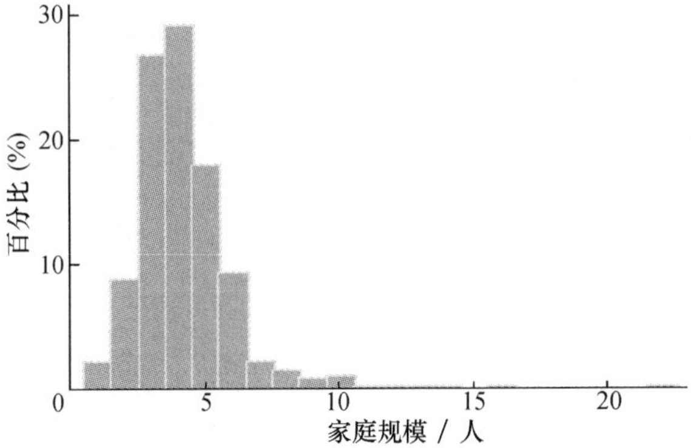

图 1 样本家庭农户家庭规模分布情况

在问卷中还设计了问题"家庭人口中与户主共同吃住成员数",该问题有回答的问卷合计 1 437 份,按照共同吃住定义的家庭平均规模为 2.87 人/户。共同吃住的家庭成员数量明显低于按照户籍制度定义的家庭成员数量。造成这种共同吃住人口小于家庭户籍人口状况的原因有:家庭成员外出短期务工(占样本的 49%),在外有稳定工作(占样本 26.8%),家庭成员外出上学(占样本 18.4%),其他原因(占样本 5.9%)。平均每户有近三分之一的家庭人口在外打工求学而不和家人共同吃住。

户主的年龄结构:在 1 503 个有效样本中,户主年龄在 0—18 岁之间的户数有 1 户,在 19—35 岁之间的户数有 47 户(占 3.1%),在 36—45 岁的户数有 552 户(占 36.7%),在 46—60 岁的户数有 561 户(占 37.3%),在 61—65 岁的户数有 162 户(10.8%),在 66—70 岁的户数有 95 户(占 6.3%),71 岁以上的有 85 户(5.7%)。可见,户主年龄在 36—65 岁之间居多,占 84.8%,户主平均年龄 51.6 岁。详见表 1。

表1　农户户主年龄分布

地区	11—18岁	19—35岁	36—45岁	46—60岁	61—65岁	66—70岁	71岁以上	观测数
开县	0	26	137	118	23	14	11	329
巴南	0	9	78	94	13	14	13	221
北碚	0	5	86	76	23	13	11	214
垫江	1	4	141	137	50	30	24	386
铜梁	0	4	110	136	53	24	26	353
全体样本	1	47	552	561	162	95	85	1 503

（二）农户居住地分布情况

户主居住地：在被调查的1 503户农户中，家庭居住地位于城郊农村的有148户，家庭居住地位于一般农村的有1 028户，而家庭居住地位于山区农村的有327户。详见表2。

表2　农户地区分布

地区	城郊农村	一般农村	山区农村	观测数
开县	9	175	145	329
巴南	46	81	94	221
北碚	43	151	20	214
垫江	2	342	42	386
铜梁	48	279	26	353
全体样本	148	1 028	327	1 503

因为抽样调查相对比较随机，在一定程度上，样本农户居住地点反映了该地区城镇化发展的基本状况。相对于开县、铜梁、垫江三个县，北碚、巴南两个距离中心城区比较近的区城镇化水平较高，间接地反映在其较多居住地在城郊农村的观测方面。开县、铜梁、垫江在城镇化方面还相对滞后，居住在一般农村和山区农村的农户比例高。样本中距离中心城区最远的开县的农户分布在山区的比例较高。

（三）家庭经营情况

在户主主营行业方面：就单一行业看，农作物种植业是被调查农户户主主营最多的行业，数量达767户，占比达到51.03%；第二位是建筑业，户主主营建筑业的家庭共有210户，占比13.97%；第三位是其他服务业，户数为170户，占比11.31%；制造业部门从业户主59户，占比3.93%；剩下林业、畜牧业、渔业、农林牧渔服务业从业户主数分别为 4 人、10 人、8 人、3 人，占比分别为 0.27%、0.67%、0.53%、0.20%。没有在以上行业经营的户主归入“其他行业”这一类，家户数为 271 户，占比 18.03%；只有一位户主（该户主年龄为 77 岁）未从事任何行业。具体分布情况见图 2。

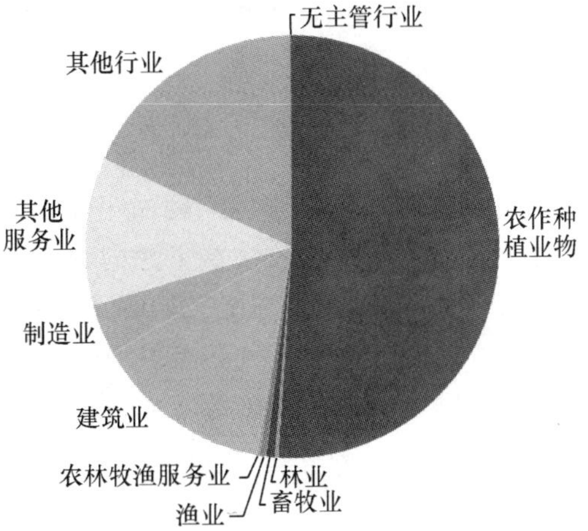

图 2　农户户主经营行业分布

（四）家庭成员受教育情况

户主受教育情况：就户主受教育程度一项来看，对此问题进行回答的户主数有 1 416 户，户主的平均受教育年限为 6.734 年；分性别来看，女性户主的平均受教育年限略短于男性户主，但是差异并不明显，仅为 0.01 年。但是一个值得注意的情况是，女性户主受教育水平相差较大，表现在女性户主受教育年限存在较大的标准差。详见表 3。

表 3　农户家庭成员受教育情况

	均值（单位：年）	最小值	最大值	标准差	观测数
户主受教育年限	6.734	1	18	2.87	1 416
配偶受教育年限	6.190	1	16	2.88	1 240
男性户主受教育年限	6.736	1	18	2.83	1 270
男性户主配偶	6.066	1	16	2.82	1 096
女性户主受教育年限	6.710	1	16	3.29	146
女性户主配偶	7.132	1	16	3.12	144
户主父亲受教育年限	4.409	1	15	2.59	660
户主母亲受教育年限	3.801	1	12	2.44	433
户主已就业子女受教育年限	9.171	1	18	2.92	1 007

在户主的直系亲属的受教育情况方面,户主父亲受教育年限项有回答的问卷份数为660份,其平均的受教育年限为4.41年;户主母亲受教育年限项有回答的问卷数为433份,均值为3.801。

户主已就业子女的受教育年限平均为9.171年,样本家庭中对此问题有回答的问卷为1007份。通过代际间的简单比较可知,样本家庭各代人员的受教育年限不断延长。

(五)家庭收入状况

共有1495户农户对家庭收入主要来源问题做了相应回答,其中样本中以外出务工(本区县以外)收入为家庭收入主要来源的农户家庭比例最高,占比29%,如果算上在本区县内的务工人数,以务工收入为家庭主要收入来源的农户达到691户,占比46%。另外比例较大的还有以种植粮食作物收入为主的农户家庭,共有418户农户家庭的收入主要来源于此,占比28%。具体收入主要来源情况如图3所示。

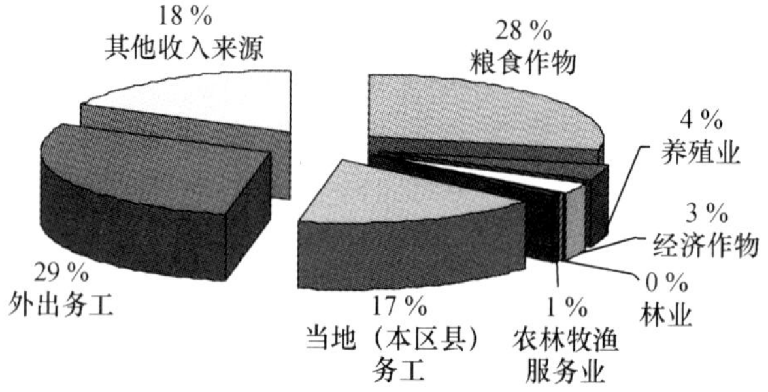

图3 农户家庭收入主要来源情况

收入来源与农户家庭所处地区的经济发展状况密切相关,对不同被调研地区的农户家庭收入来源情况进行相应分析可以发现其相关性,见表4数据。

表4 分地区农户家庭收入来源

(单位:%)

	粮食作物	养殖业	经济作物	林业	农林牧渔服务业	当地(本区县)务工	外出务工	其他收入来源
开县	21.65	3.35	1.22	0.00	0.61	20.12	35.98	17.07
巴南	20.91	5.00	6.36	0.45	0.91	18.64	30.00	17.73
北碚	20.19	2.35	7.04	0.47	1.41	30.99	11.74	25.82
垫江	38.74	2.36	0.00	0.00	1.31	13.87	31.42	12.30
铜梁	31.25	6.82	2.56	0.28	0.28	8.81	29.83	20.17
城郊农村	8.84	4.76	12.24	0.00	0.68	37.41	17.01	19.05
一般农村	30.04	3.82	1.57	0.20	1.08	14.77	30.53	18.00
山区农村	30.06	4.29	2.45	0.31	0.31	15.64	29.75	17.18

从表 4 中可以发现这样的一些特征，即以外出务工收入为农户家庭收入主要来源的比重普遍较高，经济发展水平较高的地区（如样本中的北碚区以及就地域性质定义的城郊农村），在本区县务工并取得务工收入的比例明显偏高，而在区县以外务工的比例相对较少。垫江和铜梁以粮食作物作为收入主要来源的比例高。其原因我们在下文就会看到，这两个地区的户均经营土地面积比较多。

城郊地区养殖业、经济作物占农户家庭收入主要来源的较大比例可以看作是中心城区带动的结果。

（六）人口迁徙情况

通过回答户主或其配偶是否由外地迁入问题，我们可以间接了解人口迁徙情况。对此问题做了相应回答的问卷数量为 1 481 份，其中出生于本县的回答数量为 1 349 份，出生于外县的 97 份，出生于外市的有 5 份，出生于外省的有 30 份。90% 以上的人口都是本地出生，可见很少发生人口迁徙。

户籍变动情况也不多见。家庭中有成员为城市户口的观测数只有 182 户，仅占样本总数 12.1%。农转非情况比例更低。对于是否农转非问题有回答的 1 483 份问卷中，有 154 户家庭回答“是”，占比仅为 10.4%。

三、土地承包经营状况、土地抛荒状况、土地调整状况

（一）土地经营情况

重庆农村土地分为水田、旱田。我们调查了这两种用地的承包与经营情况。就土地承包情况来讲，我们获得了如下数据：有 895 户农户回答了水田承包问题，平均每户承包 2.8 亩土地，最大的承包户承包了 100 亩土地，最小的承包户只承包了 1 分水田；有 926 户农户回答了承包旱地的问题，平均每户承包旱地 1.84 亩，最大的承包户承包了 20 亩旱地，最小的承包户承包了 1 分旱地；以上回答土地承包问题的问卷中有 871 户农户既承包了水田，又承包了旱田。考虑到回收问卷中有关土地承包问题的极大值与极小值易造成偏差，我们采用 Stata 中 winsor 命令，剔除左右端 5% 的观测后得到的结果是：每户平均承包水田 2.37 亩，最大承包户承包了 5 亩，最小承包户承包了 6 分；每户平均承包旱田 1.68 亩，最大承包户承包了也是 5 亩，最小承包户承包了 3 分。可见剔除异常之后对于均值影响并不大。总体上农户承包的土地并不多，按照农户平均每户 4.13 人口，水田和旱田加在一起，平均每人只有 1.12 亩，如果剔除异常值，平均只有 1.08 亩土地。

鉴于农户承包土地后并不一定自己经营,因此,我们同时调查了农户土地实际经营状况。回答土地实际经营情况的农户数量少于回答土地承包情况的数量,不到1 503份有效问卷的一半。有726个农户回答了水田实际经营情况,平均每户实际经营水田3.39亩,最大经营户经营39.5亩,最小经营户经营1.1亩;有517个农户回答了旱田实际经营情况,平均每户实际经营旱田2.96亩,最大经营户经营20亩,最小经营户也是经营1.1亩。可见,无论是水田还是旱田,农户实际经营的平均面积都要大于承包的面积。但是,仍然不能说实现了规模经营。

近年来由于工业化、城镇化以及人口与社会变迁,除了土地承包经营的传统方式外,在不少地方出现了一些土地经营的新方式,例如土地入股、土地反包给集体等。我们调查了重庆这方面的情况。我们将土地抛荒情况也列入问卷调查之中。整理的调查数据如表5所示。

表5　农户土地经营方式　　(单位:%)

	个体承包经营	土地入股	个人承包返包给集体	土地抛荒
样本平均	84.12	1.08	2.23	12.57
户主有工作	74.08	0.88	2.28	22.77
户主没有工作	90.80	1.22	2.30	5.68

数据显示,传统的个体承包经营仍旧是土地经营的主要方式,占到被调查农户的84.12%。只有1.08%的农户采用土地入股的经营方式,将土地反包给集体的比例也只有2.23%。值得注意的是土地抛荒的比例不低,占到调查农户的12.57%。从调查数据中可以推知,土地抛荒的主要原因是从事农业的比较收益低。因为有工作(非农工作)的户主土地抛荒的比例高达22.77%,而无工作的户主土地抛荒的比例只有5.68%。

土地反包给集体的比例虽然高于土地入股的比例,但是并不能反映这是农民的自觉主动选择。在调查问卷中,我们除了调查农户土地经营方式的选择外,同时还调查了农户选择经营方式的动因①。尽管对此问题回答的农户比例很小,但是还是可以从中获得一些有价值的信息。样本中共有15户农户选择了以土地入股的形式经营土地,占比1.08%。在这15户农户中有14位农户户主对于加入土地股份制经营的动因做了回答,其中有13户农户回答是自愿加入,1位农户回答为看别人加入才加入。样本中有31户农户选择了个人承包土

① 有关土地入股与反包给集体两种经营方式动因的问卷设计如下。如果您加入了土地股份制经营,那么您选择土地入股是:1. 自愿的,2. 被迫的,3. 看到别人加入才加入的,4. 其他;如果您将土地反包给集体经营,那么您的行为是:1. 自主进行,2. 企业引导、3. (乡、镇、村)政府引导,4. 其他村民劝说。

地之后将土地再返包给集体，占比2.23%。这31户农户中共有26户农户对土地返包给集体的动因做了相关回答，其中21户农户将个人承包土地返包给集体是因为（乡、镇、村）政府的引导，这占了极大的比例，自主进行土地返包的农户有4户，另有1户是在企业引导之下进行的土地返包给集体经营。可以认为，入股是市场行为，系个人自觉主动选择；集体经营是政府行为，由政府引导，个人被动选择。从中得到的启示是，在一些地方，一些乡村干部试图将分散的农户经营变为集体经营，政府引导是可以的，但是一定要农户自愿，不能强制实施。最好的办法是给农民自主选择的权利①。

（二）土地承包权制度调整情况

在样本中共有1 448户农户对家庭联产承包经营责任制以来的土地制度调整问题做了相应回答，其中有932户农户没有经历过村内土地经营制度的重新调整，占比64%，可见土地权利在被调研地区还是相对稳定的。土地承包权调整情况见图4。

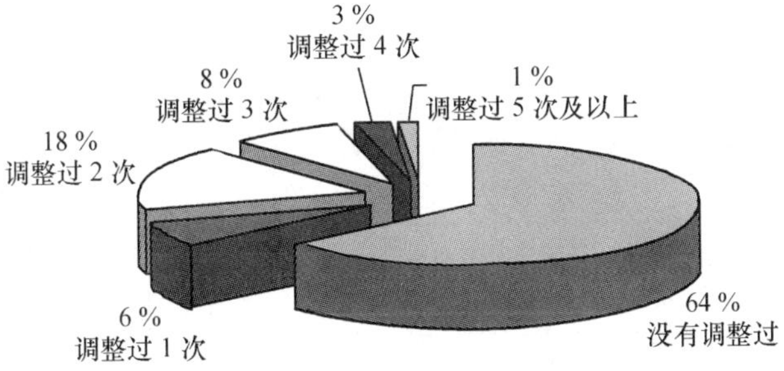

图4　农户土地承包权调整情况

我们试图寻找影响土地调整的因素。影响土地调整最重要的因素是相关的土地政策、法律法规。由于中央以及地方政府一直强调农村土地家庭联产承包政策的稳定性，因此，从实施家庭联产承包责任制以来，有关土地政策、法律与法规没有大的变化，我们的调研结果也验证了土地家庭联产承包责任制的稳定性。但是在稳定家庭联产承包经营责任制的前提下，地方在农户间进行微调是存在的。我们正是要寻找引起这些微调的原因。从理论上讲，土地是否调整以及调整范围大小取决于农户调整土地所产生的比较利益。表6的数据显示，

① 该研究项目的首席专家朱善利教授于2011年8月份去苏北调研，当地一些县干部反映，村集体试图给农户一定的反承包费劝说将土地反包给集体规模经营，但是农民宁肯抛荒或者不要任何代价将土地交给其他村民经营也不愿有偿反包给集体。这是值得认真思考的问题。

垫江、铜梁两县土地调整比例高,而巴南与北碚两区的调整比例比较低①。说明垫江与铜梁二县土地调整获得的比较利益高于巴南与北碚二区。除了北碚和巴南两个区距离重庆中心城区近、土地价值高、土地调整难度大这一原因外,表中数据揭示了一些可能的原因。数据显示,垫江、铜梁两县平均经营土地面积比较多,外出务工人员比例相对比较高。户均经营的土地面积越多,规模收益越大。外出务工人员比例可以通过替代性变量“共同吃住人口/家庭人口”反映。这个指标越低,表明农户家庭成员在外务工的比例越高,调整土地承包权的可能性越大。尽管巴南的“共同吃住人口/家庭人口”这一指标比较低,和垫江相同,但是和其他四个县区相比,巴南距离重庆中心城区最近,调整的难度应该更大。铜梁、垫江的土地抛荒的比例也少,低于五个县区的平均比例(12.57%),五个县区的比例分别是:开县 20.33%,巴南 17.44%,北碚 15.82%,垫江 9.38%,铜梁 4.91%。这很直观,因为铜梁、垫江的户均土地经营规模大,所以抛荒的比例小。

表6　分地区人口与土地经营情况

类别 \ 县	巴南	北碚	铜梁	垫江	开县
① 户均家庭人口(人)	3.58	3.89	4.06	4.63	4.16
② 户均家庭共同吃住人口(人)	2.35	3.03	2.71	3.05	3.08
③ = ②/①	0.66	0.78	0.67	0.66	0.74
④ 户均实际经营土地(亩)	5.21	4.25	6.04	7.71	5.15
⑤ 土地未调整农户所占比例(%)	78.28	85.51	56.37	41.89	76.88

四、农村劳动力非农产业就业情况

我们通过对户主工作经历的调查间接了解农村劳动力在非农产业的就业情况。在被问及目前是否有工作时②,共 1 407 位户主做了相应的回答,其中回答目前有工作的 638 户,占比 43.34%,没有工作的 769 户,占比 54.66%。

---

① 表6中我们使用土地未调整农户所占的比例而不是土地已调整农户所占的比例来反映土地调整情况,因为已经发生土地调整的地方,调整的频次不同,调整的频次有1次、2次、3次、4次、5次,甚至有5次以上的。而使用1次也未调整的农户所占比例比较简便。

② 问卷中的关于工作的定义为:1. 从事任何有报酬的活动(不论固定或临时性工作,但是不包括在自家从事农业劳动);2. 每周工作在15小时以上,或者每天工作3小时以上的无报酬家族企业或自有企业工作者。

（一）农户非农产业就业的工作性质

为了了解农民在非农产业从事工作的性质，我们将工作分为9类，依次是：级别较高的政府官员或者其他高级管理人员；级别较低的政府官员或者其他行政级别管理人员（包括村长与村支书）；一般技术人员、小雇主、杂货店老板、小餐馆老板、党政机关和社会团体一般工作人员、秘书、中小学教师等；技术人员、个体户或自我雇佣人员；半技术半体力劳动工人、售货员、列车员及其他服务类人员；体力劳动工人、以体力劳动为主的有技术的农民工；以体力劳动为主的农民工（包括建筑工地与餐馆保姆）；种植蔬菜、栽培果树的农民、棉农等；种植粮食的农民。

在回答过去一年有工作经历的638位户主中，有农民工身份（包括体力劳动工人、以体力劳动为主的有技术的农民工以及以体力劳动为主的农民工（包括建筑工地与餐馆保姆））的农户户主数量最多，为289户，占比45.44%。其中，体力劳动工人、以体力劳动为主的有技术的农民工153人，占到24.06%；而以体力劳动为主的农民工（包括建筑工地与餐馆保姆）有136人，占比21.38%。

另外还有两个值得关注的数字。其一是“技术人员、个体户或自我雇佣人员”，这部分人数93人，占有工作户主的比例是14.62%。这部分人员在一定程度上人力资本水平略高于农民工身份的户主，并且，农民工身份的户主经过自身努力可以转化为这类身份。其二是“种植粮食的农民”，样本中此类人群观测数共计为47人，占比7.39%。因为把自雇佣的家庭农业生产未算作工作，因此，这部分的数字应该是被种植业生产企业雇佣为雇员。

（二）农户户主所从事行业的种类①与工作单位的性质②

在回答有工作的636位户主中有633人回答了其工作行业种类，其中人数最多的是建筑业，有213人，占比33.65%；其次为社会服务业，有104人，占比16.43%；其他从事人数较多的行业还有制造、加工、装配业，有84人，占比13.27%；农林牧渔水利业48人，占比7.58%。

---

① 我们把行业分为21类：1. 农林牧渔水利业，2. 勘探采掘业，3. 制造、加工、装配业，4. 电力煤气及水的生产和供应业，5. 建筑业（土木工程建筑、管道安装、装饰装修等），6. 地质勘查、水利管理业，7. 交通运输和仓储业，8. 邮电通信业，9. 批发和零售贸易、餐饮业，10. 金融、保险业，11. 房地产业（开发、管理、代理），12. 社会服务业（旅馆、旅游、租赁、娱乐、信息咨询、计算机应用服务、公共设施服务、居民服务业），13. 医疗健康卫生业，14. 体育事业，15. 卫生与社会福利业，16. 教育事业，17. 文化艺术业（写作、美术、舞蹈、相声、歌唱、戏剧表演等），18. 广播电影电视业，19. 科学研究和综合技术服务业，20. 国家机关、政党机关和社会团体，21. 其他行业。

② 工作性质分为5种：1. 国家机关、事业单位，2. 集体所有制企业，3. 国有企业，4. 私营企业，5. 外资合资企业，6. 其他。

就工作单位性质来看，在私营企业工作的户主数量最多，为 329 人，占比 51.73%；其次是外资企业，227 人，占比 35.69%；国家机关、事业单位任职的 27 人，集体所有制企业就职的 18 人，国有企业就职的 22 人。在此分类之外的企业或单位就职人数为 13 人。

（三）农户从事非农产业工作的待遇

我们分工作时间、工作年限、薪酬三个方面看农民从事非农产业工作的待遇。

1. 工作时间

每周工作 15 小时以上部分的问卷共有 595 份，其中周工作时间最短的为 20 小时，最长的为 112 小时，样本平均为 58.82 小时。进一步分行业及就业单位性质进行考察。

分行业看：周平均工作时间最长的为“卫生与社会福利业”，达到了 65 小时；建筑业、批发零售、餐饮业和医疗卫生行业的平均周工作时间都超过了 60 小时；国家机关与社会团体的周工作时间最短，为每周 38.7 小时；其他如教育事业、体育事业、地质勘探、勘探采掘等行业的工作时间都较短，在 50 小时以下。

分单位性质看：周工作时间最长的部门为私营企业部门，305 个观测值的均值为每周工作 60.7 小时；最短的为国家机关、社会团体，周平均工作时间为 47.3 小时；此外外资企业、集体所有制企业以及国有企业部门的受雇户主周平均工作时间分别为 58.6 小时、57.9 小时、52.3 小时。另一个现象也值得关注，即私营企业与外资企业受雇人员中有每周工作 110 小时、112 小时的极值情况，即便按照每周工作 7 天的水平来看，这部分人员的日工作时间竟都在 15 小时以上，其工作强度之大，基本权利保障之弱可见一斑。

2. 工作年限

一般来看，户主的工作年限可以看作户主工作经验的一个度量，同时也在一定程度上可以测度相关工作的稳定性。在户主的工作年限方面，共有 635 位目前有工作的户主回答了此项问题，其中平均工作年限为 11.9 年，最短工作年限为 1 年，最长为 50 年。由于户主平均年龄是 51.6 岁，而户主的受教育年限只有 6.734 年，户主平均而言在 16 岁即进入劳动力市场，所以，平均 11.9 年的工作年限相对于劳动者年龄而言是比较短的。平均而言户主并没有连续而又稳定的工作。

分行业看：平均而言，样本中工作年限最长的为农林牧渔水利业，工作年限为 24.2 年；最短的为邮电通信行业，平均工作年限为 4.5 年；其余如制造加工装配行业、电力、煤气及水的生产和供应行业、交通运输仓储行业工作年限都在10年以下。值得关注的是占比较大的样本农户户主从业行业——建筑业和社会服务业，这两类行业的从业平均年限分别为11.9年和10.5年。

分单位性质看：平均来说，最长的为在国家机关、社会团体工作的农户户主，其平均年限为16.1年，最短的是在国有企业部门工作的户主，平均年限为7.4年。

3．薪酬情况

工资待遇水平有两个衡量指标，其一是月均工资水平，其二是小时工资率水平。在所有636位目前有工作的户主中，对每月的工资问题有过回答的有629人，其中样本月均工资水平为1 802元，最高每月工资6 000元，最低为30元。

分行业看：考虑到可能存在的样本偏差，分析中暂时忽略样本中观测数量较少的行业类别（比如国家机关、卫生与社会福利业、体育事业等观测数量小于10的类别）。和非农产业相比，在农业中打工报酬最低，即使农户户主从事的并非自我雇佣的家庭农业生产，即在农业产业内的加工型企业或者农业雇员等类别的劳动，其平均待遇水平也相对偏低，为864元每月，低于样本平均的1 802元月均工资水平。制造加工装配业从业人员的月均工资水平（1 662元）略低于样本平均水平，电力煤气及水的生产和供应业从业户主的平均工资水平与样本平均水平相近（1 885元）。其余如建筑业（2 055元）、交通运输与仓储业（2 009元）、批发零售与餐饮业（2 022元）、社会服务业（1 974元）等行业的平均工资水平明显高于样本的平均水平。特别值得注意的是从事建筑业劳动的观测值，由于该地区特有的建筑行业外出务工传统以及由此而产生的运转良好的社会网络效应，建筑行业从业人数较多，而且建筑业从业对于先期的物质资本投入、甚至人力资本投入的要求都不高，因此相较于如交通运输与仓储、批发零售与餐饮等行业来说，建筑业较高的月均工资水平（2 055元）对于农户家庭、特别是物质资本薄弱、人力资本积累有限的农户家庭的福利状况改进有着极为明显的作用，其社会、经济效应非常明显。

分单位性质看：平均工资水平最高的是在集体所有制企业就业的农户户主，月均工资水平达到了2 000元；其次是在私营企业工作的户主，为1 962元；低于平均水平的是国家机关、社会团体、国有企业以及外资企业就业的户主。当然，单纯的工资水平的直接比较还是有其局限性的，因为工资性收入通常只是劳动者收入的一部分，特别是对于在国有企业、国家机关、社会团体中就业的户主来说更是如此。还可能影响户主个人工作待遇的因素包括：工作时间状况、五险一金情况以及其他福利性收入情况。考虑到工资收入在衡量户主非农就业中的福利状况的局限性，我们还调查了工资率、五险一金、劳动合同情况等货币型及非货币型待遇补偿因素。

在对户主小时工资率的考察中，我们发现，样本中平均小时工资水平为9.24元。分行业看：农林牧渔水利业的从业户主的小时工资率最低，为5.2元，低于样本平均水平的其他行业（只考虑观测数大于10的行业）还包括制造加工和装配业、电力煤气及水的生产和供应业、社会服务业。工资率较高的行业则包括勘探采掘业、建筑业、批发零售业、教育事业。分单位性质看：工资率的结构状况与月均工资的状况基本类似，高于样本均值水平的依然是私营企业、集体所有制企业中就业的农户户主。

（四）劳动合同签订情况

在回答劳动合同签订情况的问题时，所有636位目前有工作的户主中，共有518位户主对此问题做出了明确回答，其中同雇主签订劳动合同的有131人，占比25.29%，未同雇主签订劳动合同的占比74.71%。分行业、工作单位性质的考察如表7所示。

表7　农户户主在非农产业就业劳动合同签订情况

	签订劳动合同人数	占比（%）	观测数
农林牧渔水利	3	12	25
勘探采掘业	12	50	24
制造加工装配业	36	47	77
电力煤气及水的生产和供应业	4	33	12
建筑业	37	19	195
地质勘探	1	25	4
交通运输和仓储	0	0	9
邮电通信	4	80	5
批发零售和餐饮	0	0	12
房地产业	0	0	1
社会服务业	20	25	81
医疗卫生行业	1	33	3
体育事业	1	100	1
卫生与社会福利业	1	50	2
教育事业	4	44	9
国家机关、社会团体	—	—	0
其他行业	6	10.70	56

不考虑样本观测值小的行业,在样本观测值大于6的行业中,劳动合同签订比例最高的行业是勘探采掘业,在所有从事该行业并对此问题做出明确回答的24位农户户主中,有12位户主与其雇主签订了劳动合同,占比50%。这一方面可能说明该行业经营所需资本量较高,企业相对正规,对于雇员的劳动保护较好;另一方面则可能说明该行业从业安全与健康风险较高,如果不做出相应的劳动条款对雇员进行保护,劳动者对此的兴趣将不会太大。建筑业从业的农户户主中,与雇主签订劳动合同的比例很低,在所有195位目前从事建筑业工作并对劳动合同问题进行回答的农户户主中,只有37位农户户主有与雇主签订劳动合同,占比只有19%。

如果从工作单位的性质看,在国家机关、社会团体以及国有经济部门的就业户主,其签署正式合同的比例较高,最低的是集体所有制企业(13%)和外资企业(16%),见表8。

表8　农户户主在不同所有制单位工作劳动合同签订情况

	签订劳动合同人数	占比(%)	观测数
国家机关、社会团体	8	50	16
集体所有制企业	2	13	15
国有企业	9	41	22
私营企业	83	29	289
外资企业	27	16	165
其他类型单位	2	20	10
样本平均	131	26	518

综合以上工作时间、薪酬待遇以及劳动合同情况,可以看到,薪酬待遇低的行业、工作单位,相对而言工作时间短,签订的劳动合同比例高。例如国家机关、社会团体周平均工作时间是38.7个小时,平均月工资是1 188元,签订劳动合同比例是50%。而建筑业周平均工作时间是61.2小时,平均月工资是2 055元,签订劳动合同比例是19%。可以认为高工资是对劳动强度和缺乏劳动保障的补偿。

一个有意义的现象是教育水平与正式劳动合同的签署成正比。基本的趋势是,户主受教育程度越高,其在工作中签署正式劳动合同的比例也越高。见表9。

表9　农户户主受教育年限与劳动合同签订情况

绝对受教育年限	正式合同数量	比例(%)	观测数
6年以下	42	21.32	197
7—9年	55	23.40	235
10—12年	27	45.00	60
12年以上	6	42.86	14

除劳动合同以外的其他保障方面，在非农产业就业的农民工享受的比例也比较低。例如企业为农民工缴纳五险一金的比例很低。有工作的户主中有503户回答了五险一金缴纳情况。五险一金缴纳的比例从高到低依次是：交工伤保险金比例22.62%，交医疗保险金比例17.69%，交养老保险金比例9.5%，交失业保险金比例5.96%，交住房公积金比例5.57%，交生育保险金比例3.98%。

五、农户借贷情况

农村金融是我们要研究的重要问题。鉴于中国以间接金融为主的特征以及除了借贷以外其他农村金融非常落后的现实，我们这次重庆调研金融问题的重点放在农村借贷方面。

总体情况而言，农户对贷款需求不高。共有218户农户对2009年家庭实际贷款需求问题做了回答，其中最小值为500元，最大值为500 000元，均值为25 246元。关于过去一年是否有向正规金融机构申请过贷款的问题，共有1 299户农户做了相应的回答，其中没有申请过贷款的有1 091户，占比83.99%；有过向正规金融机构申请贷款的208户，占比16.01%。

农户借款的途径除了正规金融机构外，还有非正规金融机构[①]和亲朋好友等个人间借贷，而且个人间的借贷比例很高。表10中的家庭负债可以间接地证明这一点。

表10　农户家庭负债情况

	观测数(户)	均值(元)	最小值(元)	最大值(元)
家庭负债总余额	229	22 726	200	360 000
正规金融机构负债	70	22 305.7	500	200 000
非正规金融机构负债	27	9 446	50	60 000
对亲朋好友负债	190	20 486	200	360 000

从表10中可以看出，家庭负债的观测值并不多，在共计229个负债家庭中，对亲朋好友的负债却达到190户，占比达到83%。之所以产生农户向亲朋借款比例远高于向正规金融机构或者非正规金融机构借款比例的状况可能有以下几方面原因：金融机构网点少；从正规金融机构借款难，利率高，手续复杂。

我们的调查发现，无论是正规金融机构还是非正规金融机构，在农村都比

① 正规金融机构是指经过政府批准正式注册的金融机构，例如行业银行、农信社、小额贷款公司等，而非正规金融机构是指没有经过政府批准注册的金融机构，例如地下钱庄、地下典当、标会等。

较少。在我们的调查问卷中,我们设计了5公里范围内是否有商业银行[①]以及农户是否知道商业银行有针对家庭贷款服务的问题,对这两个问题回答的结果如表11所示。

表11　农户对商业银行网点了解情况

	是	否	不清楚	观测数
距离住家5公里范围是否有商业银行	36.56%	47.48%	15.96%	1 447
住家附近商业银行是否开展了对家庭贷款服务	20.71%	24.51%	54.78%	1 371

农户明确知道住家5公里范围有商业银行的比例只有36.56%;而知道银行有开展针对家庭贷款服务的比例更低,只有20.71%。在商业银行网点少,或者距离农户住处比较远的情况下,农户去商业银行借款是不方便的。

除了商业银行外,农村信用社也是正规的金融机构。但是农民加入农村信用社的比例并不高。在样本中,总共有1 419户农户对是否是农村信用社会员问题做了相关回答。其中359户农户家庭是农村信用社会员,占比只有25.3%。

非正规金融是正规金融的补充,在一定程度上也是对正规金融的替代。但是重庆地区非正规金融机构并不多。共有1 372户农户回答了问卷中关于本地区非正规金融机构情况的问题,其中121户农户知道本地有除银行、信用社之外的民间借贷活动,占比8.82%;343户农户不知道或认为本地没有非正规金融借贷情况,占比25%;其余908户农户不清楚本地非正规金融情况,占比66.18%。

从正规金融机构借款的农户比例低的原因除了与正规金融机构在农村设置的网点少有关以外,也与农户从正规金融机构借款的难易程度、借款成本高低等因素有关。在调查中,我们分别设计了农户从商业银行和农村信用社借款面临的主要问题,收回的问卷表明,从商业银行、农村信用社这类正规金融机构借款面临的主要问题是利率太高、借款太难、手续太复杂。这三种问题在两类正规金融机构中都占到90%以上比例。贷款利率太高的问题在商业银行更加突出,详见表12。

表12　农户从正规金融机构借款面临的问题　（单位:%）

	利息太高	借款太难	手续太复杂	期限太短	其他
商业银行	48	25	18	4	5
农信社	32.53	32.61	27.81	5.71	1.87

① 是指除了农村信用社和邮政储蓄银行之外的所有商业银行。

实际上,农户在非正规金融机构借款或者向亲戚朋友借款的利率也不低。我们的调查问卷分别设计了民间借贷最高利率与最低利率的问题。有 99 户农户对当地民间借贷的最高年利率情况做了相应回答,最高利率的平均值是 14.6%;有 93 位农户对当地民间借贷的最低年利率情况做了相应回答,最低利率的平均值是 5.12%。如果把两个平均值再加以平均,民间借贷的平均年利率为 9.86%。样本中共有 204 户农户对亲朋间私人借款利率情况做了相应回答,平均水平为 8.2%。无论是民间借贷,还是亲朋之间,借款的利率都不比正规金融机构低。大比例借款者向亲戚朋友借款的原因可能是亲朋之间的借贷手续简单。

我们的调查问卷从另一角度获悉农户到正规金融机构借款不仅比例低,而且这些很小比例的借款者在正规金融机构的借款需求也很难满足。2008—2009 年全年被调查农户样本中共有 131 户农户有过到正规金融机构申请贷款的记录,占回答该问题 1 390 户农户的 9.42%。在有过向正规金融机构申请贷款记录的 131 户农户中,126 户进一步回答了贷款是否得到批准的问题,共计有 80 户农户的贷款申请得到批准,其余 46 户农户的贷款未获批准。未获得批准的比例占到三分之一以上。这 46 户农户对于贷款申请被拒绝的原因的回答显示,因没有人担保而被拒绝贷款的 15 户,占比 32.61%;因没有抵押品而被拒绝提供贷款的有 12 户,占比 26.09%;因农村信用社没有熟人或亲戚而被拒绝贷款的有 8 户,占比 17.39%;因申请借款金额过大而被拒绝贷款的 5 户,占比 10.87%;因有不良信用记录而被拒绝贷款的 1 户,占比 2.17%;因其他原因被拒绝贷款的 5 户,占比 10.87%。

通常情况下,向亲戚、朋友借款并非一定需要抵押物或者担保者,所以亲朋间借贷比例比较高。也许亲朋之间借贷主要靠信用,而正规金融机构可能很少有针对农户的信用贷款。

六、农户社会保障情况

(一) 收入保障

关于农户家庭收入情况的描述见前文“农户基本情况”部分的介绍,收入来源与农户家庭特征密切相关,在对不同被调研地区的农户家庭收入来源情况进行相应分析以后,进一步考察家庭特征与收入来源之间的关系也是很有价值的工作。我们发现:家庭以外出务工或者本地务工为主要收入来源的组别其平均年龄较小,教育水平相对较高;就性别来看,从事经济作物生产以及本地务工为家庭主要收入来源的农户户主女性比例明显较高;家庭规模方面,从事粮食作物生产的农户家庭的家庭规模较大,且共同吃住人口规模也相对较大;就子女数目而言，以经济作物、外出务工、本地务工为家庭主要收入来源的组别其子女个数相对较少。

农户的收入结构还与经济发展水平密切相关。经济发展水平较高的地区（如样本中的北碚区以及就地域性质定义的城郊农村），农户在本区县务工并取得务工收入的比例明显偏高，而在区县以外务工的比例相对较少。经济发展程度相对落后的地区（如垫江、铜梁等区县以及一般农村、山区农村等地区）农户以粮食作物为家庭主要收入来源的比例均高于30%，传统的农业生产方式在这些地区相对还比较普遍。

如果农户不能通过农业或者非农产业的就业获得收入，从政府或村集体获得的收入保障比较低。

（二）住房保障

通过农户家庭住宅情况的问卷调查，我们大致可以了解到农户家庭住房保障情况。在回答有关住宅问题时，共有 1 491 户农户对此做出了相应回答。在住宅所有权方面，属于自有住宅的有 1 315 户，占比 88.2%；属于租用的有 86 户，占比 5.77%；属于借用的有 6 户，占比 0.4%；其余属单位公房、父母所有、配偶所有、子女所有、其他来源的各有 10 户、32 户、2 户、31 户、9 户，占比分别为 0.67%、2.15%、0.13%、2.08%、0.6%。

问卷还问及农户住宅面积。我们获得了农户价值最高一处住宅面积的信息。

较高比例的自有房比例以及人均 33.1 平方米的住宅面积说明农户的住房基本上是有保障的。但是，也可以看到人均住房面积差距很大，最大的人均 300 平方米，最小的人均不到 2 平方米。见表 13。

表 13　农户价值最高一处住宅面积　（单位：平方米）

	户平均	最小值	最大值	观测数（户）	人均	最小值	最大值	观测数（户）
开县	151.9	20	480	324	40.6	6.0	200	324
巴南	112.0	7	400	200	35.9	2.5	230	200
北碚	125.3	8	700	209	35.9	1.6	233.3	209
垫江	142.7	12	400	360	35.0	4.0	300	360
铜梁	129.6	14	460	349	36.5	3.5	135	349
全体样本	134.8	7	700	1 442	36.9	1.6	300	1 442
城郊农村	122.8	10	290	148	37.7	2.5	230	148
一般农村	137.6	7	480	991	37.1	1.6	300	991
山区农村	131.5	14	700	303	35.9	3.5	233.3	303

（三）医疗、养老、失业保障

从重庆调查情况看，养老、医疗和失业三险中医疗保险缴纳的比例比较高，这是农村合作医疗和新农合政策实施的结果。但是养老保险和失业保险缴纳的比例都比较低，尤其是失业保险，缴纳的比例只占有效样本的2.04%。可以看出，农户家庭成员外出务工基本上是没有失业保障的。表14是农户三险缴纳情况。

表14　养老、失业、医疗保险的费用情况

	个人缴纳费用人次	占比（%）	费用平均水平	最小值	最大值	观测数
养老保险	339	23.28	623.36	20	6 520	323
医疗保险	1 253	85.59	47.25	10	6 000	1 243
失业保险	29	2.04	395.53	10	1 100	19

通过对农户养老方式选择的调查可以洞悉农户缴纳养老保险比例低的原因。下列图5、图6，表15是户主父母以及农户户主自己养老方式选择的调查结果。

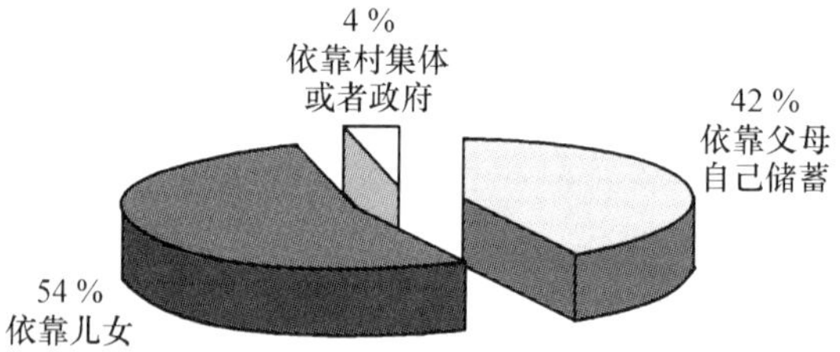

图5　农户户主父母养老方式选择

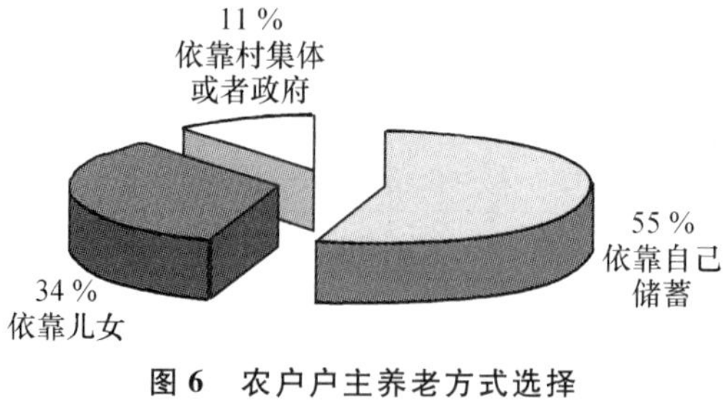

图6　农户户主养老方式选择

表15　农户自身养老方式选择与其父母养老方式选择比较

	父母第一养老方式选择		户主自身第一养老方式选择	
	观测数	百分比（%）	观测数	百分比（%）
依靠自己储蓄	486	41.97	823	55.23
依靠儿女	626	54.06	504	33.83
依靠村集体或者政府	46	3.97	163	10.94

在对农户户主自身及其父母第一养老方式的调查中,分别有1 490户和1 158户户主对这两个问题做了相应的回答。总体情况是依靠自己储蓄和依靠子女养老这种家庭养老方式是农户户主以及父母两代人的基本选择,而不是通过社会养老的方式。但是也可以看到两代人养老方式选择的变化。首先是年轻一代较大比例依靠自己储蓄进行养老,而不是像他们的父母那样依靠子女养老。其次是与父辈相比,年轻一代对村集体或者其他层级政府提供养老经费的期望比例提高,由3.97%提高到10.94%。

案例二　中山市城乡经济社会发展一体化案例研究*

在深化农村改革的同时，城乡一体化的探索在中山市早已经开始。城乡一体化的基础是城乡经济一体化，早在20世纪80年代，中山市委市政府就注重内外源经济的共同发展，积极引导区镇和村集体经济发展壮大，为后续的村改居、"积分制"等城乡一体化具体措施打下了物质基础。早在1984年，中山市就初步建成以养老、失业、医疗、工伤、生育和社会救助为主的"全民"社会保障体系；1992年，中山市就启动了城乡规划一体化，全市1 800平方公里土地全部纳入土地利用总体规划；2002年，中山市就在全省率先提出并逐步建立城乡一体化就业制度。2008年，中山市城乡居民收入之比达到1.8∶1，城镇化率达到86.14%，这两个指标在全国都是领先的。可以说，经过三十多年的发展，中山从传统的农业县发展成为广东重要的现代化城市、全国城乡一体化发展的示范市。

经过调研，中山市城乡一体化统筹发展的成功经验可以总结为：以城乡统筹发展理念为指导，通过内外源经济的协调发展夯实城乡统筹发展的物质基础；通过对土地和其他集体资产的股份化以及变组核算为村核算的经营单位的扩大实现规模经济；通过村改居以及加大市、镇财政对农村和农业的投入缩小城乡差距，基本形成城乡经济社会一体化发展的局面。

---

* 本章执笔者为朱善利、蒋承。龚六堂、陈玉宇、孙宁参加了本章的讨论。该项研究得到中山市委、市政府的大力支持，笔者深表感谢。

一、中山市城乡经济社会发展一体化的主要成就与经验

从1992年开始，中山市就围绕"城乡规划建设、产业布局、公共服务、社会保障和服务管理"五个一体化的要求，从注重设施建设变为更加注重公共服务均等化，从注重财政转移支付变为更加注重夯实镇村自主完善的经济社会基础。目前，国家赋予了中山建设统筹城乡发展综合改革的任务，中山市正在力争全面解决农民的后顾之忧，实现医疗保险、养老保险、医疗卫生、创业就业、基本教育的全覆盖，在城乡一体化实践中积累了丰富的经验。

（一）城乡规划"三个一"①

中山市基本实现了城乡规划的一体化。这是促进形成城乡经济社会发展一体化新格局的前提。规划是龙头，促进城乡一体化发展，也必须规划先行。中山市历届市委、市政府对此有深刻认识，早在20世纪90年代，就提出要"走一条具有中山特色的、以人为本、以工促农、以城带乡、城乡互动的城乡经济社会一体化发展的路子"，把城乡发展、建设和土地管理纳入统筹规划，基本实现了城乡规划一体化的目标。其突出的标志是"三个一"：一是"一张图"，即实现了城乡土地利用规划"一张图"，从1992年开始，中山就已将中山市1 800平方公里土地纳入了整体规划，实行统一调控管理和开发利用；二是"一盘棋"，实现了城乡发展规划"一盘棋"，从21世纪初开始，中山就提出了实施"一区一圈四组团"发展战略，把城乡发展纳入统一考虑和部署，切实解决城乡发展不协调问题；三是"一揽子"，实现了城乡建设规划"一揽子"。中山从2007年开始，按照适度集聚、节约用地、有利产业发展、方便农民生活的原则，把农村建设纳入城乡建设"一揽子"规划与管理，加大了市级财政对农村建设规划的投入，到2009年基本完成和实现中山市村庄控制性详细规划全覆盖。

（二）产业布局"三下乡"

中山市基本实现了城乡产业发展的一体化。这是实现城乡经济社会发展一体化新格局的重要环节。中山市委、市政府顺应城乡经济不断融合的趋势，高度重视统筹城乡产业发展和布局。其主要着力推动"三个下乡"：

---

① 本小节的参考资料包括：广东省委农村工作领导小组办公室调研组，《中山市基本实现城乡一体化新格局——关于中山市推进城乡经济社会发展一体化的实践与启示》，2009年3月17日；2008年、2009年中山市政府工作报告；《中共中山市委、中山市人民政府关于加快推进城乡一体化的意见》，中委[2009]2号。

一是推动产业下乡。积极培育镇、村产业聚集园区并以此为载体，推动工业产业链条向农村延伸。目前中山市已建成26个国家级产业基地和14个省级专业镇。同时，大力发展具有中山特色的现代农业，建起6个现代农业示范园区，培育31家农业龙头企业，建立了19个农业标准化示范区和占地1万亩的现代农业科技园等，2008年农业亩产值实现了超万元，居全省之冠。城乡和工农产业实现协调发展，基本形成了横跨中山市城乡和带动城乡共同发展的产业集群，形成了城乡产业发展的互动格局。

二是推动资金下乡。包括市财政每年安排专项资金扶持发展专业镇；从1993年开始，政府引导村征地款的10%—40%用于村集体发展物业经济；对村集体经济收入不足100万元的行政村，政府每年安排专项资金予以扶持；安排专项资金加强农村水利建设、农路改造、农桥改造、鱼塘改造、低产田改造等，改善农村生产生活条件；从2008年起，市级财政连续3年每年投入800万元在全省率先实施政策性农业保险；等等。

三是推动要素下乡。着力引导城市资金、技术、人才、管理等生产要素向农村集聚，打造出一批有特色的专业镇、专业村和特色产业，实现了城乡分工合理、区域特色鲜明、生产要素和资源优势得到充分发挥的产业发展格局。中山先后制定了16项高于国内通用行业要求、与国际接轨的产业集群“联盟标准”，共创省级以上名牌409个，城乡产业结构得到优化。到2008年，三次产业结构已调整为3.2∶60.2∶36.6；农村从事二、三产业的人员越来越多。据统计，在农村从业人员中已有超过80%从事二、三产业，非农产业收入成为主体。农村居民收入78%以上来源于非农产业。

（三）公共服务利益向下

中山市基本实现了城乡公共服务的一体化，这是实现城乡经济社会发展一体化新格局的重要要求。中山市委、市政府坚持利益向下，推进城乡基本公共服务均等化。突出体现在“四个一体化公共服务”。

一是建立一体化的公共财政服务体系。中山不断加大一般性转移支付和专项转移支付在城乡公共事业的比重，把城乡公益事业和基础设施建设纳入市、镇两级公共财政预算，教育、文化、卫生、环保等事业经费向农村倾斜，利益分配市向镇村倾斜、向农民倾斜。据统计，中山财政用于城乡基本公共服务的支出比重从2003年的45.67%上升到2007年的53%，2008年增至57%。2009年财政预算安排59%财力用于公共服务和公共产品，新增财力69%用于提高教育、医疗、社保等公共服务产品的保障水平。基本建立起城乡基本公共服务均等化的财力保障机制和城乡共享的公共财政管理框架。

二是建立一体化的教育服务体系。中山坚持教育优先，着力打造教育强市。2006年成功创建省教育强市，中山市24个镇区全部建成省级教育强镇。95.15%的村有幼儿园、托儿所，97.8%的村在3公里范围内有小学，90.75%的村在5公里范围内有中学，66.67%的镇有职业技术学校；中山市学龄儿童入学率、巩固率均达100%，“三残”儿童入学率达100%，初中普及率均达100%，高中阶段教育毛入学率达79.2%，高等教育毛入学率超过50.1%。中山市率先在全省启动机制化制度化扶困助学工程，部分镇区推行12年甚至15年免费教育等。

三是建立一体化的卫生公共服务体系。中山市拥有医疗、预防、保健、监督等各类医疗卫生机构300多个。80%的镇区评为国家和省级卫生镇。社区卫生服务中心和服务站覆盖了所有行政村(居)委会。全面建立了市、镇、村三级公共卫生服务网络，镇、村医疗卫生实现了一体化管理。中山市基本实现了“小病在社区、大病到医院、康复到社区”的目标。

四是建立一体化的文化公共服务体系。中山市高度重视推进城乡文化资源共享。目前中山市100%的镇区建有全民健身广场，100%的行政村建有健身苑，100%的社区建有健身点，100%的全民健身设施免费向社会开放。规划投资100亿元推进文化名城建设，增强文化软实力。

(四) 社会保障城乡合一

中山市基本实现了城乡社会保障的一体化。这是实现城乡经济社会发展一体化新格局的重要体现。中山在推进城乡医疗保障、养老保障、社会救助、城乡低保和社会就业等一体化方面走在全省前面。其突出的表现在以下几方面。

一是医疗保障制度基本实现城乡并轨。从2006年起，中山建立实施了城乡居民住院基本医疗保险制度，实行统一管理、统一缴费标准和统一医疗保险待遇。2008年又全面推行城乡居民门诊基本医疗保险制度(报销比例达60%)。目前参加城乡居民基本医疗保险率达到90%以上。

二是养老保险制度基本实现城乡全覆盖。2005年，中山市制定实施了《中山市农村基本养老保险暂行办法》，按照“城乡衔接、逐步一体”的原则，逐步将农村基本养老保险制度与城镇职工基本养老保险制度相衔接，逐步实现城乡并轨。2008年对中山市广大农村村民来说，最感欣慰的事情是：镇城乡居民养老保险实施办法开始实施，正式铺开了“农保”转“城保”工作，大幅度提高了农民的养老待遇。2008年中山市实现养老保险覆盖面达81.8%，2009年将实现城乡全覆盖。

三是社会救助体系基本覆盖城乡困难群体。从1999年起，逐年提高五保供养标准,目前人均供养标准达 6 819 元/年,超过了当地一般群众生活水平;逐步提高城乡低保水平,目前城镇低保户每月补助 320 元,农村 280 元;社会慈善事业实现制度化、经常化,目前累计募集资金达 5.3 亿元等。

四是劳动培训就业制度基本实现城乡统筹。建立了市、镇、村一体的就业服务网络,把就业服务向村、社区延伸。在全省率先推进“充分就业社区”创建工作,率先建立“大嫂工作坊”。市镇两级每年安排 3 300 多万元,对就业、再就业培训实行专项扶持,对农村贫困家庭子女、45 周岁以下的农村劳动力等实行免费入读技校或培训。

(五) 服务管理统筹一体

中山市基本实现了城乡社会管理的一体化,这是实现城乡经济社会发展一体化新格局的重要保证。主要体现在将城乡社会纳入统筹管理,实现城乡社会和谐稳定。

一是建立适应城乡统筹的体制。2002 年开始全面推进农村股份合作制、集体经济村级统一核算和“村改居”三大管理体制改革。到 2006 年基本完成股份合作制改革。至 2008 年,41.4% 的村(居)实施了村级统一核算,87 个村实行了“村改居”。加快了农村城市化、农民市民化的进程。

二是建设农村新型社区。以推进农村安居工程和新农村建设为契机,引导农民大力开展农村居住小区建设,实行社区统一管理,让农民逐步向市民转变。目前中山市已投入 11.5 亿元,规划农民居住小区 25 个,建筑面积近 60 万平方米,可解决 4 500 多户农民进入小区居住。

三是建设覆盖农村的社会治安管理体系。在中山市范围内建设覆盖城乡的治安视频监控系统、镇区综治中心和村(居)综治站、警务室、法律服务室等,将农村社会治安纳入统一管理。这一管理模式,在全省获得唯一全国社会治安综合治理优秀地市“长安杯”称号。

四是构建统筹城乡的组织工作新格局。市委、市政府工作重心下移,成立市委常委与部门、镇区领导联席会议及农村工作指导组,及时了解和化解农村发展中碰到的各种实际问题。市委、市政府主要领导亲自给村(居)干部授课,保持与基层村(居)干部的密切沟通交流,抽调干部驻村,加强对口帮扶,将村(居)干部培训学习纳入市级培训体系统筹安排,对村(居)干部进行实绩考核与经济责任审计,增强农村基层干部领导发展的能力。

(六) 小结

《珠江三角洲地区改革发展规划纲要》中明确将中山列为统筹城乡发展综

合改革试点，中山市迅速制定落实《关于加快推进城乡一体化的意见》，大力推进城乡规划建设、产业布局、公共服务、社会保障、社会管理“五个一体化”。

近年来，中山市在实现全国环境优美乡镇、省教育强镇、镇区污水处理厂、养老保险、住院保险、农村卫生站、村村通公交、村村通自来水、村村通宽带、村集体收入超百万元的“十个基本全覆盖”基础上，加快将基本公共服务由城市延伸到农村，提高“三个一”（城乡居民基本每人有一份养老保险、一份医疗保险、一份工作）工程覆盖水平，推行外来务工人员积分登记管理制度，加强城乡劳动者教育。加快发展现代农业，发展壮大镇村经济，为推进城乡一体化夯实物质基础。

2008 年，中山市生产总值 1 409 亿元，增长 11.1%，全社会工业总产值 4 091 亿元，增长 14.1%，经济实力和活力居省内前列。此外，中山市的许多镇区如小榄、古镇等，城市化程度已相当高。去年中山市财政投入 49 亿元用于义务教育、公共卫生、社会保障等公共产品和公共服务，占财政一般预算支出的 57%，更是有力促进了社会事业全面进步。短短几年间，中山市先后实现村村通车、村村通自来水，村村建立医疗卫生站。困难农户住房改造、“五保户”集中供养、教育强镇等工作全面完成。农民就业移转向二、三产业已达到八成，参加城乡基本养老保险率达 82%，参加城乡居民基本医疗保险率达到 90% 以上。农业基础设施也有了较大的改善①，农业亩产值达到全省第一，农民人均收入居全省第四，大部分镇区建起或正在建设污水处理厂。

2009 年，中山市在政府工作报告中公布将安排 59% 财力用于公共服务和公共产品，继续大力提高教育、医疗、社保等公共服务产品保障水平。在具体工作安排上，每一笔投入都折射出统筹协调发展理念。例如，新增强农惠农投入 6 900 万元，促进城乡产业加快融合，区域配套均衡发展；安排 1.2 亿元实行财政转移支付，建立与经济社会发展相适应、城乡统筹的社会保障体系，逐步实行城乡统一的公共服务；安排 59% 财力用于公共服务和公共产品，新增财力重点投向扶持企业发展、基础设施建设和公共社会事业，其中 69% 用于提高教育、医疗、社保等公共服务产品保障水平。

这些新政策都充分体现了中山市以科学发展观为指导，将公平与效率有机统一，保持公平与效率之间相对均衡发展的统筹协调发展思路。因为按照市场经济运行的自发逻辑，社会成员的利益会发生一定分化，公民之间的收入差距

---

① 早在 1998 年，中山市安排专项资金先后打造了古镇、小榄、横栏、西区等省、市级农业现代化示范区，从 2005 年起每年安排 400 万元专项资金用于农业现代化小区建设。其中，2006—2008 年投入近 2 700 万元建设标准农田 3 319.8 亩、整治基本农田 5 698 亩。经过多年的努力，中山市农业基础设施建设得到了很大的发展，全市土地适度规模经营面积达 49.03 万亩，占耕地总面积 75.5%。

将会出现阶段性的拉大,城乡之间的发展也会不平衡。实现公平正义和发展生产力,成为当前两大改革任务。既不能离开效率讲公平、谨防"平均主义"、"大锅饭"的回潮,又不能离开公平、公正强调所谓的"效率",以免出现以"效率优先"作为"保护伞",采取不公平、不公正的手段造成分配不公、两极分化的现象。能否把握公平与效率之间的最优平衡点,是经济社会能否实现平稳转型的关键。

这就要求负责效率的市场和负责社会公平的政府两者之间不能缺位、越位和错位,必须从城乡发展、区域发展、经济社会发展、人与自然和谐发展和国内发展与对外开放发展五方面,全方位实现建设"三个适宜"新型中山的目标。《珠江三角洲地区改革发展规划纲要》把中山定为"统筹城乡发展综合改革试点",是对中山经济社会协调发展模式的肯定,更是鼓励中山在寻找公平与效率之间的最优平衡点上"先行先试"的厚望。中山正加快把国家、省、市的决策部署变成科学发展、利民惠民的行动和现实。我们有理由相信,珠江口西岸必将打造成为珠江三角洲新的经济增长极,中山将成为这一强大经济引擎的关键构件。

二、城乡一体化发展的中山模式

《珠江三角洲地区改革发展规划纲要》要求珠江三角洲地区在推进城乡一体化方面先行先试,走在全国的前列,为全国提供经验。这是中央赋予珠江三角洲各市光荣的使命,也是一项艰巨的任务。经过我们的调研发现,在全国经济并不是最发达的中山市通过自身努力率先基本实现了城乡一体化,探索出具有自身特点的文化观念、发展机制和发展模式。中山的实践,为整个珠江三角洲以及全国全面推进城乡一体化,探索了新路子,提供了新经验。

经过调研,中山的模式可以概括为:以城乡统筹发展理念为指导,通过内外源经济的协调发展夯实城乡统筹发展的物质基础;通过对土地和其他集体资产的股份化以及变组核算为村核算的经营单位的扩大实现规模经济;通过村改居以及加大市、镇财政对农村和农业的投入缩小城乡差距,基本形成城乡经济社会一体化发展的局面。

(一)破除二元观念、打造具有先进理念的干部队伍

改革就是不断解放思想,更新观念的过程。破除根深蒂固的城乡二元结构,首先要从破除二元观念入手。通过利用深厚的历史文化,弘扬中山核心文化价值观,树立城乡一体化理念,是中山的重要经验之一。

中山是伟人故里，中西文化的交汇之地。经过历史的创造与积淀，在这块神奇的土地上，形成了以平等、博爱、民生、创新等为核心价值观的“香山文化”。中山市很早就认识到深厚的历史文化底蕴是一笔弥足珍贵的财富，是中山发展的重要力量源泉和城市综合竞争力的重要内容，故其一直坚持传承自己的优秀历史文化传统。例如，创建全国文明城市，连续21年举办以“救死扶伤、扶危济困”为主题的慈善万人行活动，大力组织实施“八大文化工程”建设，广泛宣传介绍地方历史文化和杰出人物，培育“博爱、创新、包容、和谐”的现代中山人精神。经过不懈努力，博爱、创新等精神融入中山人的血脉，平等、和谐等观念深入人心，使广大干部群众在新时期的推进城乡一体化过程中比较容易接受和树立起城乡一体化的理念。

正因为此，无论是20世纪90年代中山市率先提出“走一条具有中山特色统筹城乡经济社会发展路子”的理念，还是新时期广东省针对中山提出加快建设“适宜创业、适宜创新、适宜居住”新型城市的目标要求，都得到全市人民的全力支持。可以说，孙中山先生“天下为公”的思想财富，积淀了城乡人民博爱、创新、包容、和谐的文化价值观，干部也心齐气顺、劲足实干。

推进城乡一体化，关键在人，最终要看各级干部的素质。中山城乡一体化的成功，与中山市长期重视干部教育培训工作，努力打造一支整体素质高的干部队伍是密不可分的。据统计，目前中山市已有7 000多人参加过国内外著名高校培训，400多名村官进过高等学府，市、镇、村三级班子都有喝过“洋墨水”的干部。

中山的干部教育培训，具有鲜明的三个特点。一是规模大。为拓宽干部的视野，培养干部的战略思维和理论思维能力，中山市在英国牛津大学、美国加州大学、新加坡国立大学、澳大利亚墨尔本大学及复旦大学等国内外著名高校设立了长期培训基地，1999—2005年期间共培训干部43批1 417人。二是注重实践。坚持每年选派干部到基层任职或挂职锻炼，特别是到条件较艰苦的对口扶贫市、扶贫村锻炼，切实提高干部才干。为提高培训教学的针对性，专门邀请培训院校教师到中山调研和组织学员实地考察，解决好学习理论与中山实践的关系。三是范围广。建立农村干部集中市级培训机制，将村干部纳入教育培训范围，每年组织村（社区）两委班子干部参加培训。此外，在市的示范带动下，各镇区掀起干部教育培训热潮。小榄镇、古镇等镇的镇、村干部全部到国外参加过培训。

无论是改革初期的承包到户、创办乡镇企业，或刚发生的农村股份制改革、村集体土地集中经营，还是当前城乡一体化的建设都需要思想的解放与机制的创新，需要以体制的改革为改革事业的全面推进注入新的活力和动力。当前，中山市经济社会发展已进入了一个新的历史阶段,如何在现有的基础上,进一步提高经济总量和质量,消除二元结构矛盾,使城乡之间协调发展,是中山市各级干部始终必须面对和考虑的问题。三十年的改革历程证明,通过培训教育,中山干部队伍素质普遍提高,敢创敢试,成为中山市率先实现城乡一体化的重要组织者和推动者。

(二) 夯实物质基础、实现内外源经济的两翼齐飞

城乡经济一体化是城乡一体化的物质基础,需要通过城乡之间的横向联系与相互渗透,建立起多种形式的融合经济,包括产业发展一体化、市场发展一体化等。珠三角地区在早期通过港澳台和外商的投资率先取得了经济的飞速发展,为城乡一体化发展奠定了坚实的物质基础。但是随着经济的进一步发展,外源经济的高污染、高消耗、低产出等缺陷也逐渐暴露出来①;另外内源经济的发展动力不足,也成为了珠三角各城市经济发展中的"短板"②。

中山市多年的发展经验告诉我们,扎根于镇村的民营企业是内外源经济发展的最佳结合点之一,也是"以工促农"的良好实现形式。培育更多外向型民营企业,对于打造对外贸易新的增长点,促进内外源经济同步协调发展,具有重大的意义。中山通过大力发展镇村经济,增强镇村经济实力,缩小城乡差距,取得了显著的成效。

中山是不带县的地级市,中心城区仅占行政区域面积的2%,发展镇村经济对推进城乡一体化至关重要。为此,中山市委和市政府将工作重心下移,把引导、扶持镇村经济发展作为推进城乡一体化的重要环节来抓。例如,实施"工业强镇"战略,对各镇区放权让利,制定工业强镇区考核办法、工业发展突出贡献镇区和企业评选办法等配套文件,建立相应激励机制,开展争创工业强镇(区)活动,调动镇区积极性。市财政每年拿出1 000万元作为专业镇发展资金,投资建立专业技术创新平台和举办专业会展,涌现出一批著名的专业镇。同时,大力扶持发展村集体经济,实施"富村"战略,不仅中山市35个欠发达村实现集体经济年纯收入突破100万元,实现全面脱贫致富,而且涌现出一批经济实力很强的富村。中山的"强镇富村"措施卓有成效,镇村经济日益雄厚,做到市、镇和村三级共同承担起对农业、农村、农民的投入,大大加大了投入力度,为中山率先推进城乡一体化发展奠定了坚实的物质基础。

---

① 胡青丹,"广东省统筹内源型与外源型经济协调发展战略探析",《河北科技大学学报》(社会科学版),2008年第4期。

② 张佳凤、张维然,"以投资眼光看如何促进内外源经济协调发展——以珠三角地区的中山市为例",《重庆工商大学学报(西部经济论坛)》,2005年第5期。

最近的调研发现,在金融危机的大背景下,中山坚持处理好内源型与外源型经济的关系,实现了内需、外需平衡与全面发展和内外源型经济的比翼齐飞。在2009年7月24日中山市委十二届四次全会上,中山市经贸局公布了一列数据:2009年上半年,中山市工业增幅逐月提高,累计实现工业总产值2093.27亿元,实际增长9.1%;实现工业增加值411.52亿元,增长5.7%,在珠三角城市中排名前列①。这个可贵的经济绩效说明中山市内外市场结构正在发生的微妙变化:2009年上半年,受到国际金融风暴的持续影响,中山市外贸出口艰难地保持了降幅逐月收窄的成绩,上半年出口总值同比降低了10.9个百分点;在外贸不景气的情况下,工业增加值却能保持5.7%的增长,表明中山市"扩内需、促发展"的措施已初见成效。

"家电下乡"和"以旧换新"等一系列国家出台的扩大家电行业内需的政策已在中山市产生良好效果。格兰仕、TCL、美的、长虹、奥马、欧意等设在中山的家电企业2009年上半年销售数据均呈现劲增势头,部分产品销售同比增长翻倍。不仅如此,政府为企业搭建的内销平台再一次显示了国内市场的巨大潜力。原本以出口为导向的企业,纷纷加入了内销的行列。"广货桂湘行",中山市与广西、湖南两省签约金额共达38亿元;"京博会"上,北上中山货成交额达180亿元;首届广东省外商投资企业内销博览会上,中山企业获得意向采购额8.3亿元。转战内销市场的"中山制造"产品赢得了国内市场的青睐。2009年下半年,中山市加强国内营销渠道建设,鼓励加工贸易企业加快建立国内分销网络,鼓励企业参加国内外重点专业展会。

为了更好地促进外贸企业开拓内销市场,中山市外经贸局出台措施帮助企业原地不停产转型,并争取财政拨款,对参加国内展会的企业给予扶持;中山海关设立了企业办理内销业务"绿色通道";中山税务部门加快企业转内销时税务手续办理。各部门的联动,不仅促成中山市一批加工贸易企业成功办理了内销转型手续,而且有效地促进了企业内外市场结构的调整和提升。2009年上半年,中山市外贸出口面临着前所未有的困境,但中山对中国香港地区出口止跌回升增长2.6%,对非洲新兴市场出口增长8.8%。数据表明,境外市场依然有潜力,关键在于政府和企业如何发力。

无内不稳,无外不强,内外两个市场的联合驱动,带动中山市经济继续朝着稳定向好的势头发展,也为中山市城乡一体化发展继续提供着坚实的物质基础。

---

① 《中山市委十二届四次全体(扩大)会议召开》,大洋新闻网,http://news.dayoo.com/zhongshan/200907/26/73605_10104091.htm,2009年7月26日;《中山内外市场驱动经济继续向好》,南方新闻网,http://www.gd.xinhuanet.com/sungov/2009-07/29/content_17242116.htm,2009年7月29日。

（三）创新发展机制，完成农村股份合作制改革

中山市在农村集体土地经营使用制度方面，打破自实行家庭联产承包责任制以来集体土地农户均分承包的格局，全面推进并完成了农村股份合作制改革，建立了促进农业增效、农民增收和农村发展的制度保障。

土地经营使用制度的改革主要经历了以下三个阶段。

第一阶段（1982—1992 年）：家庭联产承包责任制在中山市实施及落实第一轮土地承包，这个阶段最终实现了土地所有权和经营权的分离。1982 年，中山市全面实行了家庭联产承包责任制，农户均分承包经营的使用制度。但从 20 世纪 80 年代中期开始，随着农村二、三产业的发展，这种土地使用方式开始受到挑战，先是转让承包、招标投包，继而是两田制、反承包制和使用权入股经营等方式逐步介入，促成了中山市农村土地承包形式向多元化发展，打破了中山市土地均分承包模式单一的经营格局。

第二阶段（1993—1999 年）：农村土地经营制度改革进入普遍推广和完善阶段。普遍落实了第一轮土地承包 15 年不变的政策，期间经过了“两田制”和土地股份合作制的进一步推广，同时强调土地合同的承包方和发包方应严格履行合同规定的权利和义务。这一阶段逐步实现了土地有序、规范流转，并在中山市范围内建立和健全了农村土地经营收益分配制度。

围绕稳定和完善农村土地经营制度问题，中山市明确提出了要通过理顺集体土地的收益关系，保障农民对集体土地的承包权益，从而较好地实施土地承包经营“明确所有权、稳定承包权、搞活使用权、强化管理权”的工作方针，及时出台了《关于建立健全中山市农村土地经营收益分配制度的意见》（中府[1998]69 号），明确提出要建立土地经营收入分配制度，就是凡搞活土地使用权的农村集体经济组织应把土地经营收入（主要是发包收入），按照农民土地承包权份额返还农民分配，返还给农民的分配部分，应占土地经营收益的八成以上。

第三阶段（2000 年至今）：落实第二轮土地承包阶段和推进农村股份合作制改革阶段。这一阶段全面落实了中央土地承包 30 年的政策，并在此基础上开展以土地资本化为特征的股份合作制改革。在完成土地延包工作后，中山市分析了改革开放以来农村集体经济体制存在的问题，特别是产权关系和利益分配关系，土地、劳动力等生产要素的流转和配置问题严重落后农村经济的发展，中山市于 2001 年 9 月在小榄镇开展农村股份合作制改革试点工作。在此基础上，2002 年出台《关于加快农村股份合作制改革的意见》（中委[2002]5 号）和《关于推行农村股份合作制改革的实施办法（试行）》（中府[2002]54 号），全面

铺开农村股份合作制改革工作。值得指出的是,集体资产股份化,包括土地、集体厂房设施等股份化,村民公平分配股权,共享物业费、集体资产增值费等红利——这与其他地区城市化城市居民受益有着本质的区别。

股份合作制改革完成后,明晰了农村资产产权,推动了农村经济战略调整和农业现代化建设,加快了农村劳动力的转移,促进了农村经济的发展和农民收入的增加,加快了中山市农村经济社会的转型和“三农”问题的解决,为中山市社会主义新农村建设注入了新的活力。下面的几组数据形象地向我们展示了中山市农村经济体制改革所取得的巨大成就——1992 年,中山市农业用地亩均产值为 1 200 元,而 2007 年达到 8 210 元,增长了 5.8 倍多;1992 年以来,农业用地面积虽然减少了近 1/3,但是农业总产值却增长了 2 倍;1992 年以来中山市农民人均纯收入年均增长 11.35% ,2008 年已经达到 11 068 元[①]。

(四) 改革社会体制,共享经济发展成果

“城乡联动、利益向下、藏富于民、共同发展”的思与行,是中山城乡和谐发展的重要支撑。作为加速城乡一体化、破解城乡二元结构的重要步骤之一,中山近年来在社会体制改革方面的重要举措就是稳步推进“村改居”工作。到目前为止,包括小榄东区在内的中山市 87 多个村实现“村改居”,管理机构也由村民委员会更名为“社区居委会”。其中石岐、小榄、东区、西区、南区、火炬开发区等六个镇区已经初步完成“村改居”工作,“农民”全变身“居民”。

推进“村改居”,就是推动城市管理体制向原来的部分农村社区延伸,也是从体制上实现村民的生活方式市民化,具有重大的现实意义。首先,“村改居”是加快中山市城乡一体化进程的需要。通过“村改居”的改革,打破城乡二元结构,改变了目前由于村居混杂、地域交错而带来的治理职责不清的状况,健全和完善城市治理体制,提高城市治理水平。其次,“村改居”是全面提高中山市农民生活质量的需要。中山市“村改居”农民绝大部分已脱离农业,转向其他产业,但这些农民普遍存在文化程度低、专业技能缺乏的问题,许多村民仅仅依托出租房屋的租金和村集体的福利生活,缺乏其他正常劳动收入。通过“村改居”,改革村集体经济组织,把集体资产量化和固化到人,村民以股东的身份参与村集体经济组织的监督与治理,享受相应的收益分配权益,从根本上解决“村改居”农民的出路问题。

按广东省的有关规定,凡符合以下三个条件的其中一个,即可实行“村改居”:一是城镇居民户籍人口占村总户籍人口一半以上;二是人均耕地面积少于

① 本小节的数据来自于历年的中山市统计年鉴。

所在县(市、区)人均1/3;三是2/3以上的村民不从事农业劳动,不以农业收入为主要生活来源。根据上述规定,中山市于2000年从“城中村”改造揭开了“村改居”的序幕。这期间,中山市各地基本上坚持“几不变”原则,如社区居委会拥有的权利、承担的义务不变;农民享受的农村优惠政策、福利待遇不变;原村民户口性质、计生政策等在最少四年过渡期内不变等。这些审时度势的原则,为经济水平发展到适宜高度城市化,但某些方面的配套措施还不成熟的中山,提供了社会体制改革的良好政策环境。

推进“村改居”,关键要推进农民集中居住。至2008年年底,中山市各镇区共规划建设25个农民居住小区,已建成13个,建筑面积近60万平方米,可解决4 500多户农民住房。村改居后,镇向村加大了公共财政投入,交通、水电、教育、卫生等方面有明显改善。“我们生活方式也越来越城市化,老人家每个月有退休金,还可免费搭公交车、免费体检,以前农民哪有这种待遇?”东区社区党总支副书记赵明辉说①。中山市各镇区推进“村改居”过程中,都承诺逐年加大财政投入,将更多的公共服务向农村延伸,以实实在在的措施推进“城乡一体化”。据调研了解,中山市“村改居”居民,目前正逐步享受与传统“城里人”一样的待遇,如养老保险、医疗保险、低保户保助费等基本趋于一样。同时,由于“村改居”居民原先拥有的集体经济所有股份收入不变,“村改居”居民比“城里人”还多一笔固定收入。

中山市积极引导农村富余劳动力转移就业;建立健全农村社会保障体系;加快农村社会事业发展等,其中以中山市西区的长洲社区为典型代表,以“村改居”为突破口积极推进基本公共服务由城市向农村延伸,不断提高“三个一”工程覆盖水平,让广大市民共享改革发展成果,这是中山市在经济取得发展、经济体制改革取得突破后又在社会管理和服务领域的创新之举。

(五)服务流动人口,构建和谐社会

如果我们不破除二元体制,给每个公民提供最基本的国民教育机会和社会保障,并优先解决涉及流动人口的劳资、工作环境、子女上学就医等一系列权益问题,那么,流动人口就不能完成城市化的历史转变,二元社会结构也就将长期固化。

作为珠三角腹地的中山,如何在新时期做好流动人口服务和管理工作,妥善处理各种关系和矛盾,成为当前中山社会管理和社会建设的一个重要课题。一直以来,尤其是2005年以来,中山市流动人口服务管理工作在中山市委、市

① 《中山推进“村改居”,加速城乡一体化》,南方新闻网,http://www.gd.xinhuanet.com,2008年11月6日。

政府的领导下，以“创新机制，加强管理，优化服务，促进发展”为指导思想，不断开拓进取，深化了对流动人口的权益保障，开创了流动人口服务管理各项工作的新局面，积极探索出了一条符合中山实际的流动人口服务管理工作新路子。

第一，树立服务管理工作新理念。中山市积极转变观念，摒弃过去那种把流动人口看成是城市发展负累的思想观念，对流动人口的价值进行重新定位，将之看成是城市化进程的推动者，城市财富的重要创造者，2003 年提出了“同是中山建设者”的口号，逐步改变人们对流动人口的偏见。在转变观念的同时，明确工作思路，确立三个导向，即产业结构导向，人员素质导向，依法行政、加强管理导向。以此作为开展全市流动人口服务管理工作的基本理念。

第二，两级政府，三级管理，构筑服务管理工作新体制。为强化服务管理网络建设，中山市建立了市、镇(区)、村(居)三级服务管理体系。2005 年，全市成立了由 28 个成员单位组成的中山市流动人口管理工作领导小组，组建了流动人口和出租屋专职管理机构——中山市流动人口管理办公室。各镇区也相应地成立了机构，组建了队伍。截至 2008 年年底，中山市各镇区除全部成立流管办、流动人口和出租屋管理服务中心以外，管理服务站增加到 241 个。通过三年多的工作，全市流动人口和出租屋服务管理工作市、镇(区)、村(居)三级管理组织机构基本完善。

第三，以人为本，优化服务，提升服务管理工作质量。一是为方便流动人员办事，中山各镇区在流动人口和出租屋管理服务中心办证大厅均设立《暂住证》办理、出租屋税收服务、房屋租赁登记备案、计生服务、劳动服务五个窗口，为其提供“一站式”服务。二是实行人性化服务，拓展《暂住证》的使用功能。为给流动人员在中山市工作、生活提供便利，中山市增加了《暂住证》在驾驶证办理、机动车入户、港澳商务签证和子女入学等方面的功能，还对持有《暂住证》的流动人员在部分超市、药店等商业机构消费可享受会员价的待遇。三是大力推行《十六周岁以下暂住儿童随行卡》，此举在全国开了先河，填补了我国城市人口管理中的一个空白——外来儿童的登记服务，使大部分暂住儿童与本地儿童一样，享受到了教育、卫生等方面的同等待遇。四是为激励广大流动人员在中山建功立业，提高他们的城市认同感和归属感，中山市流动人口管理办公室、市劳动和社会保障局、市总工会联合举办了“同是中山建设者”百佳流动务工人员评选活动，并给予获得“百佳”称号的流动务工人员入户中山的待遇。

通过各项措施和办法的实行，流动人口在中山的工作生活拥有了一个平等和谐的社会氛围，对于中山市有着较高的认同感和归属感，在劳资关系、社会矛盾等方面均表现得较为和缓，中山的发展也因此具备了更持久的动力。

(六) 中山模式的推广意义

根据上面的分析,中山发展模式有如下几点值得推广和思考:

第一,统筹城乡发展这一新理念,冲破了我国长期以来存在着的城乡壁垒,有利于逐步改变城乡二元经济结构的体制,开拓了新的发展思路。城乡统筹发展是一个国家全面发展的目标和内在要求,也是衡量一个国家全面协调发展的标准。城市和乡村从地理分布上属两个不同的区域,但又是一个社会统一的整体。农村发展离不开城市,同样如果城市脱离农村,没有以乡村的发展为依托,肯定会受到制约。中山在20世纪90年代,就提出要"走一条具有中山特色的、以人为本、以工促农、以城带乡、城乡互动的城乡经济社会一体化发展的路子"。新时期,广东省针对中山专门提出加快建设"适宜创业、适宜创新、适宜居住"新型城市的目标要求,都得到广大干部群众的衷心拥护和全力支持。可以说,孙中山先生"天下为公"的思想财富,积淀了城乡人民博爱、创新、包容、和谐的文化价值观,干部也心齐气顺、劲足实干。这与平时中山市长期重视干部教育培训工作,努力打造一支整体素质高的干部队伍密不可分。

第二,中山市切实实践"以城带乡、以工哺农",将工作重心下移,把引导、扶持镇村经济发展作为推进城乡一体化的重要环节来抓。强大的经济实力可以使城乡一体化发展得更为快速、水平更高。中山市注意培育外向型民营企业,打造对外贸易新的增长点,促进内外源经济同步协调发展。实施"工业强镇"战略,对各镇区放权让利,制定工业强镇区考核办法、工业发展突出贡献镇区和企业评选办法等配套文件,建立相应激励机制,开展争创工业强镇(区)活动,调动镇区积极性。同时,大力扶持发展村集体经济,实施"富村"战略,不仅中山市35个欠发达村实现集体经济年纯收入突破100万元,实现全面脱贫致富,而且涌现出一批经济实力很强的富村。中山的"强镇富村"战略卓有成效,镇村经济日益雄厚,做到市、镇、村三级共同承担起对农业、农村、农民的投入,大大增加了投入力度,为中山率先推进城乡一体化发展奠定坚实的物质基础。

第三,在中山农村,土地制度创新活动的方式是丰富多彩的,对于其他地区具有普遍的借鉴意义。其基本思路是:以宪法规定为基准,在不改变土地集体所有制性质的条件下,强化并规范农户的土地经营权(使用权)以及与之相应的收益权和转让权,进而对分散的个体土地承包而导致的资源配置低效率格局进行改进,从而以产权制度建设为中心,培育土地流转的机制,逐步推动土地的规模化经营。

农村土地制度改革要适应农村经济社会发展大趋势。根据中山市的实践,农村股份合作制是农村土地经营制度一种相对较优的选择,是目前乃至今后一段时期内可以采用的较好的土地经营制度模式。土地股份合作制以股份制和合作制为基本形式，实行“三权分离”，即集体拥有土地所有权，农民拥有对土地的承包权和股权，土地实际经营者拥有土地使用权。在“三权分离”基础上，土地实物形态与价值形态相分离，股权分散化与土地资源配置的社会化相统一，采取按劳分配与按生产要素分配相结合的分配方式，实行股东代表大会、董事会、监事会的管理制度。这种新型的土地制度模式既借鉴了土地合作制的历史经验，又引入了现代企业制度的经营机制，符合市场经济发展的趋势和要求。中山市改革的实践证明，农村股份合作制是与现行体制相适应的制度安排。它能够完善农村所有制结构和集体经济的经营方式，协调农村生产力和生产关系之间的关系，理顺农村各项利益矛盾，对促进经济发展和社会稳定具有重大作用，是深化农村其他改革的基础性工程，也是促进农村经济社会发展转型的有效机制。

第四，中山市着力形成城乡一体化的管理体制。建立适合城乡一体化的体制，是推进城乡一体化的治本之策。中山通过深化农村改革，推动农村管理体制向城市管理体制接轨，着力构建适应于城乡一体化发展的体制，为中山率先实现城乡一体化创造了重要体制条件。在中山的各项农村改革中，有三步改革至关重要且影响深远。第一步，全面开展农村股份合作制改革。这次改革，建立起促进农民转型的稳定权益保障机制和利益分配机制，加快农民与土地分离，让农民放心进城，安心转业，实现中山市八成劳动力转移到二、三产业。第二步，在全国率先推行村一级集体经济统一核算改革。通过撤销组一级核算，实行村一级统一核算，促进了农村资源的有效整合和优化配置，建立起产权清晰、运作规范、利益协调的新型农村集体经济管理体制。第三步，稳步推进“村改居”。实行社区党组织领导下的居委会与股份合作制经济组织分设，将从股份合作经济组织剥离的社会管理职能赋予居委会。“村改居”后，社区实行城市社区管理模式，实现了农民到居民的身份转变。这三步改革的一个重大贡献，就是促使中山农村的管理体制向城市管理体制靠近并逐步接轨，从而建立起城乡一体化的体制，释放出体制能量，为中山市特别是中山市农村经济社会发展注入了巨大的活力。

人类社会是由经济、政治、文化、人口、环境等相关系统构成的有机整体，它的发展是诸要素、诸子系统的协调运动和共同发展。这就要求发展的前提必须具有科学性，发展的目的必须围绕人，发展的范围必须全面，发展的路径必需协调。只有坚持均衡发展的原则，才能带来可持续发展的结果。中山市多年来坚持以城带乡，推进公共服务均等化，意识强、力度大，城乡差距正在不断缩小，城乡一体化发展的局面正在逐渐形成。

三、中山市城乡一体化的机遇与挑战

（一）深化改革的机遇

第一，从国家发展的宏观层面上看，《珠江三角洲地区改革发展规划纲要》（以下简称《纲要》）提出要探索科学发展模式试验区，赋予了珠江三角洲地区发展更大的自主权，支持率先探索经济发展方式转变、城乡区域协调发展、和谐社会建设的新途径、新举措，走出一条生产发展、生活富裕、生态良好的文明发展道路，为全国科学发展提供示范。

第二，从区域经济发展的角度看，广东省发布《中共广东省委、广东省人民政府关于贯彻落实党的十七届三中全会精神加快推进农村改革发展的意见》，提出到2020年，城乡经济社会发展一体化新格局基本形成，成为全国城乡协调发展的先进省份。

现在，广东全省抓住关键，重点突破，认真落实中央和省的各项决策部署，促进经济平稳较快发展。加快发展方式转变，推动珠三角地区转型升级。全面推进珠三角区域经济社会一体化，加快形成“广佛肇”、“深莞惠”和“珠中江”经济圈。增强珠三角辐射带动环珠三角地区发展能力，大力推动产业和劳动力“双转移”。推动粤港澳合作再上新台阶，建设高水平的开放型经济。深入推进改革创新，努力构建体制机制新优势。

第三，中山市财政实力雄厚，已经进入了工业反哺农业的发展阶段。2002年以来，中山市已开始实施“城乡联动、利益向下、藏富于民、共同发展”的城乡协同发展战略，城乡二元结构在中山已加速消融。中山市目前城镇化率为84.2%；2007年户籍人口人均生产总值为84 245元，已超过《纲要》所要求的到2012年为8万元的目标。每年市财政6成、新增财力7成投向城乡公共服务，①1/4的镇实行了一级财政，2009年内所有欠发达村集体经济年纯收入达100万元以上（目前村集体可支配收入平均820万元，最高的永宁村为1.6亿元）。

中山目前经济总量在珠三角九市排第五，正好是中间位置，必须抓住机遇，在落实《纲要》过程中再创佳绩。中山目前承担着产业创新升级、统筹城乡发展的试点重任，需要在增强自主创新能力和推进城乡一体化上取得新突破。

（二）城市发展的定位

《纲要》发布后，珠三角各城市陆续给出了相应的发展定位：广州强化国家

① 寇金明，“新增财力69%用于公共服务”，《南方都市报》，2009年12月24日。

中心城市、综合性门户城市和区域文化教育中心的地位；深圳建设国家综合配套改革试验区；佛山力争实现"现代制造基地、产业服务中心、岭南文化名城、美丽富裕家园"的目标；东莞以物流信息双力驱动，建设珠三角新兴物流城市和全球电子信息产业基地；珠海建设珠江口西岸中心城市；江门努力打造珠三角新经济增长极；惠州建设世界级石化基地；等等。

广东省将中山市定位为产业集群升级创新试点，以集群为特征的产业模式是中山经济发展的最大特色和优势。目前，中山市拥有26个国家级产业基地、14个省级科技专业镇、7个广东省产业集群升级试点。集群工业产值占中山市工业产值七成以上，其中古镇灯饰、小榄五金等占国内同行业市场份额的40%—60%。贯彻《纲要》精神，中山市需要积极打造融入珠三角现代产业核心区的产业链，实施先进制造业、现代服务业、现代农业"三驾马车"并进，与兄弟城市一道共同打造世界级产业基地。目前，中山市拥有的国家级名称的产业基地如表1所示。

表1　中山市拥有国家级名称的产业基地

火炬区	国家高新技术产业基地
火炬区	国家健康科技产业基地
火炬区	中国高新技术新产品出口基地
火炬区	中国包装印刷生产基地
火炬区	中国电子(中山)基地
火炬区	中国技术市场科技成果产业化(中山)示范基地
小榄镇	中国五金制品产业基地
小榄镇	中国电子音响产业基地
古镇镇	中国灯饰之都
沙溪镇	中国休闲服装名镇
大涌镇	中国红木家具生产专业镇
大涌镇	中国牛仔服装名镇

当前围绕建设"三个适宜"新型城市的总体目标，中山已决定重点加快建设"三试点两基地"和"宜居城市"建设工作。首先，"三试点"就是《纲要》明确支持中山的统筹城乡发展综合改革试点、创新审批方式改革试点和省支持中山的产业集群升级创新试点；"两基地"就是沿海产业带先进制造业基地和珠江口西岸重要服务业基地，由于《纲要》没有明确"两基地"的承载城市，中山完全有条件争取到这个发展的大好机遇。"三试点两基地"蕴涵的发展内容非常丰实，对于提高中山整体竞争力、实现科学发展十分重要。其次，要进一步巩固人居环境建设成果。始终坚持以人为本，加强城市基础设施建设，扎实推进文化名

城和平安中山建设,进一步提高名人城市的文明程度和服务水平。正确处理好经济建设与社会建设、环境保护的关系,切实做到在加快经济发展的基础上,着力保障和改善民生,不断提高广大市民和创业者的认同感、归属感及幸福感。

综上所述,20世纪80年代以来,随着信息、运输等技术的飞速发展,世界贸易和国际投资出现快速增长的势头,新的国际分工进一步发展,全球城市体系逐渐形成。由于各个城市在全球生产体系中扮演的角色和所处的地位不同,全球城市在调整和竞争中正在形成新的等级结构,即世界级城市、跨国级城市、国家级城市、区域级城市和地方级城市①。根据以上研究和中山市目前的发展基础,我们认为,中山市可以将近一段时期的发展方向确定为跨国级产业基地和国家级宜居城市的双重发展定位。

(三)深化发展的挑战与突破口

城乡一体化是一项庞大而复杂的系统工程,必须选择合适的突破口。中山市在推进城乡一体化过程中,既需要整体发展规划,又需要找到切入点进行突破。根据在中山市的调研结果,以下五个方面可以作为近期工作的突破口:

1. 村级集体经济组织的完善

针对部分农村目前的每个行政村仍有多个村民小组,行政成本高、土地资源分散的问题,中山农村当前集体经济的改革方向是,必须突破旧的三级体制,形成具有一定规模的集体经济合作方式。这种合作方式,本质上是对集体资产一种新的所有权安排形式。这种制度安排最好是以是否有利于提高农民生产生活水平、是否有利于促进城乡一体化统筹发展而加以判断。

对于经济发达的村集体来说,村级管理制度的创新方向主要有两点。一是村级经济组织与行政组织关系的协调问题。随着村集体经济的不断发展壮大,必须有专职的企业管理人员与团队来经营和管理集体资产,而目前基本上都是"政企合一",村委会与村集体经济管理人员一套班子。特别是在"村改居"后,居委会必须脱离经营职能,如何协调好相关人员的切身利益直接关系到集体经济的继续发展。另外对于普通村民来说,集体经济发展初期的村民既有就学、

① 城市体系即一定地域范围内,以中心城市为核心,由一系列不同等级规模、不同职能分工、相互密切联系的城镇组成的有机整体,体现在不同区位、不同等级、不同功能(职能)城市间广泛的纵向与横向联系的普遍性联系。随着经济全球化的发展,城市体系的地理界线扩展到国界以外,不同国家的城市共同组成全球城市体系等级网络,这是经济全球化和区域经济一体化的产物,也是经济全球化和区域经济一体化趋势不断推进过程中的实际需要。根据 Friedman(1999),顾朝林(1999)等的研究,纽约、伦敦、东京等城市作为跨国公司的总部所在地,是全球金融、信息和管理控制的中心,协调着全球范围内的生产,其所辐射的区域已经远远超越了国家疆域的界限,成为名副其实的"全球城市"(Global Cities)或"世界城市"(World Cities)。跨国级城市在以上各方面的职能弱于世界级城市,但是仍然具有国际影响,其他三个等级的城市的经济功能或其他影响仅限于一个国家内。

就医、养老等福利，也享有对集体企业盈利分红的股民待遇，而后加入的村民或外来务工者对于这些福利的享有程度，以及如何获得股民身份一直是困扰村民的问题。二是要强化社会服务。除了由国家继续提供必要的公共服务和社会保障外，探索在生产资料产权清晰的过程中，通过国家的各种政策和立法手段，对集体经济或企业的一些社会职能①实行有利于农民的规范，既保留能人和企业家那种为经济发展提供的创新活力和竞争力，又要消除他们滥用这种权力而造成弊害和社会冲突的可能性，满足目前农民或未来市民改善生活的要求。

对于仍在进行的村级统一核算工作，调研发现存在的主要障碍有以下五点。一是在思想认识上，部分干部群众对统一核算改革工作认识还不到位。有不少干部对改革工作理解不全面，对村级统一核算的意义和作用认识不充分。少部分镇村对改革抱消极、等待和观望的态度，缺乏改革的主动性和积极性。二是部分村组资源、资产、集体收入差异较大，要妥善解决存在的差异，难度相当大。不少镇区干部存在畏难情绪，改革工作难以打开局面，个别镇区还没任何实质性工作进展。三是在发展后劲上，村集体经济发展动力有待加强。有些镇目前状况是“富队穷村”，由于历史原因，部分村负债累累，甚至村干部的工资都无法支付。如何利用有限的资源发展村级集体经济是中山市较贫困村面临的棘手问题。农民最为关注的是自身利益，他们反映如果村级核算后的分配是提高的，就会支持，最低限度是不能降低，否则改革是难以推进的。但目前，一些村存在发展后劲不足、缺少资金、缺少资源，特别是缺乏用地指标，村民主观上对资产保值增值的迫切要求与客观上资产保值增值实际困难之间的矛盾，使如何进一步发展村级集体经济成为最现实而紧迫的课题。四是在利益格局上，村级核算改革原来“三级所有，队为基础”的所有制模式，必然冲击原有“队为基础”的利益格局，这势必损害部分人的既得利益，诱发村民小组长的抵触情绪，影响改革的顺利进行。五是在政策上，城区中的村级转制后遗留下来的、需要处理的问题较多。少部分村由于历史等各种原因，需要进一步梳理、明晰。

2. 注意经济发展不平衡的问题

第一，农村居民内部收入差距不小。中山市农村内部收入差距主要受两大原因影响：一是职业收入差距，二是地域收入差距。在职业收入差距中，在同一镇区、同一村民小组内部，以农村干部、个体私营企业主、种植大户等收入最高，缺少劳动技能的、以务农为生的普通村民年纯收入最低，两者之间相差 20 倍以上。在地域差距中，主要体现为经济发达镇区与经济落后镇区之间的差距和经济发达自然村与经济落后自然村之间的差距。古镇、小榄农民人均收入最高，

① 比如就业培训指导、教育、医疗、养老等。

坦洲次之,港口、阜沙两镇区的农民收入最少,经济发达镇区农民平均收入是经济落后镇区农民平均收入的 2 倍左右。当前中山市新农村建设不但需要考虑如何使农村居民享受经济增长成果的问题,更要关注农村居民内部收入差距应如何平衡的问题,而这一点常常会被忽视。

第二,各镇区之间的农村集体经济发展不平衡。2006 年集体经济实力最强的村是小榄镇永宁社区,年纯收入达 1.32 亿元,而个别村(居)年纯收入不足 13 万元的情况也同时存在,富裕村与后进村之间的差距仍然非常明显。富裕村主要是因为较早地进行了土地开发,目前已经积累了下一步发展的资本;而后进村集体掌握的发展资源极少,特别是基本农田较多的村集体由于农田保护不可能再大量地发展物业和工业,村集体经济的这种“发展滞后”倾向非常明显。部分村存在“村穷组富”的现象,村集体手中掌握的资源十分有限,经济收入很低,容易造成经济发展的恶性循环,并且在实施土地“反承包”中处于被动。

3. 构建统一规范的要素市场

中山市已经按照发展现代农业、建设现代农村、培育现代农民的总体要求,围绕农村产业园区化、居民社区化、生产规划化、组织合作化、保障社会化、环境生态化的基本思路,通过规划建设新农村有了现代产业布局体系、现代化基础设施体系、公共服务设施体系、人居生态环境体系等专项规划建设的蓝图,实现经济均衡协调发展。具体来说,就是需要按照节约用地、适度超前、因地制宜、突出特色、做强优势产业、体现文化内涵、融入现代文明的要求,系统细致地开展新农村建设工作。要树立中山市一盘棋的思想,统筹搞好江河流域、大气环境、污水处理等治理工作,建设生态农村。

调研发现,行政区域规划与经济发展的矛盾仍然值得研究。虽然目前已经提出“经济组团”,但是还需进一步打破固有行政边界、厘清行政管理与经济社会规划的政策取向,合理配置市场要素、集约利用市场资源,统一规划建设重大的市政基础设施(比如污水处理厂和排污管道的整体规划),推进区域建设管理模式的创新。

特别要注意的是未来中山市土地要素市场(或流转平台)的构建。因为不同时期,相对于不同的经济主体,土地所有权各个职能所具有的重要性在发生动态变化。比如目前农村土地经营权转让以及不断升值的农民宅基地与住房产权,这些职能的合理配置方式可以是下一步改革的突破口。

要继续创建完善农村土地经营权、使用权依法流转机制。中山应在长期坚持土地家庭承包经营制度的前提下,鼓励土地合理流转,允许土地转包反包,适度扩大经营规模。尤其应在三个方面下工夫:一是培育农村土地市场,尽量通过市场调节的手段来引导土地使用权的转让,减少土地资源的浪费和无效配置;二是完善土地收益分配机制,以租赁的形式配置农地的使用权,通过交纳地租进一步规范农地使用者与所有者及其他方面的经济关系;三是建立健全农地流转机制,要继续规范集体建设用地使用权,改革土地征用制度,依照法定程序征用土地。通过土地使用权流转市场获得建设用地,要严格按照农村集体建设用地使用权流转的程序实施。经营性建设用地的取得,农村集体建设用地使用权的出让和转让,都必须进入土地交易中心进行公开交易。征用土地必须依法及时足额给予补偿。改革和完善宅基地审批制度,加强农村宅基地管理。推进土地资源的市场化配置,积极探索土地入股办法。如中山市农村建设中推广土地"反承包"模式,就有效地增加了集体和农民收入。"三沙经验"就是村委会先"反承包"农民手中的土地,并建成现代高效农业小区,然后以较高的价格和适当的规模发包土地,实现土地增值,提高农业综合效益,成为典型示范。2006年横栏镇三沙村、民众镇群安村和板芙镇广福村共集中土地6 150亩,投入782万元建设现代农业小区后,当年即获得发包土地收益760万元,村一级年增收386万元,农民也获得较原承包价高3—5成的租金[①]。

4. 继续完善农村社会保障制度

这方面的问题主要体现在养老保险的覆盖面较窄。由于经济发展不平衡,目前中山市养老保险发展程度还是与经济发展水平密切关联。此外,原有的依托于土地的家庭保障模式难以为继。特别是随着农村工业化、城镇化步伐的加快,已呈现出城乡一体的格局。相当数量的农民脱离了土地,或离土不离乡,投身到当地镇区企业、三资企业中。这部分人的风险加大,处于社会保障的真空地带。农村合作医疗的保障效果有待加强。现有的农村合作医疗大部分以"保小病"为主,这种定位往往会形成一个尴尬境地,容易导致农村"因病致贫、因病返贫"状况。农村社保实施力度的加强,也会对财政构成长远压力。如除了一次性资金投入外,财政还面临两方面的长期压力,一是对分期缴付参保人员要支付15年保险费;二是要发放养老金。随着符合享受养老金条件人数的不断增加和老龄社会的形成,个人账户和养老保险基金已经不足以支付养老金。以中山市人均寿命76岁计算,最后需由政府"买单"长达11年至16年。作为城乡统筹的一项长远的政策,各级财政面临的压力相当大,形势不容乐观。

5. "市民意识"的培养

据调研了解,在改革进程中,中山市"村改居"社区大多实行经济事务与社会事务管理分离,实现"政企分开",改革农民集体经济体制,建设农民集中居住小区,发展农村社区文化,推动城市管理体制向"村改居"后的社区延伸,农民生

① 《中山市社会主义新农村建设的思路与对策》,收录于《中山市知识界人士联谊会会讯》,2006年,中山市市政府政策研究室提供。

活方式和思想观念正逐步向城市文明转变。“村改居”成败更要看“后续动作”,如镇区公共财政是否真正或有能力向社区倾斜,把城市公共服务延伸到“村改居”社区,真正让群众享受到城里人的福利和好处。在提高农民生活质量的同时,更为重要的是促使农民生活方式、行为习惯、思想观念等自然“融入”城市化。农民教育是统筹城乡发展的头等大事。大力加强劳动者教育,让农民真正“洗脚上田”、“洗脑进城”。

生产发展靠农民,调整农业产业结构、发展农村经济、搞活农村流通市场、增加农民收入,这些都要靠农民的统一协调、勤劳智慧和艰苦创业。村容整洁要广大农民养成良好的生活习惯,向过去的一切陈规陋习宣战,农村面貌的改善终究要靠农民;乡风文明靠农民;民主管理村级事务也是要靠农民觉悟和管理素质的提高。因此,建设社会主义新农村的当务之急是要培养观念新、有文化、懂技术、会经营、讲文明、守法纪、与时俱进、具有时代精神的新农民。中山市在培育新农民,需要继续做好以下几项工作。

第一,要加快发展农村教育事业。培育新农民要靠教育,发展农村教育是培育新型农民的重要途径。第二,要对农民进行技能培训。培养新农民,必须大力实施“农村实用技术培训工程”和“农村劳动力转移培训工程”,通过教育和培训,用先进的农业生产技术武装农民,使现代化农业新技术迅速渗透和扩散到农业生产中去,转化为现实的生产力。第三,要帮助农民树立新风尚。引导农民形成科学、文明、健康的生活方式,培养农民接受良好的文明礼仪、生活保健、娱乐健身等方面的教育,让农民改变旧的生活观念,追求健康、文明、向上的生活方式,使农村成为环境优美、乡风文明的和谐家园,享受城里人一样高质量的生活。

案例三　周口市农村土地“三项整治”、土地占补平衡与土地流转*

一、土地“三项整治”——周口的土地整治实践①

（一）周口实践经验的主要特点

经济发展离不开土地。为了破解土地瓶颈制约经济发展的难题，河南省国土资源厅在赴先进省市考察学习，并在全省十八个省辖市进行专题调研和分析研究论证后得出结论：开展以“空心村”、砖瓦窑、工矿废弃地整治为主要内容的农村“三项整治”，是解决当前保障经济发展与保护耕地之间矛盾的唯一可行办法，并向河南省委、省政府建议在全省农村广泛开展“三项整治”。2004年年初，河南省委、省政府迅速做出了在全省广大农村开展土地“三项整治”的决策，提出要走土地集约节约利用，构建和谐社会，保持经济可持续发展的道路。同时，周口市被确定为河南省“三项整治”唯一试点市。通过5年的“三项整治”工作探索和创新，取得了有效的成果。

1. 以土地部门为中心，政府各个职能部门全面参与“三项整治”工作

周口市一直从维护国家粮食安全、农民利益保护、社会稳定与促进地方经济发展的高度认识和看待“三项

---

* 本案例执笔人是朱善利、冯晴、沈梁军。蒋承、卢远瞩、王欢参加了案例讨论。该课题研究得到河南省国土资源厅和周口市国土资源局的支持，笔者深表感谢。

① 土地“三项整治”是指整治“空心村”、砖瓦窑场、工矿废弃地三项工作。“三项整治”周口实践的总结主要来自于有关“周口模式”文章和工作小组赴周口调研的内容。

整治”工作。2004 年年初，省委、省政府将周口市列为河南省唯一的“三项整治”试点地区后，全市上下形成了只有抓“三项整治”才能保发展的共识，各级党委、政府始终坚持把“三项整治”工作放在经济工作的全局来抓，层层建立专门领导协调机构，逐级分解下达“三项整治”工作任务，并纳入年终考核目标，逐级签订责任书，推行目标管理；同时，强化各单位协作意识，全市形成了上下联动、齐抓共管的工作格局。在具体工作中，各级党政主要领导定期听取汇报，深入现场办公，一线解决问题。几年的实践证明，各级领导从国家粮食安全和经济发展保障这样的战略高度理解和重视，是周口市“三项整治”工作得以顺利开展的关键。

2. 算清土地潜力账，挖掘“三项整治”土地后备资源

“三项整治”工作的一个关键内容就是结合规划标准和政策算清土地潜力账，充分挖掘土地后备资源。2004 年，周口市开展“三项整治”工作之初，国土资源局就召开专题会议，明确要求各县市组织力量，对照土地利用现状图，逐村逐户逐地块调查，摸清县市范围内的空心村、砖瓦窑厂和废弃工矿地底数。全市共建立土地台账 200 多本，绘制现状图近 300 套共计 1 万多张，由此摸清了全市可整治土地潜力。具体来看，作为国家粮食主产区的周口市，人口 1 071 万，其中农业人口 868 万，农村居民总户数 216 万户，占全市人口总数的 81%；农村居民点用地 209 万亩，户均占地 0.97 亩（含部分农村学校及村内道路等公共设施），按村内公共设施占地 20%—30% 计算，全市农民户均宅基地占地 0.7—0.8 亩。按照《河南省村镇规划标准》人均 120 平方米的规划标准计算，全市农村居民点至少可以有 53 万亩以上的整治潜力。进一步扩展到河南省的情况，河南省现有农业人口 7 000 万，农村居民点人均占地 225 平方米，户均占地 1.05 亩。如果按照《河南省〈土地管理法〉实施办法》规定的农村居民户户均占地 0.25 亩的标准计算，全省有着 800 万—1 000 万亩的土地整治潜力。通过土地综合整理，充分把这部分土地潜力释放出来，可在确保河南经济高速发展的同时，即使到 2020 年，河南全省的耕地一亩也不需要减少。

3. 坚持村基层组织领导，做到“村村动员、户户参与”

周口市“三项整治”工作充分尊重农民意愿，始终把维护农民群众利益放在首位；始终坚持科学规划，因地制宜，量力而行，分类指导，一村一策，稳步推进的原则，把宣传发动细致的思想工作贯彻全过程。在整治方法上，周口采用了“村村动员、户户参与”的形式。针对小型整治项目，由农民在优惠政策引导下自发把村中、村边的空闲地、废弃地、围村林、打谷场等整理出来。空心村整治自然也离不开广大村民群众的参与。由于周口市财政状况并不富裕，对农民拆迁和新建住宅的补偿很少甚至没有补偿，无论采取哪一种形式，村组干部都需

要深入田间地头、农户家中，做大量的思想工作。有些村民在拆迁之前刚盖新房，对拆迁的抵触情绪很大。在补偿很少甚至没有补偿的情况下，周口市的空心村整治能够取得非常大的成绩，村组干部在其中起了很大的作用。对于砖瓦窑厂土地的复垦开发，周口采取的模式之一是“谁破坏谁复垦”。由国土资源部门向窑主发放复垦开发通知，确定复垦开发标准和时限，并进行严格验收。

4. 多方筹集资金，保证“三项整治”工作顺利进行

周口市国土局始终非常重视“三项整治”资金的“投入—使用—回收”的良性循环机制建设，以确保“三项整治”资金的可持续投入。“三项整治”工作的资金来源主要由三部分组成，包括政府投资、社会闲散资金和市场化运作。政府将“三项整治”新增耕地验收后纳入储备，在建设项目需要占用耕地时，实行有偿使用，在耕地置换落实的建设用地指标出让后，把收取的耕地开垦费和新增建设用地有偿使用费返还部分(70%)和土地出让金中分解出的农业土地开发资金三个部分汇集起来，形成政府投资资金。同时，通过“村村动员、户户参与”的形式由农民进行小型项目整治，县、乡政府给予参与整治的农民以一定的奖励，而且还规定谁整理谁享有优先承包权，投入可抵顶承包费，并对复垦土地承包人落实粮食补贴、良种补贴和肥料补贴等优惠政策。在砖瓦窑厂土地的复垦整治方面，周口市还实行“谁投资复垦，谁使用受益”的原则，吸纳社会闲散资金投资于砖瓦窑厂土地的复垦开发中。而对于商业潜力价值大的“城中村”及城乡结合部“空心村”的治理，周口市则通过市场化方式吸引民间资金参与到“三项整治”中来。这样的土地整理则是在政府指导下，由企业全部投资三项整治，整出的土地部分用于企业厂房建设，另一部分用于群众住宅建设，群众住宅由企业投资，按新农村建设标准兴建。例如，郸城县糠醛厂为解决企业占地问题，对宁平镇许楼空心村进行了整治，整理出土地65亩，其中30亩用于厂房建设，35亩用于群众住宅安置。

5. 建立“三项整治”的激励机制

为了更好地推进“三项整治”工作，周口市在实践中还特别建立了不少激励机制。周口市各县市都出台了奖罚政策，年底奖励先进，督促后进，坚决兑现奖惩。各县市每年度都召开“三项整治”总结大会，拿出充足资金以奖代补。对评选出的一、二、三类乡镇分别给予10万、6万、3万元的奖励。同时，对完成目标任务的乡镇，每整理1亩耕地，各县市财政分别给予一定补助并允许优先使用用地指标。对不能按时完成任务的乡镇，限期整改，严肃追究责任。针对社会闲散资金，如前所述，周口市实行了“谁投资谁使用”或类似的原则，吸纳了社会闲散资金投入到三项整治中来。针对空心村整治中的村民拆迁，在部分空心村整治项目中，周口市采取了先拆多补助、后拆少补助、影响工程进度没补助和先

拆先选宅基地等多项奖惩措施。

6. 实行规划先行,严格“三项整治”验收标准

周口市“三项整治”工作中,特别注重规划先行的原则。依据乡镇土地总体利用规划,合理确定农村居民点的数量、布局和范围;并在已经确定的村镇建设用地范围内做好村庄规划,严格按照规划实施“空心村”整治和“村庄治理”。同时,还在各县市设立“三项整治”技术服务组,国土局领导任组长,规划、地籍和整理中心等科室负责人做成员,分区域对农村干部群众进行培训,现场手把手指导工作,解决问题。进一步,为了规范农村建设用地整理,防止弄虚作假,在工作中都严格实行“三图一表一报告”制度①;并且在日常指标管理上实行计划台账制度,详细记载验收时间、验收文号、验收面积、置换和折抵指标数量以及使用时间、使用项目、剩余指标和审核人等内容,切实做到整治依据规划,验收有手续,备案有依据,使用有来源。

7. 依照公平的原则对“三项整治”新增耕地用途和收益进行安排

周口市各县市按照各地的实际情况,对新增耕地所产生的收益进行了不同形式的分配,主要有下面三种:① 作为集体经济组织的收益,不分配到个人,由集体经济组织使用;② 集体经济组织提取一定比例(含不提取,即提取比例为零)之后的收益按人均分配;③ 集体经济组织提取一定比例(含不提取,即提取比例为零)之后的收益按各户原来所占宅基地比例进行分配。这几种分配形式适用的情形各异。如果整治前的土地本来就没有分配到个人而属于集体所有,那么第一种和第二种方式可以适用。第二种和第三种方式适用于通过空心村整治新增的耕地。如果村里原来的土地没有进行“三地(宅基地、自留地、责任田)推平”,例如,后面我们将要提到的郸城县胡集乡郝寺村,就更多地采用第二种方式;如果之前进行了“三地推平”,例如,后面我们将要提到的淮阳县葛店乡朱庄村,就更多地采用第三种方式。这样的做法是合理的,因为如果之前进行了“三地推平”,这意味着在旧村占用的宅基地越多,自留地和责任田就越少,也就意味着为新增耕地所做的贡献越大,因而理应获得更多的收益。但是,我们在调研中了解到,周口市新一轮的土地确权工作还没有开展。对于新增耕地,即使收益权是明确的,其使用权也应该得到确定。因此,新增耕地的使用权也应该包括在以后的确权范围内。

对于新增耕地的用途,各地按照群众意愿,由村集体经济组织采取分包、公开发包等形式承包经营,对耕地进行集约利用,用于发展高效农业。这适应了集约利用土地、发展适度规模农业的需要。由村集体经济组织对外承包而不是

① 三图:变更前现状图、变更后现状图、图斑所在位置的土地利用总体规划图;一表:三项整治入库表;一报告:土地勘测定界报告。

将新增耕地分到户，避免了因土地品质差异产生的纠纷，同时也免去了发展适度规模农业的土地流转手续。更重要的是，这样做也符合农民的利益。农民如果单纯种粮的话，一年一亩地顶多生产 1 000 斤小麦，900 斤玉米。按照小麦 9 毛/斤、玉米 7.8 毛/斤计算，毛收入约合每亩地 1 500 元到 1 600 元，除去种子、化肥、农药、水电等成本，纯收入仅为每亩每年 500 元，而承包出去的每亩地每年的租金收益可达 700—800 元。农民给承包人做工还可得到约 30 元每天的收入。

新增耕地除了作为耕地本身的用途，一旦通过验收并经河南省国土资源厅备案之后，还可以作为置换建设用地指标用于土地出让，也可以作为异地转让占补平衡指标。这保障了周口市经济发展对土地的需求，同时也增加了地方的财政收入。

（二）周口经验的示范效应作用

2004 年以来截至 2008 年年底，周口市“三项整治”总规模达 19 817.2 公顷（29.7258 万亩），净增耕地总量 14 631.1557 公顷（21.9467 万亩）；其中 2008 年，全市“三项整治”总规模达 8.1642 万亩，新增耕地 3.9939 万亩。通过大量开展土地“三项整治”，周口市在经济高速发展、城区面积不断扩大的同时，实现了土地和粮食“四个不减”，即耕地面积不减，稳定在 1 280 万亩以上；基本农田保护面积不减，保护率在 85% 以上；粮食播种面积不减，常年稳定在 950 万亩以上；粮食总产量不减，稳定在每年 550 万吨左右，而且还在逐步增加。正是在“三项整治”、“四个不减”的支持下，2008 年，国家粮食主产区周口市粮食总产量达 141.2 亿斤，占河南全省总产量 1 074 亿斤的 13.1%，即约 1/6 比例，占全国总产量 10 570 亿斤的 1.33%，周口市“三项整治”对于国家耕地保护和粮食安全做出了突出贡献。

与此同时，从土地供应保证经济发展需要来看，周口市通过“三项整治”，充分挖掘土地潜力，也有效破解了土地瓶颈制约经济发展的难题。具体来看，近些年来，国家每年下达给河南省的建设用地指标不足 20 万亩，河南省政府扣除保障重点建设项目所需的用地指标后，周口每年用地指标只有 3 000 亩左右。按照周口市经济发展对土地的需求数量来看，这些指标全留在本市级尚不够用，各县市只能通过“三项整治”增加耕地，在省国土资源厅备案后折抵置换建设用地指标，满足经济发展对土地的需求。通过 2004 年以来的“三项整治”工作，现今周口市新增耕地通过置换建设用地指标和占补平衡指标，可以保证全市数十年的工业和城镇建设发展需要，充裕的土地资源也为招商引资和承接沿海地区项目转移打下了坚实的基础。因此，周口市“三项整治”所取得的成绩也得到了国土资源部、河南省政府领导的充分肯定，中央电视台、《经济日报》、《文汇报》、《国土资源报》、《河南日报》、河南电视台等众多新闻媒体进行了广泛报道。

周口市"三项整治"工作的成功探索，在保障地方经济的快速发展和保护耕地与国家粮食安全的同时，也确保了社会稳定，推动了新农村建设，维护了农民的利益。政府把耕地开垦费、新增建设用地有偿使用费等专项资金投入到"三项整治"中，把空心村整治和新农村建设结合起来，新村设计综合考虑道路、绿化等公益设施，改善了农村生活居住环境。许多空心村在整治之前，房屋分散，交通不便，居住环境差；整治之后，房屋美观，道路通畅，配套设施齐全，生活质量大大提高。"三项整治"工作使农村集镇发展也得到了促进，部分新村搬迁到乡村公路两侧，形成了中心集镇，部分村民由务农改经商，由农户变商户，收入水平大大提高。"三项整治"工作获得了农民群众的积极拥护，很多农民敲锣打鼓地向国土部门送匾致谢，暂时没有治理的乡村纷纷到国土部门要求对村庄实行整治，农民参与"三项整治"的积极性非常高涨。"三项整治"工作以来，周口市没有发生一起因为"三项整治"引起的群众上访和信访。

"三项整治"工作有效增加了农村集体经济组织和农民耕地数量，推进了现代农业的发展和农业结构的调整，大大提高了农民的收入水平。通过"三项整治"，已整治村庄农民人均增加了 0.3 亩—1 亩不等的耕地。若按亩均年收益 1 000 元计算，仅"三项整治"新增耕地就可使全市农民每年增收两亿多元。新增耕地大都建成了以特色养殖、优质果木、精品花卉、绿色无公害蔬菜为主体的高效农业园区，加快了农业结构调整，加速了订单农业和标准化农业的进程，促进了农业增效、农民增收、农村繁荣。进一步，"三项整治"工作中，村民议事会在纠纷的解决等方面发挥了重要的作用。新村中农户集中居住，也给农村民主的发展提供了有利条件。

周口市"三项整治"的成功实践和土地综合整理现实的潜力都在证明和昭示着一条有效破解我国"土地困局"之路，那就是进行全国范围的土地综合整治。加大我国土地后备资源的挖潜力度，是实现我国土地集约节约利用，解决经济发展对于建设用地的大量需求与维护国家粮食安全需要保护耕地两者之间矛盾的有效途径，也是符合我国国情的一条可行之路。客观地说，周口市耕地的后备资源在全国只是处于中下游水平，我国华南、华北、东北、西部等耕地后备资源充足的省区也可以通过土地整治来解决土地困局。周口市"三项整治"的经验和方法对于全国其他地方具有典型的借鉴意义，很有必要在全国各地进行示范推广。

（三）周口“三项整治”实践面临的问题

周口实践中基本上是利用行政计划管理方法进行土地整治。利用行政配额管理方法难以支持农村土地综合整治深入推广。

1. 政府行政计划体制推动的农村土地综合整理资金不足现象会日益突出

前面提到，周口市“三项整治”的资金来源包括政府投资、吸纳的民间闲散投资和通过市场化运作吸纳的企业投资。但在事实上，政府资金投入是最主要资金来源。因为周口这样的以农业为主的地区，外部资金投资“三项整治”是很有限的。原因很简单，即使是投资进行土地整治后企业获得了一定数量的土地进行农业经营，经营收益难有较高水平。具体分析“三项整治”的政府资金来源，按照财政部和国土资源部制定的《新增建设用地有偿使用费收缴管理办法》和《用于农业土地开发的土地出让金收入管理办法》规定，耕地开垦费和新增建设用地有偿使用费足额收缴用于土地开发整理，保证专款专用；土地出让金纯收益的30%也专项用于土地整理。看起来用于土地整理的资金是清晰的，但是，由于城乡建设用地应当由市县和乡镇政府先期筹集这些资金，很多地方财政并不富裕，通常很难及时足额缴纳到位；同时，土地开发整理专项资金进入财政专门账户后，财政部门也并非能够真正做到专款专用。这样，本来应当及时收取且专款专用的土地综合整理资金常常难以获得，使土地综合整理工作无法广泛开展；而且土地整理资金中并没有明确农民拆迁补偿和建设新居的补贴，如果村庄整理的资金没有明确来源的则很难期待通过农民集中居住，节约出新的耕地成为土地综合整理的主要途径。另一方面，由于在“三项整治”中一般采取的是先易后难原则，可以预期单位土地整理所需要投入的成本会越发提高①，从而使得在资金有限且无法有效到位的政策环境下，更多地依靠“三项整治”获得耕地持续性是有相当难度的。

2. 政府行政计划体制推动的农村土地综合整理牺牲了偏远地区农民的经济利益

在现行的土地利用行政计划管理和国家征地制度下，为了实现耕地占补平衡，保证耕地规模数量不下降，解决的途径主要依靠偏远地区农民通过土地整理的形式增加更多新的耕地。在土地综合整理中，像河南周口市这样通过“空心村”改造、村庄集中居住等形式把农民集体建设用地复垦后转化为耕地又将是主要的耕地来源途径。但是，在土地综合整理下，对偏远地区农民放弃集体建设用地并没有清晰的补偿规定，一些地方甚至认为由于集体建设用地复垦后

① 周口市现在进行整治零星地块的费用是农民的投工投劳，折合费用1 000元/亩，砖瓦窑场整治费用2 600元/亩，农村居民点整治3 000元/亩。

可以新增耕地，使农民耕地承包土地数量会有所增加，从而农民没有什么利益损失。与国家由此获得集体建设用地指标并通过市场出让后获得的巨额收益相比，土地综合整治事实上牺牲了农民巨大的经济利益。周口市作为河南省唯一的上地综合整理“三项整治”试点城市，“三项整治”的情况就是非常典型的例子。在“三项整治”空心村搬迁和集中居住中，无论是旧村拆迁，还是新村建设基本都是在各家各户农民没有获得补偿的条件下实现的。空心村搬迁后土地进行复垦后虽然作为新增耕地由本村农民进行承包，但是，这些新增耕地在“占补平衡”后政府却可以作为城市建设用地进行出让或作为城乡建设用地增减挂钩指标出让获得巨额收入。

土地可以说是中国农民唯一有价值的财产。虽然土地综合整理对于耕地保护和国家确保18亿亩耕地红线是非常有效的方法，政府行政土地利用计划管理模式推动的土地综合整理“三项整治”在对于农民利益保护方面却存在很大的问题。在这一制度下，基本上忽略了政府在城市周边征地并拍卖出让制度得以正常进行的前提是偏远地区农民提供了土地指标。在农民拆迁和新建房屋几乎没有补偿的情况下，周口市“三项整治”工作能够取得如此大的成绩，清楚地说明了周口市各级政府，特别是土地部门干部职工优秀的工作能力和工作效果。能够做到农民在没有补偿的条件下进行搬迁，一方面要坚定地执行政府的搬迁自愿原则，另一方面也要求土地部门和各级政府干部进行大量的思想工作，用以身作则的精神感召群众。我们在调研中就了解到，为了使群众能够积极响应“三项整治”的政策，淮阳县葛店乡朱庄村支部书记首先带头把自己家的房屋拆除，而该村支书拆除的房子是花费了很多资金新盖的。村民看到村干部的牺牲精神才陆续进行了搬迁。我们在为农民这样高尚的觉悟感动的同时，也更体会到改革现行土地政策的迫切性和必要性。

中国的农民现在依然是相当贫穷的，没有拆迁补偿资金，在河南周口这样的经济还不很发达地区，即使农民有很高的思想觉悟，也几乎没有能力完成集中居住，复垦更多耕地。在这种情况下，周口市的“三项整治”工作，特别是空心村整治基本上只能局限在旧村庄生活环境很差、农民外出务工较多、生活较为富裕的村庄，这无疑会极大地限制农村土地综合整理的速度和步伐，难以充分挖掘土地综合整理的效果，也无法真正发挥其潜在的巨大价值。因为这样的“三项整治”不仅牺牲了农民巨大的切身利益，而且也没有充分的土地整治资金来源。

二、周口市的土地确权与流转

(一) 周口市农村土地流转工作的现状与存在的问题①

1. 农村土地流转的规模不断扩大

农村土地流转面积由户与户之间的零星流转逐步转向规模化、产业化发展。近年来,随着农村大量青壮年劳动力向二、三产业转移,农村土地流转的规模越来越大。从 2002 年以来,全市农村土地流转面积平均每年以近 5 万亩的速度递增,目前全市累计流转土地面积已达 116 万亩,占全市耕地总面积的 9.97%;参与流转的农户达 18.1 万户,占全市农户总数的 7.4%。

2. 农村土地流转方式呈现多样化

过去,农村土地流转一般都是农户与农户之间转包,随着农业农村经济的发展,出租、互换、入股等多种土地流转方式不断出现,愈来愈成为农村土地流转主流。据统计,全市转包土地近 52 万亩,占流转总面积的 44.8%;出租土地 17 万亩,占流转总面积的 14.7%;互换土地 6 万余亩,占流转总面积的 6.8%;入股及其他形式流转土地 41 万亩,占流转总面积的 35.3%。从流转期限看,转包、出租、入股等方式的期限一般在 2—10 年不等,互换方式一般至第二轮土地延包的最后期限(即 2028 年)。从流转收益看,转包,出租等流出方的亩均收益一般在 300—1 000 元不等,支付方式为现金或实物;入股方式的流出方收益一般在 1 000 元以上。

3. 农村土地流转主体日趋多元化

目前参与农村土地流转的主体除农户外,龙头企业、专业合作社、科研人员、城镇职工、个体工商业者等也都纷纷加入土地经营的行列;土地流转的对象由原来的本村逐步扩展到外村、外乡甚至外县。目前全市参与土地流转的非农业户达到 2 900 多户,经营土地近 20 万亩。规模化土地流转经营主要来自于五种推动力量。一是龙头企业的带动。例如,扶沟县韭园镇十里店李献岗两个行政村,集中农户 500 余亩土地出租给一峰公司经营,建成了无公害蔬菜生产基地。二是农民专业合作社的带动。由从事多年山药研究的赵明修任理事长的沈丘县裕祥槐山药专业合作社,通过土地入股、技术入股、资金入股、商标入股等形式,已拥有社员 647 户,发展山药种植基地 6 500 亩,合作社实行统一供应生产资料、统一技术、统一品牌、统一销售,平均亩产山药达 8 吨以上,亩净收入在 1.2 万元以上。三是种养专业大户的带动。项城市永丰乡朱滩行政村在 6

① 本部分资料主要来自于赴周口调研内容。

家花卉种植大户的带动下，全村 1 700 口人中，从事花卉生产经营的有 360 多人，以每亩每年 800 斤小麦的价格，租赁本村及外村土地 1 300 亩种植花卉苗木，产品远销北京、天津、山西、山东等省市，苗木园区也吸纳了大量农村剩余劳动力，务工人员每年可得到 4 000 元—6 000 元不等的劳务收入，承包户每年每亩花卉可得利润 3 000 元—5 000 元。四是科技人员的带动。郸城县 220 名科技人员连片承包农民耕地 1.4 万余亩，发展优质高效农业及经济林、果林，其中杂交棉制种 2 600 亩、中药材 1 500 亩、烟草 2 700 亩、林果 1 900 亩、瓜菜 1 800 亩。五是支部的带动。太康县符草楼乡老屯行政村 500 多亩的日光温室高效园区，扶沟县练寺镇大浦村 2 250 亩的日光温室高效园区，鹿邑县太清宫镇大贺行政村 1 500 亩的芦笋园区等规模流转，都是采取“支部 + 合作社 + 农户”的形式，按每亩每年 1 000 斤小麦的租金标准，由村集体集中承租农户土地后再租给种植能手。

4. 农村土地流转行为日趋规范化

农村税费改革以前的土地流转大多属分散、自发和无序流转，口头约定流转条件，违约现象很多，农村承包土地合同管理很难。近几年，各级党委、政府不断研究新情况，积极探索农村土地流转的新途径、新办法，土地流转逐步规范，从口头约定到书面合同，从不规范合同向规范合同方向发展，流转双方的责任权利日益明确，流转效益也越来越高。如鹿邑县成立了农村土地纠纷仲裁委员会，依托乡镇农业服务中心，为农村土地流转提供政策指导、供求结对、公证鉴定等服务，搭建了农村土地流转平台；项城市永丰乡建立了农村土地流转信息登记制度、发布制度、管理制度，对流转土地进行科学规划，统筹安排，促进了流转土地向规模化、集约化、效益化等方面转变。

（二）周口市农村土地确权情况

1. 确权措施的实施情况

与土地登记相结合，把土地登记中的权属审核阶段，作为土地确权的重要内容。同时，登记申请、地籍调查、权属审核、登记注册、发放证书等土地登记过程，就是确权的过程。土地确权的主要内容是确定明晰的产权，而明晰的产权又是集体土地流转的基础，所以集体土地流转首先要进行土地确权登记发证。截止到 2008 年，全市集体土地所有权登记发证率为 94.8%，集体土地使用权登记发证率为 77.7%，为集体土地流转打下了良好的基础。

2. 确权的主要障碍和问题

由于长期以来，特别是 1982 年以前，我国土地管理工作薄弱，占用土地随意性较大，造成很多历史遗留问题，土地权属关系混乱，不少土地所有者和使用者的土地存在权属不清和权属争议等问题。从周口市的确权措施可以看出,周口目前的农村土地确权工作并没有完全实施到位,确权颁证工作没有进一步扎实地落实到基层,在相当一部分地区土地确权仅仅停留在土地登记注册的工作阶段。

(三)土地规模化流转的典型案例——郸城町村乡

在周口市调研中,课题组在郸城町村乡通过实地考察、座谈与资料收集等方式,对当地的土地流转情况做了细致的调查研究。町村乡按照中共十七大提出的“群众自愿、有偿流转、政策引导”的土地流转原则,在县委县政府的牵头宣传下,引导农民自愿流转,产生了涉及9个村子的2万亩土地流转给了当地的财鑫集团企业的案例,每亩地每年租金700元,租期为5年,企业与每个农户签订了租赁合同。财鑫集团租地后,根据生产需要种植药材及其他经济作物,采取高机械化高农业科技的规模经营方法,并且雇佣村委干部作为项目经理,每个项目经理约有每月300元的工资,负责500—1 000亩不等的土地,联系农民在承包田里务工。

在调研中我们发现,土地流转存在的问题主要包括这样几个方面。首先,农民被征地后没有社会保障,相当一部分群众有“惜地”现象,不愿意流转土地,特别是50多岁、文化程度低的农民,人均有1亩左右的耕地,外出打工已经不现实,被征地后会造成劳动力闲置,生活得不到保障。其次,进城打工的农民由于城乡二元体制等种种原因无法在城市落户,年老后又重返农村,没有生活上的保障,只能依赖土地。因此在打工期间不愿意上交在农村耕地的经营权,一定程度上也给土地流转造成了困难。同时,农村基础设施落后,也限制了企业的入驻和参与新农村建设。

(四)周口市农村土地流转存在的问题及其成因分析

1. 土地流转的空间和规模较小,流转率不高,农户参与土地流转的积极性不足

周口市的农村土地流转虽然取得了一定成效,但仍存在着不少问题,总的来讲还处于起步阶段和自发状态,突出表现为流转面窄、流转规模小、大部分流转仅限于亲朋好友或邻里之间。这种较低层次的流转,影响了流转的速度,制约了实现农村土地连片规模经营和土地、资金、技术、劳动力等诸要素的优化组合。周口市是一个农业大市,广大农民对土地的依恋情结在一定程度上阻碍了土地流转空间的进一步拓宽。

我们进一步分析造成农民参与土地流转积极性不足的主要原因。第一,土地产权不清晰,无法保障农户土地流转收益的实现。农用土地所有权与使用权

相分离，造成农民拥有了土地的使用权、经营权和收益权，但却始终没有处置权和交易权。这使得他们只能在自己承包的土地上经营，通过耕作来获得收益，这显然是不完整的产权。尽管我国法律法规和国家政策都支持延长农民土地承包经营期，虽然在一定程度上保护了农户的利益，但由于产权的不完整性，造成这种保护并没有起到应有的作用，农户仍无法获得土地的全部收益。如果拥有土地所有权人（农村集体经济组织、乡镇农民集体）不合理规范使用土地的处置权，会直接侵害农民的使用权，最大的受害者则是农民。

第二，农村社保制度不完善，土地的养老和保险功能被强化，制约土地流转。由于历史造成的城乡二元制社会结构体系，造成了农民不能像市民一样享受完善的教育、医疗、养老、就业培训、最低生活保障等一系列社会保障制度。因此，农村农用地不单纯是农民的生产资料，事实上也是他们维持生计的生活资料，土地为农村居民提供养老保险和失业保险的功能被大大强化。对于以农业为主的地区来讲，土地仍然是农户主要的生产资料。尽管青壮年劳动力外出务工收入成为农户家庭收入的主要来源，甚至有部分农户全家常年外出打工，但由于非农就业的不稳定性以及较低的工资和社会保障水平，土地提供养老和失业保险的功能仍然非常重要。因此，农业收入是农民最基本的生活保障。农民一旦离开农村转移到城市，就失去了所在地农村集体给予的维持其生存的土地，同时也就失去了生活的唯一保障。这些问题制约了农户流转土地的积极性，也制约了我国城市化、工业化发展的进程。

第三，户籍制度的缺陷造成农村剩余劳动力无法有效转移，人地无法分离导致土地流转的供给不足。目前我国还延续着城乡二元的户籍制度，即农业户口和非农业户口。农村剩余劳动力进城务工，由于户籍制度的制约，往往受到与市民不平等的待遇。据资料统计，目前全国农民工数量已达 1.2 亿，并且规模还在不断扩大。农民工在第二产业从业人员中已占 57.6%，其中在加工制造业中，农民工已经占到了 68%，在建筑业中接近 80%；在第三产业的批发、零售、餐饮业中占到了 52% 以上，农民工已是推动企业、国家发展的一支重要力量。[①] 这充分表明，目前我国城市化、工业化发展与进城务工的农村剩余劳动力是密不可分的，为我国的发展起到了非常大的促进作用。但这类人群在城市的生活现状却不容乐观，由于受到户籍的限制，就业只能选择市民不愿意做的最脏、最累、最危险的工作。工作条件的恶劣，使农民工自身的健康状况也受到了巨大的威胁，而且生病后也不能享受跟市民一样的医疗保障。农民工子女上学也因户籍制度的缺陷，导致不能与市民享受同等待遇。在这种情形下，农村剩

---

① 国务院研究室课题组，《中国农民工调研报告》，中国言实出版社，2006 年。

余劳动力无法实现人地分离转移到城市中去，加上农村社会保障制度的欠缺，导致大量劳动力固化在原有土地上。

第四，土地交易市场发育滞后，土地流转的价格机制尚未形成，限制了农民的土地流转获益。完善的土地市场及价格机制是土地合理流转以实现土地资源优化配置的重要手段。从现实情况来看，一方面，中国土地市场发育滞后于经济发展的需要，偏远地区难以获得大规模资金进行农业产业化开发，单个农民农地种植收益是很有限的，农村土地流转价格也比较低。另一方面，在农户间自发的土地流转市场上，由于缺乏中介组织，土地流转信息渠道闭塞，土地流转价格也受到较大抑制。目前，周口市土地流转价格就不高，自发的、分散的、无序的小规模土地流转，多以一般的常规种植为主，效益较差，再加上多数流转没有约定土地收益的增长机制，使流转收益不能随着经济的不断发展得到相应增长，致使多数流转农户流转收益增加不明显，由此产生的矛盾也阻碍了土地长期高效的流转。

2. 农村土地流转不够规范，土地流转交易纠纷不断

农村土地流转不够规范，土地流转交易纠纷不断现象突出表现在：第一是土地流转期限短，大多数农户之间的自由转包没有约定期限，随意性较强，缺乏稳定的流转关系；第二是签订的合同不规范，不少从事规模经营的流转企业，流转土地时只和村委会签定一份不受法律保护的承包合同，有的流转合同标的不明，还有的甚至改变了土地的农业用途；第三是违反政策反租倒包，这种行为属国家法律政策明令禁止的行为，村委把土地从村民手中低价收回后，再高价转包出去，从中牟利；第四是农户间的土地流转不在村组织备案，基层组织在土地流转的管理上处于真空状态；第五是管理机构不明确，缺少管理手段，缺少必要的执法手段，对违规流转无法有效控制。

产生这些问题的原因主要有三个方面。首先，土地流转工作操作程序不规范，监管调处机制不健全。改革开放以来，随着工业化和城市化进程的不断推进，中国有关土地流转的法律规范经历了一个从无到有、从不规范到日渐规范的过程。我国《宪法》、《民法通则》、《土地管理法》、《农业法》和《农村土地承包法》中都有土地流转的相关规定。2005 年，农业部专门出台了《农村土地承包经营权流转管理办法》，对流转当事人的权利和义务、具体流转方式、流转合同及内容、流转管理与纠纷调解等，都做了详细、具体的规定。但是，土地流转中有法不依与执法不力的现象较为普遍。目前，周口农户之间的土地流转占了农村土地流转的相当部分，其中很多农户采用“口头约定”的方式，缺乏书面合同；即使有书面合同，合同的订立程序和内容也不规范，流转双方的权利和义务不明确，还有部分合同中规定的流转期限超过国家规定的二轮承包期，为未来土地纠纷的产生埋下伏笔。

其次,政府职能定位不当,土地流转间接成本较高。理论上讲,农户是土地承包经营权的拥有者,土地流转应以农户为主。由于与分散农户打交道的交易成本较高,欲投资农业的工商资本一般委托基层政府或村组织代理,由此形成了以政府为主导的农村土地流转格局。基层政府直接介入土地流转,虽可提高工作效率,但若经办人员思想认识不到位,工作方法不得当,极容易产生一系列负面效果。例如,相关工作人员越俎代庖,直接充当土地流转的主体;轻易改变土地承包经营权关系;以行政手段强行推动,违背部分农民的意愿,侵害农民利益;甚至有的地方将流转的土地用于非农项目建设等。中国现行农村土地"集体所有"的制度设计,加上相关法律不尽完备,造成基层政府和村集体在土地流转过程中的"越位"、"错位"、"缺位"同时并存。

最后,取消农业税费和增加补贴,引发土地流转矛盾大量产生。20 世纪 90 年代末,由于粮价持续走低,加上农业税费负担较重,不少地区尤其是对土地依赖程度较低的地区,农民弃耕抛荒的现象较为严重。在当时的情况下,土地成了农民的"负担",土地租赁也成了绝对的买方市场。当时若有人愿以很低的价格、很长的租期与农民签订土地租赁合同,农民一般都会愿意,甚至出现了部分农户自己承担农业税也愿意将土地流出的现象。部分种养大户就是在那时租用了农民的大量土地用于发展种植业和养殖业,租赁时间有的长达 10 年。其时签约的租赁价格一般为两种类型:代缴承包户的农业税;每亩几十元至一百元租金,附着在土地上的其他各种税费仍由原承包户缴纳,其土地流转的实际价格与代缴农业税大体相当。但是,随着农业税费负担的取消,加之多项惠农补贴政策的实施,不少农民感到当初订的合同太吃亏,很多涉及这种情况的农民提出要修改原合同条款,或要求收回原承包土地,由此引发的土地流转矛盾大量产生。

3. 土地流转的成本较高,导致想流转的农户实现土地流转比较困难

产生此问题的原因主要在于缺乏土地流转中介或服务组织,土地流转的信息成本较高。当前周口市农村土地流转尚处于自发阶段,缺少土地流转的服务机构,造成流转信息不畅,农民咨询没有门路,土地评价缺乏依据,土地流转对象与范围选择余地小,往往出现农户有转出意向,却找不到合适的业主,而需要土地的业主又找不到拥有土地的出让者,以致出现"流"不动,"转"不出现象。一些地方尽管建立了流转中介组织,但大都流于形式,导致流转信息渠道不畅,真正按市场规则对土地承包经营权流转的并不多。因此,由于缺乏完善的土地流转中介服务机构,农地流转信息得不到沟通,形成了流转地资源紧缺与相对过剩并存的局面,影响了土地资源的合理流动和有效配置,制约了土地流转率。

4. 现有的法律缺陷阻碍农村土地流转的顺利进行

一方面,农村土地承包权存在法律缺陷,不利于农村土地的有效流转。《农村土地承包法》把农民的土地使用权界定为物权,把对土地的占有、使用、转让、继承等权利都赋予了农民。但这部法律又规定农民的土地使用权不准抵押,对农村土地流转市场进行了限制,农民拥有的土地承包经营权只是一种不完整的产权,农民不能方便地转换成货币,不能用作申请贷款的抵押品,客观上不利于土地资源的优化配置和农村非农产业的发展。由于我国现行的立法对集体农地使用权抵押采取严格限制的立场,耕地、宅基地、自留地、自留山等集体所有的土地的使用权,原则上都不得抵押,抵押物范围极其有限,一定程度上束缚了农民的手脚,制约了土地自由流转。而由于缺乏健全的农村金融支持体系,土地流转的融资成本高,导致涉农企业、种养殖大户贷款困难,也制约着农村土地承包经营权的流转和规模经营。

另一方面,法律规定农村集体拥有土地所有权,但由于现实生活中农村集体对土地所有权管理缺位,客观上导致了土地所有权主体虚置。此外,对承包土地因公益性建设、自然灾害、退耕还林等造成的耕地丧失或减少的情况,怎样相应变更土地承包合同,也没有做出具体规定。

三、关于在河南省进行土地占补平衡指标交易

我们对河南省市场建设和完善土地流转市场试点的政策建议如下。

(一) 土地综合整理下占补平衡指标市场建设

1. 建议在河南建立占补平衡交易市场

在我国经济持续保持快速增长,城乡统筹一体化发展已经势在必行的今天,国土资源部正在通过试点的方法在国家征地制度、农村集体建设用地和农村土地流转等方面探索土地制度改革的方向和方法。河南是人口大省,也是农业大省,是国家粮食主产区,在实现耕地保护和国家粮食安全保障方面有着更为突出的责任。为了更好地承担耕地保护和国家粮食安全责任,河南省需要在土地管理制度改革和耕地保护政策领域更具有战略思维和创新意识。河南省可以在总结周口市“三项整治”经验的基础上深化土地制度改革,在河南省成立土地占补平衡交易市场,积极推动河南省农村土地要素和城市资本的结合,有效地促进河南农村产业化和农民生产、生活面貌的改善。

2. 建议规划国家农业带,河南试点建设中国粮食安全保护区

建议进一步规划国家农业带,河南可试点建设中国粮食安全保护区,争取

特殊激励政策保护耕地,确保国家粮食安全。保护耕地,确保国家粮食安全是国家的基本方针,其重要性需要在战略的高度上进行认识。建议国家在河南这样的中国粮仓设立国家粮食安全保护区,采取特殊的综合性支持政策在粮食安全保护区积极推行保护耕地,确保国家粮食安全。中国的粮食安全保护区,类似著名的美国农业带。美国自19世纪开始农业商品化进程以来,根据不同的自然条件和其他资源条件,逐步形成了专业化的农业生产带,如玉米带、小麦带、棉花带等。这种区域分工使美国各个地区能够充分发挥各自的比较优势,有利于降低成本,提高生产率,区域分工和专业化生产也有力地推动了附近地区相关产业的发展。河南这样典型的中国粮仓具备建设专业化的农业生产带的自然条件和资源条件。作为中国的主要产粮大省,河南有条件建设中国粮食安全保护区,在河南省内对于粮食主产区土地专门划定为粮食和食品相关产业建设区,保护区内的土地严格规定土地用途,要求土地必须用于粮食和相关的食品工业发展,并且不允许在我国产业梯度转移时,将东部发达地区污染环境的工业放在这些粮食安全保护区投资建设。同时,为了保障我国的粮食安全,国家应该对这样的粮食安全保护区予以政策和资金倾斜,加大对基本农田保护和整治、农村建设用地整理和土地复垦的政策支持和资金保障,并采取诸如干部政绩考核指标体系、省际间城乡建设用地挂钩项目试点、土地综合整理与新农村建设融合等特殊的政策措施推动粮食安全保护区建设。

在国家粮食安全保护区政策制定方面,事实上2004年修订的《土地管理法》就已经明确规定,我国实行土地用途管制制度,并且实行基本农田保护制度。在土地用途管制方面,《土地管理法》规定国家通过编制土地利用总体规划,确定土地用途,并将土地分为农用地、建设用地和未利用地。严格限制农用地转为建设用地,控制建设用地总量,对耕地实行特殊保护。而另一方面,虽然我国已经实行土地用途管制制度和基本农田保护制度,但是,基本农田保护制度在政策规定方面比较僵化,很大程度又降低了土地利用和配置的效率。按照《土地管理法》,国家实行基本农田保护制度,主要类型的耕地应当根据土地利用总体规划划入基本农田保护区,严格管理:第一种类型的耕地是经国务院有关主管部门或者县级以上地方人民政府批准确定的粮、棉、油生产基地内的耕地;第二种是有良好的水利与水土保持设施的耕地,正在实施改造计划以及可以改造的中、低产田;第三种是蔬菜生产基地等。这些规定对于我国耕地保护和粮食安全都是非常重要的,但同时《土地管理法》还规定,各省、自治区、直辖市划定的基本农田应当占本行政区域内耕地的80%以上;禁止占用基本农田发展林果业和挖塘养鱼。这样硬性严格的规定与很多地区的实际情况有很大的冲突。我们曾经在浙江台州调研时就看到这样的土地用途冲突。当地临海，是著名的中国青蟹之乡，农民青蟹养殖本来会有很大的收益潜力，但是，基本农田保护的硬性规定带来的却是农民要么放任土地低效率使用，要么私自挖塘养蟹，原本很好的产业发展前景难以通过土地规模化有效利用得到实现。

我国国土面积大，各个省市区的土地状况也大不相同。有些地方的土地适合种植粮食，有些地方适合种植经济作物，有些地方适合养殖业，有些地方则需要作为生态区。当然，有些省区主要则是工业和经济发达地区，这些省份的土地已经难以期待主要发展农业耕种。面对广袤的国土面积，我国有必要从全国整体的角度考虑土地功能区的空间布局并进行区域产业规划。经过设立国家粮食安全保护区，明确这些地区主要承担国家粮食安全的历史责任，也使得全国其他地方的土地利用更能够因地制宜，宜农则农，宜林则林，不必像现在采取的政策那样，对于那些更适合发展工业的东部地区土地强制性地不准改变用途，而西部那些根本没有粮食生产条件的土地仍然在作为基本农田进行保护，人为地限制了这些地区的经济发展和居民收入水平的提高。通过与地域特点相结合的全国性产业布局和区域规划，以国家土地用途管制制度为基础，真正做到土地资源的有效配置和利用，同时，也更能够有效激发河南这样的粮食主产区保护耕地的积极性，为国家粮食安全做出更大的贡献。

在河南设立国家粮食安全保护区，切实保护耕地，实现粮食安全，首当其冲的政策就是要建立以保护耕地和国家粮食安全为目标的干部政绩考核指标体系，以此引导政府官员的行为。由于我国现行政府管理体制和干部政绩考核体系的局限，我国现行对政府官员的考核几乎只注重 GDP 这样的经济增长指标。地方政府官员往往为了本地区经济发展，积极招商引资建设项目而大量占用土地，不仅导致耕地数量不断减少，而且在招商引资的各种优惠政策下也出现很多土地利用的无效率，甚至土地浪费的现象。在注重 GDP 规模和速度的政绩评价制度下，节约集约利用土地流于形式，难以转化为各级政府的实际行动。

为了从根本上实现节约集约利用土地，有效保护耕地，实现国家粮食安全，建议国家在诸如河南这样的中国粮食主产区修改和完善干部政绩评价体系，粮食主产区的市、县、乡（镇）干部考核评价要采用与其他工业城市干部不同的政绩评价体系，特别需要降低 GDP 指标权重，提高耕地保护在考核指标体系中的重要性，把耕地面积的稳定和增加、粮食产量的稳定和增长以及生态保护作为主要的考核指标，同时，国家还可以每年对粮食主产区和保护耕地特别是基本农田的先进单位与个人进行表彰。通过增加耕地保护、土地节约集约利用和粮食产量等指标内容，从根本上形成像河南这样的粮食主产区各级政府干部重视土地节约集约利用和粮食安全的局面。事实上,从2004年周口市被作为河南省“三项整治”试点市以来,在投入的资金并不是很充足的情况下,土地整治能够取得这么高的成效,是与周口市将“三项整治”列入对政府官员的考核体系和各级党委政府统一协调各相关部门进行通力协作分不开的。周口的经验更加印证了一定要从可持续发展和保障粮食安全的高度来认识土地整治工作的效果和作用,为了取得更好的土地整治效果,对于粮食主产区干部政绩考核指标体制进行改革具有突出的必要性和迫切性。

(二)建议河南试点建设农村土地交易所

农村土地交易所有两方面的功能,一是进行占补平衡指标交易,二是农用土地流转。

1. 利用土地交易所探索占补平衡指标省际市场建设

作为国家粮食安全保护区,建议河南省探索作为市场化的占补平衡指标省际试点的可行性,使农民真正分享国家经济发展带来的土地增值收益,推动建设国家农业带,保障国家粮食安全。保证粮食安全,就必须以特殊的优惠政策促进河南这样的产粮大省保持可持续的种粮积极性。如果在河南设立国家粮食安全保护区,河南承担了维护国家粮食安全重任,大量土地必须用作粮食生产,那么这些地区为了国家粮食安全就可能放弃了工业发展的机会。虽然国家出于全国经济发展战略的角度对这些省份提出这样的要求,却不能同时要求这些地区的人们以收入水平降低,特别是农民的收入水平受到很大影响为代价,而是需要保证这些种粮大省和种粮的农民在为国家粮食安全做出贡献的同时,也能够分享国家经济发展中发达地区土地资源增值的收益。为了实现这样的效果,以现今情况为背景,其中最主要的可选择方法就是将河南这样的粮食主产区省份与东部沿海经济发达地区的某个省份进行省与省之间的占补平衡省际市场建设试点。

事实上,诸如河南这样的产粮大省,由于产业结构所限,经济还不够发达,土地价值增值的潜力还无法充分挖掘。即使允许占补平衡指标进行省内市场化交易,土地价值的局限也使得粮食主产区农村和村民能够分享的土地增值收益仍然是很有限的。如果把粮食安全的重要性真正提到战略的高度,必须能够让粮食主产区的农村和农民获得更多的收入和财富,而通过发达地区与产粮地区的农村占补平衡指标省际交易试点,使像河南这样的中国产粮区的农民和农村享受到国家经济发展所带来的财富增值效果,才能够真正提高这些地区农村和农民保护耕地和粮食产量的积极性。

2. 利用土地交易所完善农用土地流转

从上述周口市的土地流转实践我们看到,土地流转不仅规模小,而且很不规范。这既不利于保护土地流出和流入方的利益,也不利于土地的规模化经营和土地的有效利用。河南省可利用省级土地交易所形成全省范围的土地流转市场,而不仅仅将土地流转局限在一个地市以内。在土地交易所中,可以使土地流转的合约规范化和管理的规范化,并利用现代化电子和信息技术及时公布土地供求双方的信息,使土地流转的成本降低,实现土地资源的有效配置。

参 考 文 献

中文文献

宝山城乡一体化研究课题组,“宝山城乡一体化研究综合报告”,《宝山年鉴——1992》。上海:上海科学普及出版社,1992 年。

蔡昉、杨涛,“城乡收入差距的政治经济学”,《中国社会科学》,2000 年第 4 期。

蔡昉、都阳、王美艳,“户籍制度与劳动力市场保护”,《经济研究》,2001 年第 12 期。

蔡昉,“城乡收入差距与制度变革的临界点”,《中国社会科学》,2003 年第 5 期。

蔡昉,“人口转变、人口红利与刘易斯转折点”,《经济研究》,2010 年第 4 期。

蔡昉,都阳,王美艳,《中国劳动力市场转型与发育》。北京:商务印书馆,2005 年。

蔡昉,《刘易斯转折点——中国经济发展新阶段》。北京:社会科学文献出版社,2008 年。

曹新,“三元结构经济:中国经济现代化的必经之途”,《求是学刊》,1999 年第 7 期。

城乡一体化发展课题组,“关于城乡一体化发展问题的研究”,《陕西农村改革与发展》。西安:陕西人民教育出版社,1992 年。

陈吉元、韩俊,《人口大国的农业增长》。上海远东出版社,1996 年。

陈吉元、胡必亮,“中国的三元经济结构与农业剩余劳动力转移”,《经济研究》,1994 年第 4 期。

陈雯,“关于‘城乡一体化’内含的讨论”,《现代经济探讨》,2003 年第 5 期。

陈锡文,“城乡统筹解决三农问题”,《改革与理论》,2003 年第 3 期。

陈锡文,“新世纪的‘三农’问题”,《求是》,2003 年第 13 期。

陈婴婴、沈崇麟,《当代中国城市家庭研究》。北京:中国社会科学出版社,1995 年。

楚天骄,“土地流转模式及其规范化研究”,《上海综合经济》,2002 年第 4 期。

都阳,王美艳,“城市化进程中的人口、产业发展与就业”,《中国人口与劳动问题报告》。北京:社会科学文献出版社,2010 年。

段成荣,“省际人口迁移迁入地选择的影响因素分析”,《人口研究》,2001 年第 1 期。

丁家新,“中国城乡经济关系合理化问题探讨”,《经济研究》,1990 年第 3 期。

樊纲,“农业的根本出路:农民的非农产业化”,《中国经济时报》,2000 年 8 月 23 日。

樊小钢,“论城市农民工的社会保障问题”,《农业经济问题》,2003 年第 11 期。

樊小钢,“城乡社会保障制度衔接模式探讨”,《浙江社会科学》,2004 年第 4 期。

费孝通,“中国城乡经济发展道路”,《中国社会科学》,1993 年第 1 期。

冯雷,“中国城乡一体化的理论与实践”,《中国农村经济》,1999 年第 1 期。

甘春华,《城乡劳动力市场融合:动力机制与对策》。北京:经济科学出版社,2010 年。

顾益康、邵峰,“全面推进城乡一体化改革——新时期解决‘三农’问题的根本出路”,《中国农村经济》,2003 年第 1 期。

顾朝林,《经济全球化与中国城市发展:跨世纪中国城市发展战略研究》。北京:商务印书馆,1999 年。

郭金洲,“统筹城乡发展的财政政策——基于二元财政结构的分析”,《经济研究参考》,2008 年第 10 期。

郭玮,“城乡差距扩大的表现、原因与政策调整”,《农业经济问题》,2003 年第 5 期。

郭勇,“经济发展:从二元结构到三元结构——对三元结构理论研究的一个综述性说明”,《湖湘论坛》,2004 年第 7 期。

国家发展和改革委员会经济体制与管理研究所,“深化社会保障制度改革研究”,内部研究报告。

国家发展和改革委员会地区经济发展司,“壮大县域经济促进城乡协调发展”,《宏观经济管理》,2004 年第 2 期。

国家统计局,《中国统计年鉴(2010 年)》。北京:中国统计出版社,2010 年。

国家统计局人口与就业统计司,《中国劳动统计年鉴(2009 年)》。北京:中国统计出版社,2009 年。

国家统计局人口与就业统计司,《中国人口和就业统计年鉴(2009 年)》。北京:中国统计出版社,2009 年。

国家统计局人口与就业统计司,《1995 年全国 1% 人口抽样调查资料》。北京:中国统计出版社,1997 年。

国家统计局人口与就业统计司,《2005 年全国 1% 人口抽样调查资料》。北京:中国统计出版社,2007 年。

国务院发展研究中心信息网,“投资与 GDP 增长关系的分析及政策建议”,2005 年 8 月 4 日。

韩俊,“农村公共财政状况与农村税费体制改革”,《县域经济观察》,2002 年第 12 期。

韩俊,“统筹城乡经济社会发展改变城乡二元结构”,《红旗文稿》,2003 年第 12 期。

韩俊,“推进农村金融体制的整体改革”,《中国金融》,2003 年第 17 期。

韩俊等,《中国农村金融调查》。上海:上海远东出版社,2007 年。

何广文、冯兴元、李莉莉,“农村信用社制度创新模式评析”,《中国农村经济》,2003 年第 10 期。

何梦笔、冯兴元、何广文,“试论中国农村金融的多元化——一种局部知识范式视角”,《中国农村观察》,2004 年第 5 期。

贺东山,“农村宅基地使用权流转新模式的构建”,《大连海事大学学报》(社会科学版),2007 年第 4 期。

洪银兴、陈雯,“城市化和城乡一体化”,《经济理论与经济管理》,2003 年第 4 期。

侯亚非,《人口质量与经济增长方式》。北京:中国经济出版社,2000 年。

胡鞍钢,“中国需要进行第三次‘解放农民’”,《发展》,2002 年第 11 期。

胡进祥,“统筹城乡发展的科学内含”,《学术交流》,2004 年第 2 期。

华迎放、孙莹,“农村社会保障制度框架构建研究”,《人口与经济》,2005年第4期。

黄云鹏等,“农户承包的使用权流转的约束条件及对策建议”,《宏观经济研究》,2004年第4期。

贾大明,“解决中国‘三农’问题的战略思考”,《经济研究参考》,2003年第4期。

贾会棉、曹印革、路剑,“城乡统筹发展中的财政体制改革路径”,《商业时代》,2006年第20期。

姜作培,“城乡一体化:统筹城乡发展的目标探索”,《南方经济》,2004年第1期。

焦伟侠、陈俚君,“关于统筹城乡经济协调发展的思考”,《经济体制改革》,2004年第1期。

景普秋、张复明,“城乡一体化研究的进展与动态”,《城市规划》,2003年第6期。

景天魁、唐钧、张时飞、吕学静,“城乡统筹就业:打破二元社会结构的突破口——浙江省义乌市的实践”,《浙江经济》,2002年第19期。

鞠正江,“论‘统筹城乡经济社会发展’的丰富内含和对策措施”,《济南市社会主义学院学报》,2003年第3期。

孔令锋,“后金融危机时期的经济增长与就业挑战——基于中国走出亚洲金融危机的反思视角”,载于《中国劳动力市场:前景、问题与对策》。天津:南开大学出版社,2010年。

劳动和社会保障部课题组,“关于农民工社会保障问题研究报告”,《社会保险研究》,2005年第2期。

李东山、郭犹焕,“农村剩余劳力转移中需求动态分析”,《农业技术经济》,1995年第2期。

李建民,黄乾,“金融海啸以来中国城市劳动力市场供求关系变化”,《中国劳动力市场:前景、问题与对策》。天津:南开大学出版社,2010年。

李建民、赵慧,“试论财政与城乡统筹发展”,《经济研究参考》,2005年第22期。

李剑阁、韩俊,“解决我国新阶段“三农”问题的政策思路”,《改革》,2004年第2期。

李金华,《中国产业:结构、增长及效益》。北京:清华大学出版社,2007年。

李克强,“论我国经济的三元结构”,《中国社会科学》,1991年第3期。

李同升、库向阳,“城乡一体化发展的动力机制及其演变分析——以宝鸡市为例”,《西北大学学报》(自然科学版),2000年第3期。

李树茁,“中国80年代的区域经济发展和人口迁移的研究”,《人口与经济》,1994年第2期。

李薇辉,《中国经济热点问题浅析》。上海:华东理工大学出版社,2007年。

李迎生,《社会保障与社会结构转型》。北京:中国人民大学出版社,2001年。

李岳云、陈勇、孙林,“城乡统筹及其评价方法”,《农业技术经济》,2004年第1期。

李佐军,“开拓农村市场必须调整改革与发展的思路”,《改革》,1999年第3期。

厉以宁、朱善利,雷明,《宁夏可持续发展战略规划研究》,《研究报告》,2003年。

厉以宁,“论城乡二元体制改革”,《北京大学学报》,2008年第3期。

林刚,“关于中国经济的二元结构和三元结构问题”,《中国经济史研究》,2000年第3期。

林毅夫,“对新农村建设的几点建议”,《科学决策》,2006 年第 8 期。

林毅夫,“依靠中小企业转移农村剩余劳动力”,《中国中小企业发展年鉴》,2003 年。

林毅夫、李永军,“中小金融机构发展与中小企业融资”,《经济研究》,2001 年第 1 期。

林毅夫、李永军,“中小企业融资根本出路在何方”,《科技创业月刊》,2004 年第 1 期。

刘国光,“向实行‘效率与公平并重’的分配原则过渡”,《中国特色社会主义研究》,2003 年第 5 期。

刘吉瑞,“中国二元经济的特殊性及其政策含义”,《中国农村观察》,1992 年第 10 期。

刘奇、王飞,“论统筹城乡经济社会发展”,《中国农村经济》,2003 年第 9 期。

刘树成、汪利娜、常欣,“中国经济走势分析(1998—2002)——兼论以住宅金融创新为突破口实现城乡就业联动”,《经济研究》,2002 年第 4 期。

刘小玲,“建立我国城乡一体的土地市场体系探索”,《南方经济》,2005 年第 8 期。

吕萍,“城乡经济一体化中集体土地流转问题研究”,《中国农业资源与区划》,2003 年第 24 期。

马晓河,“统筹城乡发展要解决五大失衡问题”,《宏观经济研究》,2004 年第 4 期。

倪颂文,“论建立集体土地使用权流转的分区管理制度”,《浙江国土资源》,2007 年第 5 期。

农业部政策研究中心农村工业化城市化课题组,“二元社会结构——城乡关系:工业化、城市化”,《经济研究参考资料》,1988 年第 90 期。

欧广源、雷于蓝,《广东人口发展战略研究》。北京:中国人口出版社,2006 年。

潘盛州、冯海发、朱泽,“统筹城乡经济发展,解决‘三农’问题的根本途径”,《求是》,2003 年第 24 期。

彭真怀,“小城镇:奥运后国家战略”,《小城镇建设》,2008 年第 10 期。

秦庆武,“统筹城乡经济社会发展是破解‘三农’难题的根本出路”,《山东农业》(农村经济版),2003 年第 4 期。

沈金虎,“论城乡之间劳动力的转移”,《经济研究》,1988 年第 3 期。

石忆邵,“城乡一体化理论与实践:回眸与评析”,《城市规划汇刊》,2003 年第 1 期。

石忆邵,“实施统筹城乡发展战略的意义与对策”,《农业经济问题》,2004 年第 2 期。

石忆邵、何书金,“城乡一体化探论”,《城市规划》,1997 年第 5 期。

世界银行,《2009 年世界发展指标》。北京:中国财政经济出版社,2009 年。

宋海英,“统筹城乡发展研究述评”,《调研世界》,2004 年第 10 期。

孙自铎,“试论中国发展中的‘二元结构’及其矫正”,《农业经济问题》,1996 年第 2 期。

王朝才、傅志华,《“三农”问题:财税政策与国际经验借鉴》。北京:经济科学出版社,2004 年。

王桂新,《迁移与发展——中国改革开放以来的实证》。北京:科学出版社,2005 年。

王桂新、戴贤晖,“外来人口与上海市的发展——影响、趋势与对策”,《中国人口科学》,2005 年增刊。

王国军,“中国城乡社会保障制度衔接初探”,《战略与管理》,2000 年第 2 期。

王建龙,“集体建设用地流转过程中存在的问题和改进的思路”,《浙江国土资源》,2005

年第11期。

王圣学,"关于'城市一体化'的几点看法",《探讨与争鸣》,1996年第5期。

王勋铭,"我国二元经济结构的转换选择——试论农业、农村工业、现代工业三元结构的形成",《兰州商学院学报》,2002年第4期。

王振亮,《城乡空间融合论——我国城市化可持续发展过程中城乡空间关系的系统研究》。上海:复旦大学出版社,2000年。

温铁军,"'三农问题'的世纪反思",《经济研究参考》,2000年第1期。

温铁军,"'三农问题'与解决办法",《中国改革·农村版》,2003年第2期。

温铁军,"'改革30年从100多年前谈起'",《长江》,2008年第12期。

邬晓波、王秀兰,"我国农村集体土地信托模式初探",《理论月刊》,2004年第4期。

吴楚材等,"中国城乡二元结构及其协调对策",《城市规划》,1997年第5期。

吴敬琏,"农村剩余劳动力转移与'三农'问题",《宏观经济研究》,2002年第6期。

吴敬琏、周小川,《经济体制改革中期(1988—1995年)改革规划纲要》,1988年5月提交给国家经济体制改革委员会的研究报告。

吴伟年,"城乡一体化的动力机制与对策思路——以浙江省金华市为例",《世界地理研究》,2002年第4期。

谢书成,"对农村集体土地使用权流转的调查与思考",《北京房地产》,1996年第1期。

徐祥临,《三农问题论剑——农业农村农民出路所在》。海口:海南出版社,2002年。

徐勇,"从'农村包围城市'到'城市带动乡村'——以新城市建设引领新农村建设",《政策》,2007年第9期。

杨立雄,"'进城'还是'还乡'——进城务工农民社会保障政策的路径选择",《中国社会保障》,2004年第2期。

杨荣南,"关于城乡一体化的几个问题",《城市规划》,1997年第5期。

杨小凯,《经济学——新兴古典与新古典框架》。北京:社会科学文献出版社,2003年。

杨云彦、蔡昉、陈金永、王德文,《城市就业与劳动力市场转型》。北京:中国统计出版社,2004年。

于学军,"中国人口革命对经济发展的影响研究",《中国劳动力市场:前景、问题与对策》。天津:南开大学出版社,2010年。

岳昌君,"高等教育人口比重的国际比较",《比较教育研究》,2004年第2期。

袁志刚,《隐性失业论》。北京:立信会计出版社,1998。

曾康霖、蒙宇、刘楹,"论县域金融制度变迁与创新——对一组经济欠发达地区县域金融制度安排的剖析",《金融研究》,2003年第1期。

张朝尊、曹新,"中国三元结构经济存在和发展的机理",《改革》,1995年第2期。

张丽宾,"我国统筹城乡就业试点的现状分析与政策建议",《经济研究参考》,2008年第46期。

张培刚,《发展经济学教程》。北京:经济科学出版社,2001年。

张培刚,《农业与工业化》。武汉:华中科技大学出版社,2002年。

张启春,"谈谈进城务工人员的社会保障问题",《江汉论坛》,2003年第4期。

张晓山,“深化农村改革任重道远”,《人民日报》,2008 年 9 月 17 日。

张晓山,“土地产权要靠民主权利来保障”,《中国新闻周刊》,2008 年第 42 期。

张雨林,“城—镇—乡网络和小城镇的整体布局”,《经济研究》,1985 年第 6 期。

章国荣、盛来运,“城乡居民收入差距现状”,《经济研究参考》,2003 年第 3 期。

章玉钧、郭正模,“试论农村劳动力流动与城市就业”,《经济学动态》,1999 年第 9 期。

章志平、漆明亮,“西部多维二元结构:问题与突破”,《经济论坛》,2004 年第 20 期。

赵耀辉、刘学军等,“劳动力城乡迁移的基本态势及其对城市劳动力市场的影响——基于 2005 年 1% 人口抽样调查数据的分析”,《2005 年全国 1% 人口抽样调查课题论文集》。北京:中国统计出版社,2008 年。

赵勇,“城镇化:中国经济二元结构发展与转换的战略选择”,《经济研究》,1996 年第 3 期。

赵勇,《城乡良性互动战略》。北京:商务印书馆,2004 年。

浙江省农业和农村工作办公室课题组,“统筹城乡发展的战略意义”,《浙江经济》,2003 年第 21 期。

甄峰,“城乡一体化理论及其规划探讨”,《城市规划汇刊》,1998 年第 6 期。

郑功成,“农民工的权益与社会保障”,《中国党政干部论坛》,2002 年第 8 期。

中国科学院国情研究小组,《城市与乡村——中国城乡矛盾和协调发展研究》。北京:科学出版社,1994 年。

中国农民工问题研究总报告起草组,“中国农民工问题研究总报告”,《改革》,2006 年第 5 期。

中国社会科学院农村发展研究所课题组,“农民金融需求及其金融服务”,《中国农村经济》,2000 年第 7 期。

钟坤明、程林、程江,“产业结构变动的决定因素探讨”,《四川财政》,2003 年第 1 期。

周加来,“城市化·城镇化·农村城市化·城市一体化”,《中国农村经济》,2001 年第 5 期。

周淑莲、郭克莎,《中国城乡经济及社会协调发展研究》。北京:经济管理出版社,1996 年。

周淑莲、金碚,《国外城乡经济关系理论比较研究》。北京:经济管理出版社,1993 年。

周海春、孙长学、黄云鹏,“深化社会保障制度改革的几个重要问题”,《宏观经济管理》,2008 年第 8 期。

朱善利,“从经济角度看中国现代化”,《中国经贸导刊》,2006 年第 23 期。

朱善利,“我国中小企业信用担保问题研究”,“中国改革国际论坛第 51 次论坛”《中小企业政策战略国际比较及中欧中小企业合作论文集》,2004 年。

朱善利,《产业选择与农民利益——固原扶贫与可持续发展研究》,即将由经济科学出版社出版。

朱善利,《劳动力转移与经济发展——湖南攸县外出务工模式研究》,《北大光华区域可持续发展序列丛书》。北京:经济科学出版社,2008 年。

朱善利、龚六堂,《河南漯河农业产业化研究》。北京:经济科学出版社,2010 年。

朱善利、梁鸿飞,“开发式扶贫与产业选择——固原市草蓄产业研究”,《第二届中国贫困地区可持续发展战略论坛论文集》,2008 年。

邹军、刘晓磊,“城乡一体化理论研究框架”,《城市规划》,1997 年第 1 期。

〔美〕阿瑟·刘易斯,《二元经济论》。北京:北京经济学院出版社,1989 年。

〔美〕巴里·诺顿,《中国经济:转型与增长》。上海:上海人民出版社,2010 年。

〔美〕费景汉、拉尼斯,《增长和发展:演进观点》。北京:商务印书馆,2004 年。

〔美〕H. 钱纳里,《结构变化与发展政策》。北京:经济科学出版社,1991 年。

〔美〕H. 钱纳里、塞尔昆,《发展的型式:1950—1970》。北京:经济科学出版社,1988 年。

〔美〕H. 钱纳里、鲁宾逊、塞尔昆,《工业化和经济增长的比较研究》。上海:上海三联书店, 1989 年。

〔英〕科林·克拉克,《经济进步的条件》(1940 年),转引自杨公朴、夏大慰,《现代产业经济学》。上海:财政大学出版社,1999 年。

〔美〕古斯塔夫·拉尼斯、费景汉,“经济发展的理论”(1961 年),转引自郭熙保,《发展经济学经典著选》。北京:中国经济出版社,1998 年。

〔德〕《马克思恩格斯全集》第 1 卷。北京:人民出版社,1975 年。

〔德〕《马克思恩格斯全集》第 3 卷。北京:人民出版社,1995 年。

〔德〕《马克思恩格斯全集》第 4 卷。北京:人民出版社,1995 年。

〔美〕W. 阿瑟·刘易斯著,梁小民译,《经济增长理论》。上海:上海三联书店,1994 年。

〔美〕W. 阿瑟·刘易斯著,施炜、谢兵、苏玉宏译,《二元经济论》。北京:北京经济学院出版社,1989 年。

〔美〕西蒙·库兹涅茨著, 常勋等译,《各国的经济增长》。北京:商务印书馆,1999 年。

英文文献

Bajracharya, B. (1995). Promoting Small Towns for Rural Development: A View from Nepal, *Asia-Pacific Population Journal*, June, 10(2).

Browne, W. (2002). *The Failure of National Rural Policy Institutions and Interests.* Georgetown University Press, 123—156.

Douglass, M. (1998). A Regional Network Strategy for Reciprocal Rural-Urban Linkages: An Agenda for Policy Research with Reference to Indonesia, *Third World Planning Review*, 20(1).

Douglass, M. (1999). Rural-Urban Integration and Regional Economic Resilience: Strategies for the Rural-Urban Transition in Northeast Thailand, January 1999. Report for the Northeast Demonstration Projection Decentralization of Developmental Planning: NESDB/Nor Consult. Bangkok, Thailan.

Harris, J., and M. Todaro(1970). Migration, Unemployment and Development: A Two-Sector Analysis, *American Economic Review*, Vol. 60.

Hoff, K., and J. Stiglitz(1993). Imperfect Information and Rural Credit Markets: Puzzles and Policy Perspectives, in Hoff, K., A. Braveman and J. Stiglitz(eds.), *The Economics of Rural Orgnization: Theory and Policy*. London: Oxford University Press(for the World Bank).

Johnson, G. (1992). *The Political Economy of Chinese Urbanization: Guangdong and the Pearl River Delta Region.* Greenwood Press, 186—220.

Jorgenson, D. (1967). Surplus Agricultural Labour and Development of Dual Economy, *Oxford Economic Papers*, 19(3).

Kojima, R. (1987). *Urbanization and Urban Problems in China.* Institute of Development Economics, 65—67.

Kwok, R. (1992). *Urbanization under Economics Reform.* Greenwood Press, 65—85.

Lee, Y. (1991). *Rural Nonagricultural Development in the Extended Metropolitan Region: The Case of Southern Jiangsu.* University of Hawaii Press, 137—156.

Lewis, W. (1954). Economic Development with Unlimited Supplies of Labour. *The Manchester School Journal* 22:2, pp. 134—191.

McCann, P. (2001). *Urban and Regional Economics.* Oxford University Press, 65—68.

McGee, T. (1989). *Urbanisasi or Kotadesasi? Evolving Patterns of Urbanization in Asia.* University of Hawaii Press, 93—108.

Mckinnon, R. (1973). *Money and Capital in Economic Development.* Washington, DC: The Brookings Institution.

Mohieldin, S., and W. Wright (2000). Formal and Informal Credit Market in Egypt: Economic Developemnt and Cultural Change, 48, 3: pp. 657—670.

Myrdal, G. (1957). *Economic Theory and Underdeveloped Regions.* London: Gerald Duckworth.

Naughton, B. (1995). *Cities in the Chinese Economic System: Changing Roles and Conditions for Autonomy.* Cambridge University Press, 61—89.

Poston, D., and M. Mao(1998), Interprovincial Migration in China, 1985—1990, *Research in Rural Sociology and Development 7*: 227—250.

United Nations, Dept. of Economic and Social Affairs, Population Division World Population Prospects: The 2008 Revision, New York: United Nations, 1999.

World Bank, *World Development Indicators*, Washington, D. C.: The World Bank, 2009.

Yang, X., and R. Rice(1994), "An Equilibrium Model Endogenizing the Emergence of a Dual Structure between the Urban and Rural Sectors", *Journal of Urban Economics*, 25.